Christian Signol est né en 1947 dans le Quercy. Après avoir suivi des études de lettres et de droit, il devient rédacteur administratif. Il commence à écrire et signe en 1984 son premier roman, *Les cailloux bleus*, inspiré de son enfance quercynoise. Témoignant du même attachement à son pays natal dans ses œuvres ultérieures, il publie notamment *Les menthes sauvages* (1985), *Antonin, paysan du Causse* (1986), *Les amandiers fleurissaient rouge* (1988). À partir de 1992, la trilogie de *La rivière Espérance*, qui fut la plus grande série jamais réalisée pour la télévision française, le fait connaître du grand public. Maître dans l'art des grandes sagas, il est également l'auteur des séries *Les vignes de Sainte-Colombe* (1996-1997) et *Ce que vivent les hommes* (2000). Plus récemment, il a publié, entre autres, *Bleus sont les étés* (1998) et *La promesse des sources* (1998). Christian Signol habite à Brive, en Corrèze, et vit de ses livres qui connaissent tous un très large succès.

LES MENTHES SAUVAGES

CHRISTIAN SIGNOL

LES MENTHES
SAUVAGES

ROBERT LAFFONT

© Éditions Robert Laffont, S.A., Paris, 1985.

ISBN 978-2-266-15137-5

A ma mère,
A mon père.

« Il faisait nuit. Nous nous étions serrés sous le grand chêne de larmes. Le grillon chanta. Comment savait-il, solitaire, que la terre n'allait pas mourir, que nous, les enfants sans clarté, allions bientôt parler ? »

RENÉ CHAR, *Hommage et famine.*

« On ne peut pas connaître un pays par la simple science géographique... on ne peut, je crois, rien connaître par la simple science. C'est un instrument trop exact et trop dur. Le monde a mille tendresses dans lesquelles il faut se plier pour les comprendre avant de savoir ce que représente leur somme. »

JEAN GIONO, *L'Eau vive.*

PREMIÈRE PARTIE

LE TEMPS DES ENFANTS

1.

Debout devant la fenêtre ouverte, Philomène
inspira profondément, accueillit avec un sourire
le parfum tiède des menthes en fanaison qui
dérivait dans l'air au goût de miel. En cette
matinée de soleil, les langueurs de l'automne
n'en finissaient pas de mourir, mollement étendues au-dessus des collines. Celles-ci s'ourlaient
à leur sommet de festons pâlissants où se lisait
la fin prochaine des verdures. Plus haut,
énormes et fiers comme des continents, des
nuages de laine traversaient lentement l'océan
bleu du ciel... Cette lenteur majestueuse suggéra
à Philomène l'idée de celle, inexorable, du
temps qui passe. Elle soupira. Vingt ans !
était-ce possible ? Vingt ans qu'elle s'était ren-
due au bras d'Abel, son frère, à la mairie et à
l'église. Vingt ans vécus pour Adrien et les
enfants qu'il lui avait donnés : d'abord Guillaume, ensuite Marie, puis François, et Louise,
enfin, qui marchait depuis peu.

Chacune de ces naissances, Adrien les avait reçues avec autant de joie, autant de fierté que la précédente. Lui, le bâtard de maître Delaval qui avait vainement cherché un père, enfant, il s'était réjoui d'élever une telle famille : deux fils et deux filles qui ne manqueraient de rien. Jamais. Puisqu'il était là pour y veiller. Puisqu'il avait survécu dans l'espoir d'en construire une lors des derniers combats de 1918, gagnant avec son sang une terre où la faire vivre sans maître.

Philomène se revit à l'hôpital de Soissons, Guillaume dans ses bras, face à Adrien retrouvé. Mon Dieu ! Se pouvait-il qu'il y eût si longtemps, quand il lui semblait être la même, cette petite paysanne capable de quitter son village en plein hiver pour un monde inconnu et lointain ? Et cependant, que de bouleversements ! Le maître qui possédait tout, les terres et le pouvoir, contraint de vendre ; les premiers départs du village ; l'héritage promis, le château et quelques terres, celles que le maître avait pu sauver de la ruine. « C'est beaucoup mieux, avait dit Adrien en riant, tu nous imaginais en châtelains ? » Certes non. Pas châtelains, mais au moins propriétaires de leurs murs et de quelques parcelles : de quoi vivre, en somme, sans maître ni obligation autre que celle que l'on se donne, ne plus travailler pour les autres, mais pour soi, pour ses enfants, pour qu'ils soient différents, plus fiers, plus vivants...

14

C'est de chacune de ces naissances qu'elle se souvenait le mieux, à vrai dire ; beaucoup mieux en tout cas que des événements qui avaient insensiblement transformé le village. Pourtant Armand et Eugénie étaient morts à quinze jours d'intervalle, pourtant bien d'autres étaient partis, dans les villes, là-bas, très loin. Et qui avait fait construire la première citerne ? Et en quelle année ? En 1920 ? En 1925 ? Non, c'était bien avant les élections municipales de 1925, celles qui avaient vu l'entrée d'Adrien au conseil municipal. Tout allait si vite ! S'était-on seulement rendu compte du remplacement progressif des chevaux par les bœufs, de la disparition des charivaris ? Les veuves étaient bien trop jeunes depuis la fin de la guerre et nul n'osait se moquer d'elles ; on avait découvert le café torréfié, les engrais chimiques, les doryphores, et si l'on vivait chichement, on vivait cependant, du moins sans la hantise du froid et de la faim. Pourtant des bruits alarmistes propagés par les journaux avaient fait naître l'inquiétude, et, comme pour leur donner raison, le prix du blé et de la viande s'était effondré en moins d'un an. En cette fin d'année 1932, le blé avait perdu 30 pour cent de son cours de 1928, et le vin : 20 pour cent. Nul ne comprenait vraiment ce qui se passait. Était-ce dû à l'assassinat de Paul Doumer ou au succès de la gauche radicale et socialiste aux législatives du printemps ? Que faisaient donc Blum et Herriot au gouvernement ?

Pourquoi *La Dépêche* les tenait-elle en grande estime s'ils n'étaient pas capables de résoudre la crise ? Devrait-on éternellement garder les brebis sans les vendre ? Mais où trouverait-on le fourrage d'hiver ?

A cette pensée flottèrent devant les yeux de Philomène les cheveux de velours de son père mort à cause de ce maudit fourrage, puis, lorsque leur image s'estompa sous une brume tiède, d'autres visages chers, celui d'Étienne qui n'était pas revenu, celui de Mélanie qui avait racheté la boulangerie de la rue Peyrolières, à Toulouse, et qui passait de temps en temps une journée à Quayrac avec ses deux enfants : Lise, vingt et un ans déjà, et Bernard, âgé de treize ans. Elle avait beau faire, elle en revenait toujours aux enfants...

« Assez rêvé pour aujourd'hui », se dit-elle en refermant la fenêtre. Mécontente d'elle, vaguement coupable, elle regagna la cuisine et se mit en devoir de préparer, avec des abats, de la mie de pain et de la farine, un farci dont ses hôtes se délecteraient. Un anniversaire de mariage se fêtait dignement, et Adrien, comme elle, avait souhaité une véritable fête. Il s'agissait donc de ne pas se mettre en retard, et surtout de soigner le repas.

Elle s'y évertua devant ses marmites et ses « toupis », passant de la cuisine à l'immense salle à manger où trônait une imposante cheminée avec crémaillère et chenets. Le rez-de-

16

chaussée comprenait également quatre chambres et trois autres pièces à usages divers. Du fait de la grandeur du bâtiment, depuis la fin de la guerre le premier étage servait seulement d'entrepôt et de grenier, et l'on y accédait par-derrière, au moyen d'un escalier de pierre. Mais le cœur de la maison, c'était bien la salle à manger où travaillait Philomène, dans cette même pièce, où, il y avait bien longtemps, Adrien et elle avaient pris leur repas de mariage en compagnie du maître, mais aussi où elle avait appris la mort d'Abel et la disparition d'Adrien. Et cependant elle se plaisait dans cette pièce où elle pouvait réunir, par le souvenir, tous ceux qui lui étaient chers : c'était un peu comme si sa vie se résumait à ces soixante mètres carrés où chaque objet, chaque mur, chaque meuble, lui donnait l'illusion, en les touchant, en les caressant, de maîtriser sa propre existence.

Cette existence se confondait depuis toujours avec celle d'Adrien qui ne s'éloignait jamais d'elle, qui était là, tranquille, fort et prévenant. Malgré le handicap de ses blessures, elle le savait heureux depuis le jour où le maître, désespéré par la dépréciation de la monnaie, l'abandon des parcelles pendant quatre ans, l'exode des ouvriers agricoles vers les villes, lui avait donné son domaine, ou plutôt ce qu'il en restait : comme il y avait peu de terres mais beaucoup de bâtiments, ils avaient décidé de se lancer dans l'élevage. Adrien avait acheté des brebis mères, un jeune bélier, et renouvelé peu à peu le troupeau qui comptait maintenant une soixantaine de têtes. Il cultivait en outre deux petits champs de blé, un de seigle, et faisait du vin avec les vignes du coteau dont le maître avait toujours refusé de se séparer. Mais très vite la concurrence des producteurs de laine d'Amérique du Sud avait provoqué une chute brutale des cours, réduisant à néant les efforts entrepris. On avait alors vendu la moitié des bêtes et acheté, avec l'argent obtenu, une grande terre sur la route de Montvalent. Hélas, la chute des prix de la viande et du blé n'avait pas permis le redressement espéré. La vie était devenue bien difficile pour tous ceux du village, qui, à l'issue de ces années de mutation, ne ressemblait plus guère à celui de 1918 : Geneviève Landon vivait maintenant seule avec sa mère dans l'auberge devenue un café peu fréquenté depuis la mort du père Landon ; Sidonie et Lydie étaient parties en ville, comme Bouscarel, dont la forge et l'atelier avaient été rachetés par Émile et Mireille Valette. Léon Pouch, fils de Mathilde et de Jean, avait repris le métier de son père ; la femme d'Auguste Servantie vivait avec son fils aîné célibataire : Fernand, qui avait lui aussi succédé à son père et s'était établi maçon ; la maison d'Armand et d'Eugénie avait été rachetée par un jeune couple : les Rivassou, et Maurice, le chef de famille, se baptisait désormais « cordonnier-sabotier » ; les maisons des

Pradal et des Montial avaient été acquises par des gens de la terre, fils de métayers : Louis Delmas et Lucien Bouyssou que leurs pères avaient nantis de quelques terres avec les rares pièces d'or qu'ils avaient économisées ; le curé Raynal avait été remplacé par le curé Gimel qui vivait en compagnie de sa tante dans le presbytère où, naguère, se tenait la salle de classe de la religieuse. Paul Alibert et Gaston Simbille, qui habitaient la maison de leurs parents, près du château, avaient acheté les meilleures terres du maître avant sa mort. Au reste, Gaston était devenu maire lors des municipales de 1925, cette charge lui étant échue au titre de plus grand propriétaire du village. Ainsi, un monde s'était écroulé avec la guerre, un autre monde lui avait succédé, et tous les habitants s'étaient adaptés au nouvel ordre social, avec d'autant plus de facilité qu'il avait instauré un meilleur partage des terres...

— Dois-je mettre le couvert, maman ? demanda Marie.

Brusquement tirée de ses pensées, Philomène sursauta.

— Oui, fillette, répondit-elle dans un sourire. Heureusement que tu es là, j'ai vraiment la tête ailleurs, aujourd'hui.

Elle dévisagea sa fille avec tendresse, cette enfant aux boucles brunes et aux yeux noirs qu'elle avait élevée dans la confiance, qui l'appelait « maman » et non pas « mère », qui ne la vouvoyait pas, et que pour toutes ces raisons, sans doute, elle sentait si proche d'elle, si semblable à elle, si sensible, comme elle.

Elle en revint à son repas et ne vit pas le temps passer. Les douze coups de midi achevaient à peine de sonner au clocher de l'église quand les grelots joyeux d'une charrette se firent entendre dans la cour : c'était celle du boulanger de Souillac, un ancien compagnon d'apprentissage de Jacques, qui la lui prêtait lors de chacun de ses voyages en provenance de Toulouse. Philomène se précipita aussitôt pour accueillir Mélanie avec une sorte de joie enfantine que seule sa sœur avait le pouvoir de provoquer. Elle la serra longuement contre elle, puis elle dit bonjour à Jacques et aux enfants. Pendant que les deux sœurs rentraient, Adrien aida Jacques et Bernard à descendre une grande malle en osier et à la transporter dans la salle à manger. Les apercevant avec un tel équipage, Philomène demanda, surprise :

— C'est décidé, vous vous installez donc chez nous ?

— Que tu es sotte, dit Mélanie en riant, c'est seulement un cadeau.

Elle ajouta, un peu gênée par les regards lourds d'interrogation de Philomène et d'Adrien :

— Ne le prenez pas mal : vingt ans de mariage, ça se fête, n'est-ce pas !

Et comme Philomène et Adrien demeuraient silencieux, elle demanda à son mari :

— Ouvre donc, Jacques, tout le monde est impatient.

Jacques fit glisser entre ses anneaux la longue baguette de bois qui retenait le couvercle fermé, le repoussa doucement. Mélanie, Bernard et Lise, qui savaient ce dont il s'agissait, souriaient. Guillaume et François, eux, s'étaient approchés, tandis que Philomène, intriguée, restait légèrement en retrait. Après quelques secondes d'effort, Jacques et Bernard retirèrent de la malle une sorte de grosse boîte brune, et Marie, se tournant vers sa mère, demanda :

— Qu'est-ce que c'est, maman ?

— Je ne sais pas, répondit Philomène.

Jacques et Mélanie gardaient le silence avec un air mystérieux, s'amusant de leur surprise.

— Le sais-tu, toi ? demanda Philomène à Adrien.

Il fit non de la tête, en écartant légèrement les bras.

— Ne nous faites pas languir, implora Philomène, s'adressant à Mélanie.

— Vous ne vous en doutez vraiment pas ?

— Non, fit Adrien, nous n'avons jamais vu une boîte semblable.

— C'est un poste de T.S.F., un vrai poste qui parle, triompha Mélanie.

De stupeur, Philomène ne sut que dire et se demanda comment une voix pouvait sortir d'un tel objet. Machinalement, précédée par Adrien, elle en fit le tour pour mieux l'examiner.

— Alors, ça marche à l'électricité ? demanda Adrien.

— Bien sûr, dit Jacques, il suffit pour cela de tourner ce bouton.

Puis, s'adressant à son fils :

— Tiens, aide-moi !

Les deux hommes soulevèrent l'énorme boîte et la posèrent sur la table, afin que chacun pût l'admirer à son aise. Sur le devant, un grand cercle jaune occupait presque toute la partie gauche, tandis que sur la droite une sorte d'éventail portait des inscriptions bizarres, au-dessus de trois boutons ronds et dorés.

— Mais enfin, dit Philomène en revenant de sa surprise, nous n'avons même pas l'électricité, et puis ce poste doit coûter une fortune.

— Tu m'as écrit que vous aurez l'électricité dans le courant de l'année prochaine, répondit Mélanie, et ce poste ne nous a rien coûté : il appartenait à nos patrons qui nous l'ont laissé à leur mort. Quant à nous, nous en avions acheté un l'an passé ; la musique aide Jacques, au fournil, la nuit, à ne pas s'endormir.

— Mais nous ne pourrons sans doute pas prendre l'électricité, dit Adrien, ça nous coûterait trop cher.

— Et la lampe à pétrole nous suffit bien, ajouta Philomène avec une sorte de résignation dans la voix.

— Vous verrez, dit Mélanie, quand on a l'électricité, on ne peut plus s'en passer : vous ferez comme tout le monde.

— Oh oui ! s'exclamèrent ensemble François et Marie, prenons l'électricité, il faut profiter de l'occasion.

Tous les regards convergèrent vers le poste dont le mystérieux silence évoquait cependant un plaisir accessible.

— Nous verrons bien, trancha Adrien ; en tout cas, merci beaucoup, il marchera bien un jour ou l'autre.

Philomène approuva de la tête, à la grande joie des enfants qui se disputèrent pour porter la T. S. F. sur le buffet situé à l'opposé de la cheminée, contre le mur. Et pendant le repas, elle remarqua les regards furtifs de Marie et de François vers le poste, mais aussi ceux, plus surprenants, d'Adrien, dont elle se sentit secrètement heureuse. Une bouffée de chaleur monta jusqu'à ses tempes, embrasa ses joues : il y avait bien longtemps que la maison n'avait pas retenti de tant de rires, de tant de cris. Tous parlaient en même temps, elle allait de l'un à l'autre, souriait à chacun, et puis elle revenait vers Adrien qui parlait plus que de coutume, sans doute en raison du vin bouché. « Vingt ans, te rends-tu compte ? » lui avait-il dit le matin en se levant. Si elle se rendait compte ! Comment en eût-il pu être autrement avec les enfants et quelques cheveux blancs, déjà, sur les tempes ? Mais à quoi eût servi de se désoler pour le temps passé ? Il fallait regarder devant soi : là était le seul moyen de demeurer jeune, et elle le savait.

— A quoi penses-tu donc ? demanda Mélanie vers la fin du repas, on t'a à peine entendue.

Elle sursauta.

— Je pensais à l'avenir, dit-elle, et aux enfants.

Elle trouva le regard d'Adrien où elle lut une sorte d'approbation, sourit, puis elle se leva pour aller chercher les tartes aux pommes où elle avait disposé, tout autour, vingt petites bougies. Des applaudissements saluèrent son retour. Mélanie alluma les bougies l'une après l'autre, sans se presser, et, après un court moment de recueillement, il fallut les souffler. Philomène se rapprocha d'Adrien qui la prit par la taille, inspira profondément, souffla en même temps que lui : toutes les bougies s'éteignirent.

— C'est bon signe, se réjouit Mélanie : au moins vingt ans de bonheur de plus.

Philomène l'embrassa, murmura en se rasseyant, les yeux pleins de rêve :

— C'est tellement vite passé, vingt ans.

Les nuages noirs du début de décembre désertèrent le ciel qui, aussitôt, s'illumina. Il y eut des matins de premier jour du monde avec, dès l'aube, une telle luminosité que l'on n'eut même pas besoin d'allumer la lampe. Les nuits se dépouillèrent des grisailles brumeuses où, pendant les mois précédents, avaient semblé se dissoudre et mourir les étoiles. La lumière du ciel parut rendre fous les oiseaux qui ne se posaient jamais et fuyaient vers d'inaccessibles refuges.

Malade depuis les premières heures de ces journées glaciales (le 2 ou 3 décembre : Philomène ne se souvenait pas exactement), Louise ne parvenait pas à se remettre. Malgré les cataplasmes, les tisanes, les bouillottes, les médicaments, la fièvre ne la quittait pas, au contraire.

Ce soir-là, seule dans la salle à manger, Philomène sentit une onde de révolte la dévaster : existait-il, quelque part tapie, une bête capable d'emporter son enfant dont elle connaissait le moindre souffle, le moindre regard, le plus léger soupir ? Cette pensée dessina sur son front deux rides de fatigue et la fit sursauter au mugissement du vent du nord contre la porte d'entrée. A cet instant, Louise eut comme un soupir, une sorte d'expiration forcée venue du fond de sa poitrine et parut se détendre. Philomène, qui la tenait dans ses bras, put s'asseoir près de la cheminée que les flammes mourantes éclairaient çà et là, lustrant la suie d'éclats bleutés. Prenant soin de ne pas l'éveiller, elle se laissa aller doucement en arrière, se demanda depuis combien de temps elle la berçait. Une heure ? Deux heures ? Et depuis quand devait-elle se relever la nuit, allumer le feu et prendre sa fille dans ses bras, pour essayer de l'endormir ? Elle ne savait plus, trop épuisée qu'elle était par ces interminables veilles et par l'attente vaine de la guérison.

Malgré les flammèches qui léchaient la dernière bûche de l'âtre, on sentait le froid partout, un froid sec et têtu, impossible à dissiper, comme si la nuit de décembre avait filtré à travers les murs et s'était installée pour toujours. Renonçant à remettre du bois dans le foyer, Philomène ferma les yeux. Ne pas penser. Serrer son enfant. Lui insuffler sa propre chaleur. Sa propre vie. Dormir. Enfin dormir.

— Philo! réveille-toi... C'est moi, Philo!

Elle tressaillit, ouvrit les yeux, reconnut Adrien dans la pénombre, saisit sa main.

— Viens te coucher, dit-il en désignant le petit lit du regard, elle va mieux.

Elle tourna la tête vers Louise que la fièvre semblait avoir quittée, la conscience des choses lui revint soudain, et elle sentit de nouveau la vague angoissée dont elle connaissait si bien le feu brûlant la submerger. Elle serra le poignet d'Adrien qui se força à sourire.

— Donne-moi la petite, murmura-t-il, et viens te coucher, tu tombes de fatigue.

Elle acquiesça de la tête, lui tendit l'enfant avec précaution, et il l'emporta dans la chambre voisine, tandis qu'elle demeurait immobile, n'osant croire à un répit. Il lui fallut deux longues minutes avant de se rendre compte de sa solitude, puis, frissonnant brusquement, elle eut un regard vers les braises encore vives du foyer, s'en approcha, s'accroupit devant elles. Comme à son habitude, elle ne les éteignit point, mais les recouvrit légèrement de cendres, prenant soin de bien en évaluer l'épaisseur, afin de rallumer facilement la flamme le lendemain matin. Sa mère lui avait toujours dit qu'éteindre les braises, c'était jeter la mort sur quelqu'un. Aussi usait-elle de ces gestes avec recueillement, d'autant qu'elle avait toujours ressenti le caractère un peu sacrilège du feu supprimé, comme si l'on détruisait ainsi la chaleur et la lumière, ce qui était la vie, et peut-être ce soir, précisément, la vie de son enfant.

Une fois dans la chambre, elle se pencha de nouveau sur Louise, écouta. La peur. Toujours la peur. Quelle folie d'avoir fait naître des enfants ! Quand donc cesserait-elle de trembler pour eux ? Si seulement elle avait le pouvoir de guérir ! Elle eut tout à coup la sensation qu'aucun souffle ne passait par la bouche de Louise et elle retint à peine un cri.

— Qu'y a-t-il ? demanda Adrien.

— Elle ne respire plus.

Une gigantesque pince de fer se referma sur eux. Mais à peine avait-elle achevé sa phrase qu'il était déjà près d'elle et se penchait à son tour sur le petit lit pour écouter, prenant les rebords à pleines mains. Quelques secondes lui furent suffisantes pour percevoir la chaleur d'un léger souffle. Il se redressa, entoura du bras les épaules de sa femme, murmura :

— Tu te fais du mal pour rien. Allons, viens vite te coucher.

Comme elle s'y refusait, il l'entraîna vers le lit et l'aida à s'étendre.

— Voilà ! fit-il, et tâche de dormir.

Elle ne répondit pas, mais, dès qu'il fut allongé, elle se rapprocha de lui pour se réchauffer, posant comme à son habitude sa tête sur son épaule.

A l'autre bout du rez-de-chaussée, le lit de Guillaume grinça, et ce bruit familier l'apaisa un instant. Elle avait toujours aimé entendre ses enfants, la nuit, et les portes restaient ouvertes depuis leur naissance, même l'hiver. Combien d'heures avait-elle passées à guetter leur moindre gémissement dans l'ombre ? Combien de fois s'était-elle levée pour les soigner ? Cette pensée la ramena vers Louise, elle frissonna.

— La pauvre petite, souffla-t-elle, mais si bas qu'elle ne sut s'il avait entendu.

Puis, comme si elle était prête à tout accepter, excepté le silence :

— Et si c'était...

Elle pensa « tuberculose », n'osa prononcer le mot. Il se redressa sur un coude, se dégagea sans douceur.

— Le docteur a confiance, dit-il, ne te tourmente pas.

Mais elle s'attendait à une autre réponse, et

28

l'impuissance d'Adrien à avancer des certitudes, loin de la rasséréner, l'émut davantage.

— Si elle mourait, commença-t-elle...

— Ne dis pas de bêtises, allons, fit-il, cela ne te ressemble pas.

Elle soupira, ferma les yeux.

— Il ne faudrait pas avoir d'enfants, souffla-t-elle avec une voix qu'il ne reconnut pas.

Les jours suivants, le mal gagna encore du terrain. Louise paraissait disparaître dans son lit, comme si la vie s'écoulait en provoquant une diminution de son corps trop fragile pour s'y opposer. Lorsque Philomène la prenait dans ses bras, on eût dit l'une de ces poupées de chiffons dont les membres trop souples interdisent les poses humaines. Il était clair que la maladie progressait, creusant peu à peu des brèches dans une enfant sans forces. Même le temps était hostile : le froid s'insinuait dans la maison que de grandes flambées ne parvenaient plus à chauffer, tandis qu'au-dehors une intense luminosité réverbérait la moindre vitre ou la moindre tôle, comme si le gel, propulsé par une terre saturée, était monté peu à peu jusqu'au ciel.

Philomène, qui se désespérait de son impuissance à soulager son enfant, exigeait chaque jour la visite du docteur, un homme plutôt jeune arrivé l'an passé d'une ville lointaine. Celui-ci soignait Louise de son mieux, mais Philomène avait senti en lui, à mesure que les jours avaient passé, poindre une sorte de désarroi. Le matin du 23 décembre, alors qu'il rangeait ses ustensiles dans sa sacoche de cuir, il prit un air coupable qui la glaça. Pétrifiée sur sa chaise, son regard redescendit vers les mains fines qui s'activaient, et elle s'étonna de leur jeunesse. Le docteur partit sans un mot, et Adrien le raccompagna jusqu'à son automobile.

— Maman, Louise ne va pas mourir, n'est-ce pas ? murmura Marie, dès que les deux hommes furent sortis.

Philomène eut un geste las, souffla :

— Non, Louise va guérir, ne t'inquiète pas, on la soigne comme il faut.

Marie parut rassurée, mais Philomène se demanda ce que pensait François qui feignait de s'occuper du feu. Même dans cette attitude banale, de profil et penché vers l'avant, il ressemblait à Adrien. C'était la même nonchalance que son père enfant, la même apparente fragilité, mais aussi la même force souterraine décelable à un continuel plissement des paupières et du front. La chaleur de ces présences fit du bien à Philomène. Elle se força à observer de nouveau Louise, examina le visage qui prenait par endroits des teintes bleutées, les cheveux châtains collés sur le front par la sueur, les petites mains fermées, le corps alangui en une pose d'abandon total, et elle eut un long frisson qui la glaça de la tête aux pieds.

30

Heureusement Adrien ne tarda point à revenir. Il la serra un moment contre lui, puis, sans parler, il s'assit au cantou, prit Marie sur ses genoux tandis que François avivait maintenant les braises avec le soufflet, comme absent. Philomène, elle, debout près du lit, ne se résignait pas à s'asseoir. Elle essuya le front de sa fille, puis elle chercha le regard d'Adrien qui le lui refusa. Alors elle partit sans un mot dans sa chambre et s'agenouilla devant le crucifix orné de buis bénit aux Rameaux.

Après le repas de midi, elle changea Louise qui était mouillée par la sueur, et la petite parut s'endormir. Chacun vaqua à ses occupations pendant l'après-midi qui coula sans le moindre frémissement de branche ni le moindre parfum. Il y avait dans l'air comme une promesse d'hiver interminable, et Philomène, qui était sortie pour s'occuper des oies et des canards, se hâta de rentrer afin de veiller sur Louise de nouveau agitée. François, chargé d'alimenter le feu, maintenait les flammes à hauteur de la plaque de fonte noire de suie, et Marie, près de lui, grignotait des noix, une lueur fiévreuse dans les yeux. La nuit tomba très vite, bien avant que cinq heures ne sonnent au clocher de Quayrac. Les hommes rentrèrent en même temps, après avoir fait la litière des bœufs et de la jument. Aidée par Adrien, Philomène changea de nouveau son enfant, mais elle dut la garder dans ses bras car elle étouffait, cherchant l'air avec des mouvements désordonnés de ses bras. Elle ne la recoucha que vers sept heures, le temps de tremper la soupe de seigle et de couper le lard de l'omelette.

Pendant le repas, Adrien parla du bois à fendre le lendemain, de l'arrivée probable de la neige, mais ses efforts touchants pour entretenir la conversation ne firent qu'aviver la peur de Philomène. Ce fut au moment où elle servait l'omelette que Louise fut subitement prise de convulsions. Aussitôt, Adrien et Philomène qui s'étaient précipités vers le berceau tentèrent de maintenir l'enfant sous ses couvertures tandis que Marie, Guillaume et François s'approchaient aussi.

— Vite! gémit Philomène, le docteur, vite, vite.

Adrien entraîna Guillaume au-dehors pour atteler la jument. Pendant ce temps, Philomène arracha Louise à son berceau, la prit contre elle, et comme les convulsions ne cessaient pas, elle se mit à la serrer, l'immobilisant dans ses bras tremblants. C'est dans cette position, Marie et François accrochés à sa robe, qu'Adrien la trouva en rentrant. Il fit sortir les enfants de la pièce, s'empara de Louise et, malgré la résistance de Philomène, la recoucha.

— Il le faut, assura-t-il, elle aura plus chaud.

Il prit Philomène par les épaules et ils restèrent ainsi un moment immobiles, penchés sur leur fille, retenant leur souffle.

Peu à peu, les convulsions diminuèrent d'intensité, puis cessèrent. Un peu rassurés, ils s'assirent près du lit, et les minutes recommencèrent à couler, silencieuses, habitées seulement par le craquement des bûches dans l'âtre et le murmure du balancier de l'horloge. Bientôt, Philomène, qui appliquait régulièrement un linge sur le front de sa fille, finit par fermer les yeux. Une heure passa, une autre encore. Philomène ne dormait pas : elle imaginait Guillaume sur la route de Gramat dans cette nuit froide et hostile, l'encourageait mentalement comme elle encourageait Louise, essayant de lui insuffler un peu de sa propre énergie. Elle perdit conscience un bref instant, pour un somme très bref qui parvint à la détendre.

— Il faut aller vous coucher, les enfants, dit-elle en reprenant ses esprits.

Le garçon et la fille se levèrent, embrassèrent leurs parents, et, après avoir noué un vieux bas de laine autour de leur brique brûlante, ils s'éloignèrent à regret.

Une autre heure passa, aux minutes comptées par les gémissements de Louise, puis le moteur d'une voiture se fit enfin entendre à l'entrée de la cour. Brusquement tirés de leur somnolence, Adrien et Philomène sursautèrent et se précipitèrent vers la porte. C'était bien le docteur. Il se dépêcha d'entrer, ôta son chapeau et son manteau blanc de givre.

— Votre fils revient avec la charrette, dit-il.

Puis, en se frottant les mains bleuies par le froid :

— Il m'a parlé de convulsions, fit-il, expliquez-moi ça.

Philomène raconta ce qui s'était passé, aidée en cela par Adrien, tandis que le docteur examinait de nouveau l'enfant à bout de forces.

— L'avez-vous recouchée aussitôt après? demanda-t-il.

— Oui, dit Philomène, nous n'aurions pas dû?

Le docteur eut un geste vague qui trahit son embarras. L'enfant, brusquement réveillée, se mit à geindre, les bras et les jambes raidis. Le docteur réfléchit pendant plus de deux minutes qui parurent des siècles à Philomène, puis il décréta :

— Il faut l'hospitaliser tout de suite.

Et, comme Philomène, les jambes fauchées, s'asseyait :

— Elle ne supportera peut-être pas le voyage, mais il le faut; vous comprenez, si c'était contagieux, il vaut mieux prendre des précautions.

— Mais enfin qu'a-t-elle, ma fille? gémit Philomène.

Le docteur toussa pour s'éclaircir la voix :

— Je crains que ce soit une méningite.

Philomène ferma les yeux, crut que tout le froid de l'hiver, tout le gel accumulé sur le causse depuis une semaine l'ensevelissaient.

— Je n'en suis pas sûr, reprit le docteur en posant sa main sur son bras, mais il faut être prudent; et puis on la soignera mieux là-bas.

— Et Noël qui est là! se révolta-t-elle. Comment fera-t-on, sans elle?

Aucun des deux hommes ne répondit. Elle comprit alors que rien ne comptait plus, hors le nécessaire départ de Louise, eut une grimace douloureuse qu'elle dissimula de son mieux. Un long silence s'installa, que rompit enfin Adrien en demandant doucement :

— Où faut-il aller?

— A Saint-Céré. Je connais le médecin-chef, dit le docteur.

— Quand faut-il partir?

Le docteur soupira en rangeant sa sacoche.

— Tout de suite, dit-il, je vais vous y conduire moi-même en automobile; avec votre charrette il faudrait attendre demain et ce serait peut-être trop tard.

Adrien remercia, mais Philomène n'y songea même pas. Elle ne bougeait plus, semblait ne plus respirer, ne pensait plus, sinon au fait qu'on allait lui prendre son enfant, qu'elle serait loin d'elle pour les fêtes. Elle esquissa un sursaut de refus, mais Adrien ne lui laissa pas le temps de parler.

— Tu vas rester là, dit-il, je vais m'occuper de tout.

Rester là? Quand sa fille risquait de mourir loin d'elle? Elle se leva, lui prit le bras, le serra.

— Je veux venir, dit-elle.

— De toute façon, madame, dit le docteur, vous ne pourrez pas attendre là-bas.

Mais elle l'ignora et répéta, forçant Adrien à la regarder :

— Il faut que je vous suive, comprends-tu ?

Il y avait une telle prière dans sa voix qu'il hocha la tête en soupirant.

— On préviendra Geneviève en partant ; elle viendra ici jusqu'à l'arrivée de Guillaume et elle lui expliquera...

Moins de cinq minutes plus tard, l'automobile roulait vers Saint-Céré, emportant dans la nuit glaciale Adrien, Philomène et la petite Louise emmitouflée dans une couverture. Ce fut l'une des plus longues nuits de leur vie, l'une de ces nuits dont on se souvient éternellement, sans que rien ne puisse jamais vous en délivrer. Il sembla à Philomène que les deux heures du trajet ne se termineraient jamais. Elle avait hâte d'arriver, et en même temps elle redoutait le moment où on lui prendrait son enfant. Pour combien de temps ? se demandait-elle, et comment allait-elle supporter cette séparation ? Aucun des deux hommes ne parlait. Adrien se penchait de temps en temps sur Louise et murmurait quelques mots dont Philomène ne comprenait même pas la signification. Une seule idée la hantait : nul ne pouvait les aider, ni elle ni sa fille, puisqu'on allait les séparer.

Une fois à l'hôpital, au fond d'un couloir

froid aux murs décrépis, elle crut être revenue à Soissons. Mais, cette nuit-là, nul ne l'attendait. Au contraire, quand il fallut abandonner sa fille à des mains étrangères, Adrien et le docteur durent l'emmener de force, la contraindre à rentrer dans la voiture avec en elle la sensation d'une déchirure inguérissable.

Elle ne retrouva la parole que beaucoup plus tard, après avoir vainement essayé de s'assoupir.

— Quand pourrons-nous revenir ? demanda-t-elle alors d'une voix brisée.

— Je vous préviendrai dès que ce sera possible, répondit le docteur, mais certainement pas avant trois jours.

Et, comme s'il cherchait à atténuer la sécheresse de ses paroles :

— Il faut le temps d'effectuer les examens, comprenez-vous ?

Ce qu'elle comprenait seulement, c'était qu'elle ne reverrait pas sa fille avant trois jours. Alors elle retint un cri, se laissa aller contre Adrien, et lorsqu'elle ferma les yeux, ce fut pour rencontrer dans l'obscurité l'image de Louise dont la voix, malgré les quarante kilomètres qui les séparaient, lui parvenait avec la même netteté que si elle eût été dans une chambre voisine.

Malgré la présence attentionnée de Geneviève, malgré l'affection témoignée par tous les villageois, Philomène ne cessa plus de penser à

sa fille, se ressaisissant seulement pour demander à Adrien de la conduire à Saint-Céré. Le
docteur était passé à Quayrac le 24 dans l'après-
midi, avait promis des nouvelles très vite, puis il
était reparti après quelques mots de réconfort.

Cependant, même en restant au coin du feu,
Philomène avait froid et grelottait. Elle était persuadée que sa fille était morte et qu'on ne le lui
disait pas ; une mère sentait cela ; elle avait froid
comme sa fille devait avoir froid et rien ne la
réchaufferait désormais, pas même un foyer bien
garni, pas même les plus hautes flammes de la
cheminée. Elle ne comprenait pas comment il
était possible qu'elle continuât de respirer, comment son cœur continuait de battre, et elle se
sentait coupable d'un abandon misérable dont
l'idée la révulsait.

Marie, mystérieusement avertie de la détresse
de sa mère, restait constamment dans ses jupes,
semblait rechercher un chemin de retour vers ce
passé protégé où le malheur, il y avait peu de
temps, n'existait pas. La compagnie permanente
de sa fille était douce à Philomène : elle lui permettait de retrouver par moments les traces d'un
bonheur ancien et de s'écarter de la pensée de
Louise. Ces quelques instants de paix suffisaient
à régénérer une lumière vacillante et à l'aider à
traverser, d'accalmie en accalmie, les heures où
des nuages noirs crevaient sur elle en une pluie
glacée.

Les trois hommes, eux, s'évitaient, et parfois

même l'un d'eux se cachait dans la grange ou au grenier, feignant à son retour de revenir d'une corvée urgente. Cependant, ils assuraient machinalement les travaux de la ferme et prenaient en charge ceux que Philomène ne pouvait plus mener à bien. Au-dehors, la neige avait fait son apparition après avoir longtemps menacé et tombait en averses folles. C'était sur les hauteurs comme une toison blanche que le vent retroussait par endroits, dévoilant la noirceur maigrelette d'un fût, ou bien, sur les versants, les îlots plus sombres des rochers. Parfois, la nuit, la neige consentait à s'arrêter : alors le vent lustrait les étoiles jusqu'à les faire resplendir. Mais le lendemain, dès le milieu de la matinée, une grisaille triste investissait de nouveau le causse, ajoutant au malheur d'une famille une note d'imbécile cruauté, et s'appesantissait en brumes le plus souvent mouchetées de flocons.

Le soir de Noël, après un repas sans joie, les deux femmes et François se rendirent à l'église pour la messe de minuit, Guillaume et Adrien s'y étant refusés. Autant la mort de son père avait autrefois ébranlé la foi de Philomène, autant la grave maladie de sa fille, au contraire, l'inclinait à la prière. Il lui semblait qu'il s'agissait là du seul moyen de la rejoindre et de lui venir en aide au fond de sa chambre solitaire et glacée. Car l'image de sa fille ne lui laissait aucun répit, surtout la nuit. Elle avait beau fermer les yeux, les rouvrir, les refermer, elle apercevait sans cesse le corps de Louise et se dressait dans son lit.

— Elle a froid, elle a froid, disait-elle.

Adrien essayait de la rassurer, parlait longtemps dans l'obscurité, inventait des mots qu'elle était incapable d'entendre. « Pourquoi Dieu m'a-t-il infligé cette épreuve ? se demandait-elle. Pour que je puisse devenir plus forte ? Meilleure que je ne suis ? Est-ce donc par la souffrance que se gagne le paradis ? » C'était en elle mille questions, mille tourments dont la ronde incessante la rejetait dans une solitude qui lui rendait les siens invisibles.

Ce soir de Noël, quand Philomène et les enfants rentrèrent de la messe, Adrien et Guillaume avaient préparé une soupe aux oignons qui les réconforta. Pendant qu'ils mangeaient en se brûlant délicieusement la langue, les hommes tentèrent de lancer la conversation, posèrent des questions sur ceux qui assistaient à la messe, sur l'état des chemins, mais chacun pensait à celle qui n'était pas là, et le silence retomba très vite dans la grande salle à manger où Noël, d'ordinaire, était si joyeux. Une fois la dernière cuillerée de soupe avalée, Adrien envoya François et Marie bassiner les lits, le temps de déposer dans les sabots placés près des chenets un sachet d'agates, une poupée de chiffons et deux paquets de pralines. Au retour des enfants, il y eut quelques minutes qui auraient pu être heureuses, mais Marie se mit brusquement à pleu-

40

rer, brisant le charme du moment. Aussi chacun s'en fut se coucher, tandis que les dernières matines égrenaient dans la nuit leurs notes cristallines.

Dès le lendemain, malgré les réticences de Philomène, Adrien invita les voisins à venir à la veillée en espérant l'aider à reprendre espoir. Outre Geneviève Landon et sa mère, les familles Pouch, Rivassou et Valette répondirent à son invitation, et l'on poursuivit le dénoisillage commencé fin novembre. S'il n'y eut pas de chansons, les invités s'efforcèrent de ne pas laisser s'installer la tristesse, et Léon Pouch aborda son sujet favori : l'arrivée de l'électricité. Comme certains imaginaient difficilement de quoi il s'agissait, il dut longuement s'expliquer, et la discussion, très vite, s'anima : pour Marinette Landon, qui n'avait pas encore abandonné le calel pour la lampe à pétrole, la « létrécité » n'entrerait jamais chez elle sans sa permission. D'ailleurs comment imaginer le jaillissement de la lumière sans le moyen d'une huile ou d'un alcool à enflammer ? A son avis, c'était une invention du gouvernement pour trouver plus d'argent. La politique aidant, on en vint à parler de la crise de l'économie, de ceux qui se laissaient séduire par le mirage des villes où s'ouvraient des usines qui fermaient trois ou six mois plus tard, des engrais chimiques dont l'apparition bousculait les idées admises depuis les temps les plus reculés. Non, si tout allait si mal, c'est parce que tout changeait trop vite, parce que ceux qui étaient revenus de la guerre ne voulaient plus vivre comme avant, et parce qu'ils avaient ramené des idées folles que les gouvernants s'étaient hâtés de mettre en pratique.

Philomène ne parvenait pas à concentrer son attention et n'écoutait guère. Elle cherchait désespérément le moyen de décider Adrien à la conduire à Saint-Céré, était prête à y partir seule, fût-ce à pied, comme elle était partie pour Soissons, il y avait quinze ans de cela. Et tandis que la conversation continuait, elle échafaudait son plan : elle attellerait juste avant le lever du jour, à l'heure où d'ordinaire, levée la première, elle allumait le feu et préparait la soupe du matin. Nul ne l'entendrait avant qu'elle ne soit loin. A Saint-Céré, le docteur lui permettrait de voir sa fille au moins une fois : c'était tout ce qu'elle désirait. Quant à Adrien, elle était certaine qu'il la comprendrait. Peut-être même la rejoindrait-il là-bas, près de Louise, et l'aiderait-il à la ramener dans sa maison qu'elle n'aurait jamais dû quitter...

Vers onze heures, le bruit d'un moteur naquit sur la route, se rapprocha, s'éteignit enfin dans la cour. Le temps de réaliser qu'il s'agissait de l'automobile du docteur, et déjà elle était debout, prête à s'élancer au-dehors. Adrien eut tout juste le temps de la retenir par le bras. Puis la porte s'ouvrit, et tout de suite elle sut que le malheur ne rentrerait pas cette nuit dans la maison, car le docteur souriait.

— Votre enfant est hors de danger, dit-il.

Avait-elle bien entendu ? Elle espérait ces mots depuis si longtemps qu'il lui semblait rêver. Et pourtant d'autres lui parvenaient, aussi chauds, aussi rassurants que les premiers :

— C'était en effet des troubles méningés, mais nous avons bon espoir de la guérir très vite, et je pense que vous pourrez la voir bientôt.

— Quand ? demanda-t-elle. Demain ? Après-demain ?

— Pas avant une semaine. Peut-être quinze jours.

Elle ferma les yeux, se laissa aller un instant dans les bras d'Adrien, puis elle s'assit. Et voilà que tout le monde l'embrassait, hommes et femmes, que Marie et François venaient se réfugier près d'elle en souriant. Adrien offrit du vin chaud au docteur qui but rapidement en s'excusant : une dernière visite à effectuer avant d'aller se coucher.

— Ça passera vite, Philo, dit Geneviève, l'essentiel est que la petite soit hors de danger.

Elle acquiesça de la tête, mais sentit ses yeux s'embuer tandis qu'elle imaginait son enfant dans la grande salle de l'hôpital et se demandait si elle allait être capable d'attendre aussi longtemps. Le docteur lui serra la main, puis les voisins et amis l'embrassèrent de nouveau avant de partir. Il lui sembla alors que tout le froid entré en elle la quittait enfin et que Louise, là-bas, s'endormait apaisée.

2.

Les retrouvailles avec sa fille avaient constitué l'un des moments les plus heureux de sa vie, d'une émotion sans doute aussi intense que celle de ses retrouvailles avec Adrien à la fin de la guerre, sur son lit d'hôpital. Ces minutes-là lui seraient inoubliables, elle le savait : retrouver une enfant délivrée, sa peau chaude, son sourire, une enfant qui s'était aussitôt blottie contre elle, cela avait été une sensation qu'elle eût prolongée indéfiniment. Aussi, pendant de longs jours, avait-elle gardé Louise près d'elle, refusant de la quitter, ne fût-ce que quelques minutes. Et la petite, comme régénérée par ce contact précieux, s'était remise peu à peu, sans que l'on eût à craindre les moindres séquelles. Ainsi avait recommencé une existence heureuse, mois après mois, rythmée par les travaux et les rires d'enfants, jusqu'à l'événement de l'arrivée de l'électricité. Seuls cinq ou six ménages, au village, avaient accepté le branchement jugé aussi coûteux que maléfique, mais pour la famille Fabre, qui avait vécu pendant des mois avec la tentation du poste T.S.F. sous les yeux, il n'avait pas été question d'y renoncer :

— On verra bien, avait dit Adrien, mais puisque nous avons un poste, autant nous en servir.

Une vie nouvelle était née, une vie qui donnait l'illusion de participer un peu aux affaires du pays, d'entrer dans un monde dont on ne soupçonnait même pas l'existence, de briser les distances et le temps. Il semblait à Philomène retrouver par ce moyen le chemin des lectures et du savoir, même si elle ne comprenait pas toujours de quoi il était question. Ainsi des événements du pays qui lui paraissaient dérisoires, alors qu'ils rendaient furieux Adrien : il ne cessait de s'inquiéter de ce qu'il appelait la montée des Ligues, nommait le « Faisceau », les « Croix-de-Feu » avec un air consterné. Le 6 février, pendant les émeutes de Paris, il avait même parlé de guerre civile : les ligueurs contre les communistes. Tout cela parce qu'un escroc appelé Stavisky était protégé par un procureur de la République parent du président du conseil Chautemps. Heureusement, Doumergue, succédant à Daladier, avait fait appel au maréchal Pétain, ce qui avait suffi à ramener le calme. Telle était du moins la version d'Adrien, qui avait paru satisfait du dénouement...

En fait ce qui plaisait à Philomène, c'étaient les voix graves et étudiées des speakers, Radiolo ou Toscane, de Radio Toulouse, avec leur accent chantant, qu'elle imaginait être des connaissances de Mélanie. Malgré les parasites — que l'on chassait en éteignant puis en rallumant aussitôt — elle écoutait avec ravissement la « Chanson des peupliers » ou « Fleur de blé noir », lisait les noms des stations mystérieuses et lointaines écrites sur le cadran : Brno, Lausanne, Daventry ; s'interrogeait sur les réclames qui vantaient des lessives ou le savon de Marseille ; pénétrait dans ce monde enjôleur comme elle avait pénétré, naguère, dans celui de Julien Combarelle dont le visage, parfois, s'incrustait sur le poste avec l'une de ces voix charmeuses qui s'adressaient aux gens en les appelant « mes chers auditeurs ». Tout cela contrastait terriblement avec l'existence menée dans ce causse désolé et qui devenait de plus en plus difficile en raison de la crise économique dont parlait la T.S.F. chaque jour. Le marchand de blé, un nommé Pébrel, homme de grande prestance, brun, au verbe facile, était devenu tout-puissant du fait de la chute des cours. Il faisait régner sa loi dans les campagnes où l'on ne pouvait soi-même écouler le blé. Il fallait en passer par sa volonté, et le bonhomme en profitait. N'avait-il pas lancé un jour à Adrien qui discutait amèrement le prix proposé :

— Vous, les Fabre, vous avez l'électricité et la T.S.F., alors de quoi vous plaignez-vous ? Vous êtes riches !

47

Philomène, qui se souvenait encore du partage des récoltes entre son père et le maître dans cette même cour, s'était bien juré de refuser à cet homme l'entrée de sa maison.

— Et comment ferons-nous ? s'était inquiété Adrien, à qui vendrons-nous ?

— S'il le faut, nous l'apporterons nous-mêmes à Figeac en charrette, avait-elle répondu avec une sorte de rage qui l'avait surpris.

Pourtant, elle savait parfaitement qu'ils seraient contraints d'accepter le prix proposé par Pébrel : les marchands, qui s'entendaient très bien, s'étaient partagé les secteurs.

Le prix du blé n'était hélas pas le seul à avoir baissé : celui de la laine et de la viande chutait encore plus, ce qui avait fait dire à Guillaume, un jour où, pendant le repas, Adrien ne décolérait pas :

— Je partirai bientôt, ainsi vous aurez une bouche de moins à nourrir.

Philomène, bouleversée, s'était crue transportée trente-sept ans auparavant, au temps où Étienne, son frère aîné, avait décidé de quitter la métairie. Elle en était restée profondément abattue, se demandant si toutes ces années d'efforts, de travail et de peine n'avaient servi à rien. Depuis, l'impression d'un échec la hantait. Adrien, lui, ce jour-là, n'avait pas répondu. En fait, les rapports entre son fils aîné et lui se révélaient difficiles : à dix-sept ans passés, Guillaume montrait peu de goût pour la terre et s'intéressait au monde des affaires et de la politique. Il avait obtenu sans difficulté son certificat d'études à douze ans, et Philomène, comme Adrien, en avait été fière. Le maître d'école, Firmin Albrespit, un colosse aux cheveux blancs qui achevait sa carrière à Quayrac, était venu le lendemain insister auprès d'eux pour que Guillaume poursuivît ses études à Cahors.

— Vous n'y pensez pas? avait protesté Adrien. Et avec quoi payerons-nous?

Comme Philomène demeurait muette, il s'était tourné vers elle, quêtant son aide. Meurtrie de ne pouvoir offrir à son fils le savoir auquel elle avait aspiré, elle était partie sans répondre et s'était réfugiée dans la bergerie. Là, elle s'était juré que Marie irait un jour au collège quoi qu'il en coûtât, dût-elle travailler la nuit pour payer les études. Et durant les mois qui avaient suivi, cette idée ne l'avait pas quittée un seul jour, s'était même fortifiée depuis l'entrée de la T.S.F. dans la maison. Elle était parfaitement consciente de s'identifier par là à sa fille aînée, de se mettre en cause à travers Marie comme si elle revivait une deuxième enfance, mais cela ne faisait qu'ajouter à sa détermination. Aussi, lors de la dernière rentrée des classes, était-elle allée chez M. Albrespit retenu dans son appartement par de fréquentes crises de goutte. Celui-ci ne lui avait pas caché sa certitude que Marie était assez intelligente pour devenir institutrice. Il lui avait même parlé de l'examen des Bourses, certes plus difficile que le certificat d'études, mais que l'enfant pouvait passer avec de bonnes chances de succès. C'était là plus que Philomène en espérait : dès lors, elle n'avait eu de cesse de convaincre Adrien, s'était battue pour sa fille chaque jour, prenant soin de lui faire réciter ses leçons, de l'aider dans ses devoirs. Ces longues soirées studieuses avaient provoqué l'hostilité à peine dissimulée d'Adrien, qui se méfiait depuis son adolescence des livres et de l'instruction, persuadé que Philomène pouvait lui échapper un jour pour rejoindre ce monde à lui interdit. Et, au début du mois de mai, le jour où elle avait évoqué la nécessité d'un voyage à Cahors pour accompagner Marie, il avait demandé, d'une voix où perçait une sorte de ressentiment :

— Est-ce bien le moment ? Si ça se trouve, cette année nous ne vendrons ni le blé ni les agneaux.

Malgré tout, elle avait tenu bon, pressentant dans sa démarche une nécessité vitale pour ses enfants. Alors, afin de le rassurer, elle avait promis de trouver un hôtel pas cher pour la nuit et d'emporter des provisions dans un panier pour ne pas avoir à payer le restaurant. Il avait très bien compris qu'elle menait un combat et qu'elle ne reculerait pas. Pourtant il avait tenté une dernière fois de la retenir en murmurant :

— Un jour, tes enfants ne parleront plus la même langue que toi, et peut-être même qu'ils auront honte de toi, qu'ils te rejetteront parce qu'ils seront devenus trop différents de toi.

Elle en avait été ébranlée quelque temps, mais elle avait compris qu'il ne pouvait pas tenir un autre langage. Guillaume, en se rangeant à ses côtés contre Adrien, en aidant Marie, l'avait alors délivrée de ses derniers scrupules. Adrien, blessé, s'était éloigné d'elle, mais sans colère, et elle n'avait pas renoncé à son projet.

Et puis le grand jour était arrivé, illuminé dès l'aube par un été précoce qui dessinait des ruisseaux de brume au flanc des collines. Levée de très bonne heure, Philomène avait lu dans la clarté rose du matin un présage de réussite. Après une matinée passée à se préparer dans la fébrilité, la mère et la fille étaient parties à pied jusqu'à la gare de Souillac. Il n'était en effet pas question de faire perdre une demi-journée aux hommes trop occupés par les agneaux. D'ailleurs, même si Adrien lui avait proposé de les conduire, Philomène s'y serait refusée. A l'instant de se séparer, comme elle n'osait aller vers lui, il s'était approché pour l'embrasser.

— Guillaume sera à la gare demain soir, avait-il murmuré.

Puis il avait ajouté, après un instant d'hésitation :

— Tu sais, Philo, je crois que tu te trompes, mais enfin... enfin... ça ne fait rien, quoi...

Elle lui avait su gré de ses paroles qui l'avaient réconciliée avec ce qu'elle aimait le

51

plus en lui : sa bonté profonde et sa confiance.
La mère et l'enfant avaient fait route côte à côte,
attentives à l'éveil des premières chaleurs, des
papillons, des parfums de bois sec, comme si
l'été lui-même avait décidé de les accompagner.
A Souillac, elles s'étaient rendues directement à
la gare, car Marie était pressée de monter dans
un train pour la première fois. Pendant le trajet,
Philomène avait passé son temps à lui parler, à
la rassurer, tout en contemplant ces coins de
cause qu'elle n'avait jamais traversés, ces bois
de chênes et ces vallées taillées à vif dans le calcaire. Un moment, elle s'était imaginée dans le
train qui l'avait emmenée à Soissons, il y avait
bien longtemps, et l'espoir d'un succès de Marie
avait crû en elle à mesure que le train s'éloignait
du village. N'était-ce pas, aujourd'hui comme
alors, son instinct qui l'avait poussée à entreprendre un tel voyage ? Or son instinct ne l'avait
jamais trompée. Elle ne doutait pas une seconde
d'aller à la rencontre de la réussite, de la même
manière qu'elle était allée à la rencontre de la
vie à une époque où la mort rôdait autour d'elle.

Le lendemain matin, après une nuit passée
dans un petit hôtel proche de la gare, elles
prirent la direction du lycée Gambetta, lieu
redoutable et mystérieux. Très émues, silencieuses, elles jetaient par instants un regard sur
leurs chaussures soigneusement cirées par une

femme de chambre qui, la veille au soir et à leur grand étonnement, leur avait conseillé de les laisser sur le palier. C'était bien la première fois que l'on cirait leurs chaussures, et la fille comme la mère en concevaient une sorte d'émerveillement qui leur paraissait à la fois ridicule et flatteur. Effrayée par les automobiles qui la frôlaient, Marie se rapprocha de sa mère, qui la prit par les épaules et la serra contre elle. L'angoisse de l'enfant avait commencé à se manifester pendant la nuit : plusieurs fois, elle s'était réveillée en pleurs. Philomène lui avait parlé longtemps dans la pénombre, cherchant les mots qu'elle eût aimé entendre, elle, à la place de Marie. La petite s'était rendormie seulement vers cinq heures, avant de se réveiller en sursaut à six heures et demie en gémissant :

— Je ne saurai pas, je ne veux pas y aller.

— Je serai là, tout près, avait dit Philomène en lui caressant les joues. Et puis, un jour, tu seras très savante.

— Mais j'ai trop peur, maman !

— Ne veux-tu pas devenir institutrice ?

— Si ! mais je ne veux pas que tu me laisses toute seule.

— Allons, Marie, je te parlerai, tu verras, je suis sûre que tu m'entendras...

Comme elle la comprenait, pourtant, en marchant sur les trottoirs du grand boulevard où les passants les bousculaient sans les voir et où il lui semblait ressentir une sorte d'hostilité ! Déjà les sonnailles des brebis lui manquaient et un doute aussi absurde que douloureux s'insinuait en elle : que faisait-elle ? Avait-elle le droit d'engager son enfant sur un chemin qui les conduirait inévitablement vers la séparation ? Elle s'arrêta, fut bousculée, se rangea contre la vitrine d'une boutique, tenant Marie par la main. C'était une librairie. Toutes deux regardèrent quelques instants les livres rangés sur les rayons, et Philomène sentit une émotion bizarre la gagner, comme le jour où Étienne lui avait offert *Le Lys dans la vallée*.

— Regarde, fillette ! murmura-t-elle. Est-ce beau !

L'enfant ne répondit pas, mais Philomène devina une émotion semblable à la sienne. D'où venait-il, ce frémissement qui la parcourait chaque fois qu'elle se trouvait à la lisière du monde des livres ? Elle ne le savait pas au juste, mais elle connaissait bien cette impression de bonheur impossible, cette amertume qui ne laissait nulle trace une fois évanouie, sinon celle d'un regret délicieux. Elle tremblait un peu, un étau serrait sa poitrine.

— Qui sait si tu n'écriras pas des livres un jour, toi aussi, souffla-t-elle.

Marie demeura silencieuse, et elles restèrent un long moment devant la vitrine, unies par une gravité complice. Et puis Philomène frissonna et s'obligea à repartir : il ne fallait pas se mettre en retard. Sur le trottoir, Marie paraissait maintenant plus décidée et souriait. Cinquante mètres plus loin, elles rencontrèrent des enfants accompagnés par leurs parents et les suivirent, toujours sans parler. Le collège n'était plus loin. Elles le découvrirent après avoir tourné à droite, sur un boulevard transversal bordé de platanes. Précédées par les enfants et les parents de plus en plus nombreux, elles se retrouvèrent rapidement devant une sorte de hall vitré situé sur la droite du bâtiment central. Là, comme Philomène sentait un raidissement dans les doigts de Marie, elle s'accroupit, lui sourit.

— Je suis sûre que tu sauras me faire honneur, dit-elle, et à Papa aussi.

Marie battit des paupières, les traits de son visage se détendirent un peu. Philomène se redressa, lui prit la main et l'entraîna vers le hall. Là, elles attendirent dans un coin, à l'écart, l'une près de l'autre, qu'on voulût bien les appeler. Trois minutes passèrent, durant lesquelles Philomène examina les enfants : la plupart d'entre eux semblaient de modeste condition. Cette constatation la rassura. Une porte s'ouvrit enfin sur un vieux monsieur à l'air digne, tenant dans sa main droite des feuillets où se trouvait la liste des inscrits. Les enfants furent invités à s'avancer à l'appel de leur nom, et Philomène redouta un instant que Marie n'eût été oubliée. Mais non : Marie Fabre fut invitée comme les autres à prendre rang dans une colonne dont la tête disparaissait déjà dans un couloir sans lumière. Philomène prit une inspiration, poussa légèrement sa fille par l'épaule. Marie fit quelques pas, se retourna, et Philomène eut alors un mouvement impérieux du menton qui lui en coûta. Puis, craignant de ne pas être assez forte si Marie l'appelait, elle sortit dans la cour où l'accueillit le matin plein de lumière et de bruits.

Là, elle s'assit sur un banc, eut une pensée pour François et pour Louise qu'elle amènerait aussi, un jour, dans ce collège, puis une autre pour Adrien qui serait si fier, bientôt. Ensuite, elle regagna le boulevard et le remonta lentement en regardant les vitrines, s'arrêta de nouveau devant la librairie mais n'osa point entrer. Un peu plus loin, elle prit sur sa droite et suivit une ruelle qui s'inclinait en pente douce vers une grande place pavée, la traversa, se retrouva sur les rives du Lot, dans un jardin au fond duquel se trouvaient de vieilles bâtisses à l'architecture moyenâgeuse. Elle s'assit de nouveau sur un banc, se demanda vaguement ce que faisaient les siens au village, puis elle pensa très fort à Marie. Elle lui parla doucement, presque sans remuer les lèvres, l'encouragea, comme si elle avait le pouvoir de lui insuffler sa force et sa volonté. Elle avait toujours cru à cette faculté de communication à distance de mère à enfant, et elle y croyait encore plus depuis la guérison de Louise. Aussi s'efforça-t-elle de ne pas se laisser distraire par l'animation de la route qui séparait le jardin des rives du Lot. Puis elle porta son regard vers l'autre côté de la vallée, face à elle, où le coteau couvert de maigres chênes lui donna l'illusion d'être revenue au village. Longtemps, immobile et pensive, oubliant la ville et ses automobiles, elle demeura proche de Marie et lui parla.

Une heure plus tard, elle se promena un moment le long des rives, guettant dans les eaux basses l'éclair d'un poisson blanc. Ensuite elle remonta vers les boulevards bien avant midi, afin de ne pas se mettre en retard. Et de nouveau, elle se retrouva devant la librairie avec la tentation d'y entrer. L'idée d'une dépense supplémentaire l'arrêta un instant, mais celle d'un cadeau susceptible d'encourager Marie l'emporta rapidement. Un peu tremblante, elle poussa la porte et pénétra dans le monde de ses rêves secrets. Partout des livres, sur des étagères, sur des tables, empilés à même le sol. Elle respirait très vite, comme grisée par un alcool trop fort. Un petit homme à lunettes s'approcha et demanda :

— Désirez-vous un livre en particulier ou voulez-vous choisir vous-même ?

Il lui sembla que l'homme s'attardait un peu sur sa robe beaucoup plus longue que celle des autres clientes et la dévisageait bizarrement, avec un air étonné.

— Je voudrais choisir, murmura-t-elle.

— A votre aise, dit l'homme.

Et il se tourna vers une femme élégamment vêtue qui l'appelait, un livre à la main.

Philomène fouilla les rayonnages pendant de longues minutes avec des frissons de plaisir. Elle ouvrait les livres un à un, lisait quelques lignes, les caressait, les humait, les reposait sans parvenir à se décider. Il y en avait trop, et elle les voulait tous. A la fin, il fallut bien faire un choix. Elle se rappela avoir vu dans la vitrine une couverture avec des forêts et de la neige, mais ne se souvint pas du titre.

— Des forêts et de la neige, répéta le libraire en réfléchissant.

— Oui, avec une jeune femme dans l'angle gauche.

— Je vois, fit soudain le libraire dans un sourire, sans doute *Maria Chapdelaine*.

— C'est ça, dit Philomène : *Maria Chapdelaine*.

Et dans la même seconde, elle sut qu'elle n'oublierait jamais ce nom, que ce premier livre acheté serait le plus beau d'entre tous. Elle craignit un instant de ne pas avoir assez d'argent sur elle, mais tout se passa bien : le livre fut plié dans du papier de couleur, elle paya et s'en fut vers le collège avec en elle l'impression d'un bonheur conquis.

Marie fut ravie du cadeau, ne cessa de la remercier tout le temps qu'elles mangèrent, assises sur leur banc, en oublia presque l'examen. Beaucoup plus calme qu'au matin, elle expliqua qu'elle pensait avoir fait une seule faute à la dictée. Quant aux problèmes, ils lui semblaient justes. Elles mangèrent les œufs, le pain et le lard avec appétit, parlèrent du livre qui racontait l'histoire d'une jeune femme et de son galant dans un grand pays du nord de l'Amérique, puis elles en revinrent aux problèmes du matin. Philomène tenta de les résoudre, se perdit un peu dans son raisonnement, et il lui parut préférable de faire confiance à l'enfant qui la quitta, à deux heures, sans appréhension apparente.

L'après-midi, après avoir soigneusement enveloppé les restes de leur repas dans une serviette, et tranquillisée par le comportement de Marie, elle se renseigna pour trouver le pont Valentré dont elle avait souvent entendu la légende au cours des veillées. Elle le découvrit vers trois heures, chercha le fameux angle nord-est de la tour centrale que le diable avait fait écrouler pour se venger de l'architecte. L'ayant trouvé, elle repartit, vaguement déçue, s'assit un peu plus loin sur la berge et ouvrit le livre avec précaution. Elle fit alors connaissance avec la douce Maria et François Paradis, mais ne put lire très longtemps, tellement cette vacance de son corps et de son esprit lui donnait un sentiment de culpabilité vis-à-vis de Guillaume et d'Adrien qui travaillaient au village. Bien sûr, c'était le premier jour qu'elle s'accordait ainsi depuis la fin de la guerre, il y avait seize ans, mais elle eut cependant comme une rétraction qui gâcha son plaisir. Elle referma le livre et, comme pour précipiter les minutes qui séparaient Marie de la sortie, elle regagna très tôt le collège. Là, assise sur son banc, elle pria pour qu'au moins cette journée ne fût pas vaine et se promit de rattraper ce temps perdu le plus vite possible. Son sentiment de culpabilité ne disparut pas pour autant, et elle attendit avec impatience la sortie de Marie. Quand elle apparut, à cinq heures, son visage rayonnait : tout s'était bien passé. Elles gagnèrent la gare en se hâtant, joyeuses à l'idée de retrouver leur univers ordinaire, complices d'une évasion que ni l'une ni l'autre n'oublierait jamais.

Un mois passa, illuminé par le début de l'été. Mai s'achevait à peine que la chaleur croula sur le causse et l'embrasa. Il y eut dans l'air bleu des ruissellements de lumière, des ressacs de parfums au fond desquels affleurait celui des menthes sauvages. Haut dans le ciel où se perdaient les regards, erraient des hirondelles folles que la lumière crue paraissait foudroyer et qui chutaient parfois, telles des pierres noires, avant de se rétablir d'un coup d'aile à l'instant d'égratigner les coteaux.

Malgré la chaleur, Philomène avait pris l'habitude d'emmener le troupeau en attendant que les enfants viennent la relayer, à la sortie de l'école. Heureuse de retrouver les sensations de son enfance, l'aboiement du chien berger et le tintement mélancolique des sonnailles, elle portait Louise dans ses bras et poussait les brebis du bâton. Une fois arrivée, elle s'asseyait à l'ombre dans la combe, installait Louise près d'elle et tricotait en se remémorant son deuxième voyage à Cahors, à la suite du succès de Marie aux épreuves écrites, il y avait huit jours de cela. C'était le maître d'école qui le lui avait annoncé un jeudi matin en venant à la ferme, son chapeau à la main, et vêtu de son costume de velours. Elle en cultivait le souvenir par de fréquentes pensées, fortifiant ainsi sa conviction d'un succès définitif. D'ailleurs Marie n'avait-elle pas été félicitée par l'un des examinateurs, cet après-midi-là ? Bien sûr, elle n'avait pu répondre à la question de savoir si Madagascar était une grande ou une petite île, puisque monsieur Albrespit ne lui en avait jamais parlé, mais pouvait-on tenir rigueur de cela à une enfant ? Non, il n'y avait pas lieu d'être inquiet, les messieurs de Cahors sauraient se montrer indulgents...

Son regard dériva vers le coteau où piétaient les perdreaux en bordure d'un champ de blé noir. Entre Philomène et eux, les brebis, paraissant immobiles, broutaient l'herbe rase. Il lui sembla que cette image se répétait de jour en jour depuis son plus jeune âge, qu'elle s'était incrustée dans sa vie. Un épervier se balança un moment entre le ciel et les bois, puis fondit sur les chênes qui se refermèrent sur lui. A cet instant, Philomène crut distinguer un appel tout là-bas, très loin sur le chemin. Elle laissa ses aiguilles en suspens, écouta : oui, on l'appelait, c'était bien cela, mais c'était un appel joyeux, ou plutôt deux appels lancés par deux voix, celles de Marie et de François. Intriguée, elle se leva et, prenant Louise par la main, elle remonta vers le sommet du coteau, tendit l'oreille, distingua quelques mots : « Maman, maman » ; et puis, soudain, ces autres mots qui coulèrent sur elle comme du miel : « Reçue, je suis reçue ! Maman, maman ! » Elle prit Louise dans ses bras pour marcher plus vite, puis se mit à courir vers le petit bois. Là, comme elle n'entendait plus rien, elle s'arrêta, le souffle court. A peine eut-elle le temps de s'interroger qu'elle les vit : ils dévalaient le coteau de Maslafon comme des fous, main dans la main, et, l'apercevant de loin, se remettaient à crier : « Je suis reçue ! Elle est reçue, maman, maman ! » Elle posa Louise sur un îlot de mousse et se remit à courir, sachant qu'elle les rejoindrait à la corne du bois après les avoir un instant perdus de vue, au fond du vallon. Quand ils réapparurent, elle s'arrêta pour les attendre, leur ouvrant les bras. Elle les reçut en même temps contre elle, aussi heureux l'un que l'autre, et referma ses bras sur eux en murmurant :

— Mes petits, est-ce bien vrai? Qui vous l'a dit?

— Le maître, il y a une demi-heure. On a couru, si tu savais comme on a couru! souffla Marie.

A genoux maintenant, Philomène serrait ses enfants, étonnée de ne plus rien voir, pas même leurs cheveux, habitée d'une joie mêlée de fierté qui suscitait, elle ne savait pourquoi, l'image de son père sous le rocher maudit. Quelques secondes passèrent, qu'elle savoura en fermant les yeux. Ce fut François qui se dégagea le premier; un peu gêné, il se dirigea vers Louise qui appelait.

— C'est très bien, fillette, chuchota Philomène, je suis fière de toi, sais-tu.

Elle devina que Marie pleurait, et elle attendit une ou deux minutes avant de se relever. Alors, sans la regarder, elle lui prit la main et elles marchèrent vers Louise et François qui s'étaient rapprochés du troupeau. Celui-ci s'étant égaillé dans la combe, François envoya le chien, puis, après avoir surveillé la manœuvre, revint vers sa mère et ses sœurs assises à l'ombre.

— Papa connaît-il la nouvelle? demanda alors Philomène.

— Non, répondit Marie, on a couru directement ici en sortant de l'école.

— Bon; j'y vais tout de suite. Surveillez bien la petite et revenez à sept heures.

Philomène se redressa, tapota la joue de

Marie, puis, après un dernier regard sur ses enfants, elle s'éloigna, comme à regret, après avoir ajouté :

— C'est bien entendu ? Pas plus tard que sept heures, et ne vous disputez pas.

Quand elle entra dans la cour, vingt minutes plus tard, Adrien et Guillaume étaient en train de dételer les bœufs devant l'étable. Enlevant son chapeau pour s'essuyer le front, elle s'approcha.

— Je n'ai pas vu les enfants, fit Adrien en retirant le joug, et sans la regarder.

— Je les ai vus, moi, murmura-t-elle.

Il y avait un tel trouble dans sa voix qu'Adrien releva brusquement la tête, intrigué.

— La petite est reçue aux Bourses, c'est le maître qui le lui a dit, précisa Philomène incapable de cacher son émotion.

Il y eut comme une crispation dans le visage d'Adrien, mais elle ne dura point. Il demeura un moment immobile, le joug dans ses mains, puis le sourire qu'attendait Philomène fleurit enfin sur ses lèvres :

— C'est bien, ça, dit-il, c'est vraiment très bien.

Elle hocha la tête, demanda :

— Es-tu content ? Vraiment ?

Alors le regard d'Adrien rencontra réellement le sien. Elle remarqua que ses prunelles noires brillaient un peu comme ce jour d'hiver, à Soissons, où elle avait hissé Guillaume vers lui. Il y

64

avait pourtant une autre lueur qu'elle eut d'abord du mal à définir, mais où elle décela finalement une sorte de reconnaissance.

— Je n'étais pas d'accord, murmura-t-il, tu le sais, mais enfin... Je crois que c'est bien... Je crois que tu sais, toi... Beaucoup mieux que moi.

Elle le retrouvait tel qu'il était depuis toujours, généreux et capable de la rejoindre au sommet de ce qu'elle appelait leur confiance. N'avaient-ils pas triomphé de six ans de guerre et de séparation ? Comment un différend, aussi grave fût-il, aurait-il pu les séparer ?

— Il faut inviter M. Albrespit à souper, dit-elle, je suis sûr qu'il sera content.

Il acquiesça de la tête, puis :

— Vas-y toi, tu le connais mieux que moi.

Il souriait d'un air moqueur, mais elle ne lui en voulut point : c'était vrai qu'elle s'entendait très bien avec le maître d'école. Elle lui rendit son sourire et elle s'éloigna en songeant qu'elle n'aurait pas trop de temps pour préparer son repas.

La place était heureusement déserte, ce qui lui évita des rencontres importunes. En arrivant devant la porte entrouverte du logement, elle eut une hésitation en se demandant si le maître allait accepter son invitation, mais elle n'eut pas à s'interroger davantage, car il l'attendait. Elle le comprit en le voyant apprêté comme un dimanche.

— Entre, petite, dit-il avant qu'elle ne frappe à la porte.

Il la tutoyait depuis qu'ils avaient tous les deux entrepris, en une sorte de serment tacite, de conduire Marie vers les études supérieures. Il l'intimidait et la faisait songer, elle ne savait pourquoi, à son père. Toujours plein d'égards pour elle, il l'avait soutenue dans son combat, réconfortée pendant les heures de doute.

— Alors, es-tu contente ? demanda-t-il en l'invitant à s'asseoir sur une chaise de paille.

Et, sans même lui laisser le temps de répondre :

— Eh bien, pas tant que moi !

Comme elle souriait d'un air complice, il expliqua :

— C'était ma dernière année, vois-tu. Dans un mois je serai à la retraite et je me désespérais de ne pas avoir réussi à envoyer un seul de mes enfants à l'E.P.S.

Il s'approcha, lui prit les mains.

— Ta fille et toi étiez mon dernier espoir, et je te remercie de m'avoir fait confiance.

Elle voulut lui dire combien elle était heureuse, mais il ne lui en laissa pas le temps :

— Tu as senti combien le savoir était précieux, et tout le mérite du succès de ta fille te revient. Mais le plus difficile va commencer, car la route est encore longue et tu devras tenir bon.

La sueur traçait des sillons sur son front large et haut, les extrémités de sa moustache luisaient,

66

une lueur jeune et joyeuse brillait dans ses yeux clairs.

— Je suis venue vous inviter, souffla Philomène.

Le vieil homme s'épongea le front, soupira :

— Même sans invitation, je serais venu parler à ton mari : il faut le persuader de ne pas s'arrêter en chemin, quoi qu'il arrive.

— Je crois qu'il a compris, dit-elle.

— A la bonne heure ! mais il ne s'agit pas de s'endormir ; le certificat d'études c'est le mois prochain, et ce serait trop bête d'échouer si près du but. Aussi, à partir de demain, avec ta permission, Marie restera tous les soirs jusqu'à sept heures.

— Je ne vous remercierai jamais assez, dit Philomène.

Le vieil homme hocha la tête.

— Ma récompense, dit-il, c'est que tu aies cru en moi et que tu m'aies confié ta fille.

La chaleur semblait l'oppresser, ses grosses mains sur lesquelles couraient des taches de rousseur tremblaient un peu.

— Il faudrait que j'aille préparer la soupe, dit Philomène, gênée.

Il opina, sourit.

— Vas-y, petite, mais avant, donne-moi ta main.

Il se leva et elle l'imita. Alors, il enferma l'une de ses mains dans les siennes, la serra longuement en plantant son regard clair dans celui de Philomène, et murmura :

— C'est une mère comme toi qu'il faudrait à tous les enfants perdus dans ces collines.

Un mois plus tard, Marie fut reçue au certificat d'études, et juin s'acheva dans la joie. On finit de rentrer les foins au début de juillet en évitant de justesse les orages. A peine la dernière charrette déchargée, de grosses gouttes s'écrasèrent sur le toit de la grange où Philomène et François entassaient le foin hissé au bout d'une fourche par Guillaume et Adrien. Il était huit heures, et il faisait encore jour malgré les gros nuages traversés d'éclairs fauves qui couraient au-dessus du causse comme les brebis d'un troupeau fou. Philomène se désolait de s'être ainsi mise en retard, de n'avoir rien préparé à manger, alors qu'elle avait invité l'instituteur pour un dernier repas : il quittait le village le lendemain et avait tenu à leur faire ses adieux. Elle descendit du grenier par l'échelle de bois constellée de toiles d'araignée et, tandis que Guillaume et Adrien s'occupaient des bœufs, abritée sous un sac de jute plié en forme de capuchon, elle se précipita vers la maison. L'instituteur attendait déjà sous le balcon, assis sur une chaise en mauvais état que l'on ne songeait jamais à faire rempailler. Il était venu manger chez les Fabre non seulement le soir où on avait reçu les résultats de l'examen des Bourses, mais aussi le soir du certificat d'études, ce qui avait suffi à donner à leurs rapports une certaine familiarité.

— Entrez vite, dit Philomène en s'effaçant pour le laisser passer ; je suis désolée d'être en retard, mais nous avons voulu mettre le foin à l'abri avant la pluie, et il était temps, vous voyez !

Le maître d'école pénétra dans la cuisine, s'assit en disant :

— Ne vous désolez pas, allez, je sais ce que c'est, et je suis bien content pour vous car il y en a qui ont eu moins de chance : j'ai vu Alibert repartir avec sa charrette vers sept heures, il n'aura pas eu le temps de revenir, lui.

Tandis que Philomène s'affairait, François amusait Louise, et Marie mettait le couvert : de grandes assiettes creuses ornées de fleurs au rose passé, des verres ronds et larges, des cuillères et des fourchettes sur lesquelles étaient gravées des initiales savamment entrelacées.

Philomène versa le bouillon de légumes sur le pain de seigle, et une délicieuse odeur se répandit dans la salle à manger. Guillaume et Adrien arrivèrent bientôt, du foin dans les cheveux, saluèrent l'instituteur et s'assirent à leur place après s'être lavé les mains dans l'évier.

— Alors, comme ça, vous partez demain, fit Adrien en versant du vin dans les verres.

— Eh oui ! soupira l'instituteur.

— Et où donc allez-vous ? demanda Adrien après avoir vidé son verre d'un trait.

— A Montauban, chez ma sœur qui est veuve : nous nous tiendrons compagnie.

— Peut-être allez-vous regretter la campagne, dit Adrien en prenant dans le grand tiroir de la table la tourte de pain à la croûte épaisse et noire.

— Peut-être, en effet, dit l'instituteur avec une sorte de lassitude, mais il faudra bien s'y faire.

Adrien hocha la tête et se mit à couper de larges tranches de pain qu'il plaça au centre de la table. Philomène posa la soupière fumante devant son mari, puis elle descendit à la cave pour y chercher le fromage de chèvre et le lard maigre dans le garde-manger suspendu au plafond. Quand elle remonta, Adrien achevait de servir les enfants, après avoir commencé par l'instituteur. Chacun se mit à manger en silence avec un plaisir non dissimulé, tandis que la pluie martelait le toit, que les éclairs illuminaient la pièce où la lumière montra bientôt des signes de faiblesse. Et tout à coup, ce fut le noir, au grand désappointement des enfants.

— Voilà le progrès, plaisanta Adrien.

Déjà Philomène s'était précipitée et allumait la lampe à pétrole, ce qui donna à la grande pièce plongée dans la pénombre un air de veillée disparue. Quand les hommes eurent bu le bouillon arrosé de bon vin, le maître d'école, après s'être longuement essuyé les moustaches, demanda en désignant Guillaume du regard :

— Et votre aîné, allez-vous le garder ici ?

Il y eut un bref silence qui inquiéta Philomène : ce sujet provoquait régulièrement des heurts entre Guillaume et Adrien.

— C'est probable, dit ce dernier sans relever la tête.

— Alors tu veux rester à la terre, reprit l'instituteur en souriant ; pourtant tu apprenais bien, toi aussi.

Philomène, dont le regard courait de l'un à l'autre, constata une nouvelle fois l'étrange ressemblance entre Guillaume et son père. Aujourd'hui elle croyait revoir Adrien adolescent, à l'époque où il la protégeait des agissements du rouquin. Mais si leur physique était semblable, leurs idées différaient totalement, à son grand désespoir et à celui d'Adrien qui ne comprenait pas comment son fils pouvait rêver de la ville, de voitures, de grands magasins, d'une autre vie en somme que celle du causse. « C'est le sang Delaval », avait-il dit à Philomène avec amertume, un soir où la dispute avait été plus violente que de coutume.

— Il aurait préféré continuer à l'école, vous savez bien, monsieur Albrespit, expliqua-t-elle, mais on ne parlait pas de bourses, alors.

Le vieux maître hocha la tête, suggéra :

— Peut-être n'est-ce pas trop tard ? Il faudrait reprendre l'école...

Philomène n'écoutait pas : elle venait de remarquer sur le front d'Adrien une ride de contrariété qui n'annonçait rien de bon. Elle savait combien il était malheureux du peu de considération manifesté par Guillaume pour ce domaine qu'il avait si douloureusement gagné : n'était-ce pas pour lui qu'il était reparti, à la fin de la guerre, plutôt que de se cacher au village ? Elle servit prestement le lard et les pommes de terre en espérant faire diversion, mais vainement :

— C'est quand on a travaillé la terre des autres qu'on apprécie celle que l'on possède, dit Adrien d'un ton glacé. Seulement, monsieur Albrespit, les enfants ne le savent pas, ça.

Le maître d'école comprit alors qu'il avait été imprudent. Il tenta de changer de sujet, mais n'en eut pas le temps.

— Ce qu'ils ne savent pas, monsieur l'instituteur, c'est que leurs parents et leurs grands-parents y ont usé leurs forces pour la leur gagner, et que certains d'entre eux y sont morts. Ce qu'ils ignorent, les enfants...

— Arrête, je t'en prie, le coupa Philomène, tu sais bien que cela ne sert à rien.

Adrien leva sur elle un regard où se lisait plus de tristesse que de colère, il soupira :

— Tu as raison, dit-il, les enfants ne pourraient plus vivre comme nous avons vécu.

Il eut un geste las, se remit à manger. M. Albrespit, changeant prestement de sujet, dit son appréhension de partir pour Montauban où il craignait de ne pouvoir s'habituer, et il trouva tous les défauts possibles aux habitants des villes. Ce fut à l'instant où il achevait sa tirade que Guillaume murmura :

— De toute façon, un jour je partirai.

Il y eut un profond silence, au terme duquel Philomène se demanda s'il existait une fatalité pour que les pères et leur fils aîné eussent ainsi à s'opposer. Pourquoi fallait-il que Guillaume, comme Étienne naguère, ne pensât qu'à partir ? Elle eut un soupir, mais ne trouva rien à dire avant Adrien, qui lança :

— Le jour où tu seras majeur tu feras ce que tu voudras ; en attendant tu travailleras ici, avec moi.

Le maître d'école, qui se sentait de plus en plus coupable, essaya de minimiser l'incident :

— Tous les enfants se ressemblent, monsieur Fabre, dit-il, mais c'est normal : ils sont jeunes et vigoureux, ils n'aiment pas le joug.

Adrien hocha la tête mais ne répondit pas. L'instituteur, saisissant alors une perche plus sûre, parla des engrais chimiques que la S.N.C.F., sans doute parce qu'elle les transportait, vantait sur ses affiches. Puis il en vint à la petite mécanisation qui gagnait les campagnes et demanda :

— Que pensez-vous de ces râteaux mécaniques ? J'ai entendu dire que Simbille en avait acheté un.

— Moi aussi je l'ai entendu, répondit Adrien, mais je préfère travailler avec mes bras.

Déjà, au cours des repas précédents, lorsqu'il avait été question de mécanisation, il s'était refusé au dialogue, à la grande surprise du maître d'école. Sentant ce dernier un peu désemparé, Philomène demanda :

— Êtes-vous déjà allé à Montauban, monsieur Albrespit ?

Celui-ci se saisit de l'assiette de fromages qu'elle lui tendait, répondit :

— J'y suis bien allé au moins une dizaine de fois.

— Vous auriez quand même pu rester ici jusqu'à la prochaine rentrée, non ?

— Le maire a décidé de faire des travaux dans le logement et le nom de mon successeur est déjà connu. Alors vous voyez, il ne me reste plus qu'à quitter les lieux.

— Vous reviendrez de temps en temps ; Montauban n'est pas si loin.

Le vieil homme hocha la tête, soupira. Il avala une bouchée de fromage et de pain, assura :

— En tout cas, ce n'est pas à Montauban que je mangerai d'aussi bons fromages. Il n'y a que vous pour les faire aussi savoureux.

— C'est toujours un plaisir de manger ce que l'on confectionne soi-même, que ce soit du fromage ou du pain.

Le maître d'école acquiesça de la tête et, la bouche pleine, garda le silence. Philomène remarqua avec soulagement qu'Adrien paraissait plus calme. Elle lui fit un petit signe afin qu'il remplît le verre de leur invité. Celui-ci remercia, avala une bouchée, et déclara :

— Puis-je vous demander quelque chose ?

Adrien et Philomène s'interrogèrent du regard, et ce fut elle qui invita l'instituteur, apparemment embarrassé, à poursuivre :

— Je voudrais que vous me teniez au courant des études de la petite, fit-il en désignant Marie.

Et, comme s'il ressentait le besoin de se justifier :

— Je vous l'ai déjà dit : c'est la première que j'envoie à l'E.P.S., vous comprenez ?

Son visage avait subitement pris une expression grave, comme s'il redoutait de n'être pas capable de faire partager à ses hôtes ce qu'il éprouvait vraiment. Il toussota, demanda encore :

— Vous me comprenez, n'est-ce pas ?

— Bien sûr, dit Philomène, mais il faudra nous donner votre adresse.

L'instituteur hocha la tête, ferma un instant les yeux. Au-dehors, la pluie se calmait et le tonnerre s'éloignait. La lumière revint tout à coup, provoquant les exclamations joyeuses des enfants. Philomène éteignit la lampe à pétrole et Adrien servit au maître d'école un peu d'eau-de-vie qui parut lui délier de nouveau la langue. Alors il en vint à son sujet favori, la politique, retrouvant comme par miracle le fil de la conversation entamée avec Adrien lors de ses précédentes visites. A son avis, les radicaux prendraient bientôt leur revanche sur la droite de l'argent représentée par Tardieu et Laval. Quant à Herriot, il n'était que l'otage d'un gouvernement qui ne tiendrait pas six mois. Des centaines de milliers de manifestants n'étaient-ils pas descendus dans la rue en février ? Si la grève avait alors réussi, c'était sur le thème de l'unité d'action. De cela, les Ligues feraient bien de se souvenir, mais également du fait qu'on ne jouait pas impunément avec le droit et la Constitution...

La discussion entre les deux hommes dura longtemps, bien qu'ils fussent d'accord sur l'essentiel. A la fin, les enfants, qui avaient débarrassé la table, étaient allés se coucher. Philomène s'était occupée de Louise, puis elle avait commencé la vaisselle. Tout en vaquant à ses tâches ménagères, elle s'inquiétait de l'intérêt croissant manifesté par Adrien pour la politique, comme elle s'était inquiétée pour Abel avant la guerre. Car elle n'avait rien oublié des idées de son frère et se demandait pourquoi tous les hommes de sa famille étaient aussi rebelles au gouvernement et à l'Eglise : ils n'allaient ni à la messe ni aux vêpres, juraient les « mille dieux », entraient constamment en révolte, alors que les femmes, comme elle, naguère, vivaient dans la religion. Mais ce qu'elle redoutait le plus, c'était d'entendre dans la bouche d'Adrien les idées défendues autrefois par Abel, parce qu'elle les jugeait responsables de sa mort. Aussi n'aimait-elle pas ces longues discussions au cours desquelles son mari s'échauffait, criait, souvent, à l'exemple d'Abel dans la maison de Marguerite.

Quand le maître d'école se leva enfin, il était presque minuit. Elle le raccompagna jusqu'à la route en compagnie d'Adrien. Là, il leur serra longuement la main en les appelant « mes bons amis ». L'air rafraîchi par l'orage sentait le gravier et les feuilles des arbres.

— A propos, dit l'instituteur à l'instant de les quitter, peut-être ne le savez-vous pas ; mon successeur s'appelle Julien Combarelle ; on m'a même dit qu'il avait déjà été en poste ici.

Philomène sentit ses jambes trembler et le sang affluer vers sa tête. Près d'elle, Adrien s'était brusquement figé, et elle ne l'entendit même plus respirer. Il lui sembla que tous les parfums de cette nuit d'été, avivés par l'orage, se précipitaient en elle et l'enivraient comme le vin chaud de l'auberge au temps des veillées heureuses.

3.

L'été s'était éteint vers la mi-septembre sous
des averses de pluie anormalement froides pour
la saison. Les vendanges avaient été de ce fait
bien pénibles, mais on avait cependant réussi à
remplir le cuvier de la cave, à la grande satisfaction d'Adrien. A peine avait-on remisé les
paniers et les comportes, qu'il avait fallu emmener Marie à Cahors. La séparation avait été un
déchirement pour l'enfant, mais aussi pour Philomène qui s'était demandé, dans le train du
retour, si le sacrifice imposé à l'une et à l'autre
n'était pas trop lourd. Aussi le premier appel au
secours de sa fille, une semaine plus tard, ne
l'avait-il pas vraiment surprise. Elle était repartie pour Cahors, avait essayé de raisonner Marie
qui avait promis d'être courageuse : un mois
passait vite, et elle finirait bien par s'habituer.
Mais dix jours plus tard, il avait fallu repartir, et
Philomène avait senti se creuser en elle une
véritable blessure devant une si cruelle évi-

dence : sa fille ne supportait pas de vivre enfermée, loin des siens, de son village, et elle dépérissait. Philomène n'avait pas mené un si long combat pour s'avouer si vite vaincue : elle refusa de céder, se battit, fit le voyage deux fois en octobre, trois fois en novembre, persuadée de travailler malgré tout au bonheur de sa fille. Mais en décembre, une lettre du Principal mit fin au rêve si longtemps caressé : la petite se laissait mourir, et il n'était plus question de poursuivre l'expérience. Vaincue, profondément blessée, Philomène avait eu l'impression que le monde s'écroulait : tant d'efforts se trouvaient ainsi anéantis, tant d'espoirs s'envolaient, que sa vie lui parut tout à coup un échec effroyable. Elle partit chercher Marie en compagnie d'Adrien qui avait assisté, impuissant, à la lente érosion de l'espérance qui animait Philomène. Elle n'en voulut pourtant pas à Marie, car le spectacle de cette petite chose misérable et perdue lui épargna les reproches et la colère, mais ce fut plus douloureux encore de garder au fond de soi l'amertume glaciale d'un si grand projet avorté.

Adrien l'aida de son mieux à traverser le gué, mais elle sentit que ce dénouement ne lui déplaisait pas vraiment : sans doute reconnaissait-il dans sa fille une enfant de son rang, incapable, comme lui, de vivre loin de la terre, et comme lui incapable de changer de monde. C'était aussi le cas de François qui se refusait aux études et se plaisait à s'occuper des brebis et des champs. Ainsi, Philomène eut la sensation de se retrouver seule sur une route qui ne menait nulle part, et elle s'éloigna un peu d'Adrien. Pendant les moments de découragement, elle lui en voulait parfois des pesanteurs qui le rivaient à un monde qu'elle-même n'avait jamais voulu quitter, se désolait de ses propres contradictions, et elle devait puiser dans ses réserves d'énergie pour ne pas sombrer.

A peine s'était-elle réhabituée à la présence de sa fille que déjà, allumant ses incendies dans les aubes tendres de juin, l'été lui donnait l'impression d'être transportée un an dans le passé. Mais non : il lui suffisait de regarder Marie pour comprendre que le temps de l'espoir s'était enfui. L'enfant se remettait à peine de l'épreuve, et ses yeux trop grands dans son visage amaigri disaient combien elle avait souffert.

Au village, de surcroît, tout allait de mal en pis, car les prix baissaient toujours, y compris ceux de la laine. Le soir, à sept heures et demie, Adrien tournait le bouton de la T.S.F. et ne cessait de jurer contre Laval et sa politique de déflation, contre tous ceux qui faisaient le malheur des gens de la terre, contre le monde entier, contre lui-même, enfin, incapable de persuader les villageois de se grouper pour faire front.

A la fin du mois de juin, malgré son refus de passer l'examen des bourses, François avait été reçu au certificat d'études. Philomène n'avait même pas tenté de le convaincre d'aller au collège, n'ayant pas trouvé la force de cet ultime combat ni celle de faire appel à la seule personne qui pût encore l'aider : Julien Combarelle...

L'automne se posa sur le causse dès le début de septembre avec la douceur d'un plumage, dessinant des ciels en soies violettes où le soleil couchant se regardait sombrer. Octobre amena ses vendanges et leurs parfums de futailles acides. Le dernier soir, alors que l'on achevait de décharger les comportes dans les cuves, un long cri retentit sur la place, un cri de femme au désespoir que Philomène identifia tout de suite. Aussitôt tous ceux qui travaillaient à proximité se précipitèrent et découvrirent Denise, la femme du cordonnier-sabotier, qui hurlait toujours, les poings serrés à la hauteur de ses tempes, échevelée, prête à tomber. Philomène s'en approcha la première, mais celle-ci parut ne pas la voir, pas plus d'ailleurs que Geneviève, sa mère, et deux autres femmes accourues elles aussi. Elle demeurait sourde, seulement pénétrée de son propre cri et de sa douleur. Les hommes se rendirent dans la boutique de l'artisan, mais n'y trouvèrent que les deux jeunes garçons du couple, paralysés, muets d'horreur. Ils retournèrent vers le centre de la place et attendirent que les femmes aient calmé la pauvre Denise. A la fin, celle-ci balbutia deux mots à peine audibles :

— Le puits, le puits...

Philomène et Geneviève soutinrent Denise pendant que déjà, là-bas, des têtes se penchaient au-dessus de la margelle vers l'eau sombre. Ses enfants, comme brusquement délivrés d'un maléfice, se précipitèrent vers leur mère et s'accrochèrent à ses jupes en pleurant. Il fallut les ramener de force vers la maison qui avait autrefois appartenu à Eugénie et Armand Mestre. Là, anéantie par la douleur, Denise perdit connaissance. Ce n'est que bien plus tard, à force de questions et de mots d'amitié, qu'elle finit par se confier. La vérité était à la fois simple et cruelle : le cordonnier n'avait plus de travail depuis longtemps ; comme les villageois étaient trop préoccupés par leurs propres problèmes, ils ne s'en étaient même pas aperçus. En effet, la crise rendait l'argent rare, et si l'on achetait les produits de première nécessité, on ne se souciait ni des chaussures à clous, ni des sabots ni des cordonniers. Tout le monde agissait ainsi dans les villages et les bourgs. Or Maurice Rivassou, lui, ne possédait pas la moindre parcelle où faire pousser des pommes de terre et des haricots. Il se désespérait depuis plusieurs mois de ne pas gagner un sou. Comme il se refusait à quitter le village, ne disposant pas du moindre capital pour s'installer ailleurs, il s'était résolu à disparaître, incapable de supporter l'humiliation d'avoir à demander l'aumône pour nourrir sa famille.

Tous, au village, se sentirent coupables et s'organisèrent rapidement pour venir en aide à la veuve et aux enfants. Le soir même de la veillée funèbre, Denise accepta la proposition du maire de travailler chez lui, où elle serait nourrie et logée avec ses enfants. Philomène, pour sa part, ne la quitta pas une seconde jusqu'à l'enterrement qui eut lieu par un après-midi lumineux. Le soleil d'octobre accompagna le cortège entre les chênes dont les feuilles brunies frémissaient au dernier vent du sud. Une odeur de mousse et d'écorce sèche avait remplacé depuis peu le parfum des menthes sauvages que Philomène aimait tant. Pour en prolonger le plaisir, elle avait maintes fois essayé de replanter les menthes de la combe sous ses fenêtres. Mais il leur fallait trop d'humidité et un sol bien à elles : déracinées, elles s'étiolaient tout de suite et mouraient dans les trois jours. En rentrant du cimetière, cet après-midi-là, en compagnie de Denise, elle se demanda si la pauvre femme supporterait de quitter sa maison et de prendre racine dans celle d'un étranger, fût-elle l'une des plus belles et des plus grandes du pays.

Le beau temps dura jusqu'à l'été de la Saint-Martin. Il y eut des journées pleines d'échos profonds, et le causse acheva de changer de couleur en pétillant. Cependant, malgré la chaleur, on devinait l'arrivée prochaine d'un changement à la présence des grands lièvres roux qui se rapprochaient des cheminées. Les gros travaux étant terminés, Philomène profitait du dernier vrai soleil pour rejoindre les enfants qui gardaient les brebis. Ce jour-là, sur le chemin ouvert entre les murs de lauzes menant à la combe de Maslafon, elle pensait à Guillaume qui s'opposait de plus en plus à Adrien et prétendait se mêler de politique. A l'issue de chacune de ces disputes, elle se désespérait au souvenir d'Abel, d'Étienne, et de son père. C'était par la politique que le malheur entrait dans une famille : elle en était persuadée. Elle priait bien souvent pour que le bon Dieu les en préservât, mais celui-ci ne semblait pas l'entendre. Aussi s'en voulait-elle de n'être pas assez forte pour imposer le silence à ses hommes, ou les convaincre des dangers qu'ils couraient.

Perdue dans ses pensées, elle contourna un bosquet de genévriers avant de remonter vers un petit bois. Soudain, avant qu'elle ait eu le temps de réaliser, Julien Combarelle sortit du couvert des arbres. Elle eut un sursaut qui ne lui échappa point. Elle se demanda s'il la guettait depuis plusieurs jours ou si cette rencontre était le fait du hasard, mais elle n'eut pas le loisir de trouver la réponse : des images défilèrent devant ses yeux, des parfums de plumiers et de cahiers la firent chanceler. Lui, immobile à trois mètres d'elle, ne bougeait pas.

Elle comprit qu'elle n'avait rien oublié malgré les vingt-six années écoulées depuis leur séparation. Elle avait dix-neuf ans à l'époque, et aujourd'hui quarante-cinq. Elle songea tout de suite qu'il n'avait pas changé, en tout cas moins qu'Adrien.

Elle demanda, avec de l'agressivité dans la voix :

— Pourquoi êtes-vous revenu ? Vous n'avez donc le respect de rien ?

Le sourire qui errait sur les lèvres de Julien s'effaça. Il fit cependant un pas en avant, mais elle l'arrêta d'un geste.

— Vous n'aviez pas le droit de revenir, laissez-moi passer.

Elle s'avança, le frôla, et il ne chercha point à la retenir. Il dit simplement, au moment où elle passait près de lui, mais assez fort pour être bien entendu :

— Ma femme et mon enfant sont morts dans un incendie, en Lozère. Je n'ai plus personne et je suis revenu pour vivre près de toi, le plus près possible, même si je ne te vois pas, même si je ne te parle pas.

Elle s'arrêta, stupéfaite de l'entendre la tutoyer comme autrefois, comme si les années ne comptaient pas, comme si elle se trouvait dans son appartement, un livre dans les mains.

86

— Nous n'avons plus vingt ans, reprit-il. Cela me donnait le droit de revenir.

Elle se retourna, remarqua ses tempes grises et songea que peu de temps avant ce jour elle avait trouvé les premiers fils d'argent dans ses cheveux, ce qui avait fait rire Adrien.

— C'est vrai, fit-elle, ils sont loin nos vingt ans.

Et elle regretta d'avoir rencontré ce regard où elle lut une lueur ardente. Il ne se méprit point sur ses pensées, chercha à la rassurer.

— J'ai cinquante-deux ans, Philo, cela nous autorise à nous asseoir pour bavarder.

— Non, dit-elle, mais en sachant déjà qu'elle ne partirait pas.

— Tu n'as rien à craindre, je ne chercherai pas à te rencontrer de nouveau.

Elle découvrit ce qui était resté immuable en lui : c'était sa voix, aussi jeune, aussi chaude qu'alors. Combien de fois n'avait-elle pas essayé de la retrouver, et avec elle son adolescence, et tous ces jours embellis par le temps passé ! Elle en avait rêvé, souvent, même la nuit, et de s'en souvenir en ces instants la troublait. Il recula, s'adossa à un chêne, et elle resta immobile sur le sentier, bouleversée de rejoindre ainsi sa jeunesse, désireuse de connaître enfin les réponses aux questions qu'elle s'était posées, d'année en année, sur la vie de cet homme qui n'était pas le sien. Il lui sembla combler un fossé en se réconciliant avec le meilleur d'elle-même.

— Pour François, j'ai vraiment fait tout ce que j'ai pu, souffla-t-il, mais il n'a pas l'esprit aux études.

— Je sais, fit-elle, je sais.

Il hésita à parler de lui, mais il sentit qu'elle le souhaitait :

— Elle s'appelait Léa, dit-il, et mon fils Paul ; nous habitions en pleine forêt, à deux kilomètres de l'école. Les gendarmes m'ont dit que c'était le train qui avait mis le feu.

Il eut un geste vague de la main, ajouta :

— Il y a longtemps.

Puis, avec un léger sourire :

— Paul avait dix ans.

Elle eut un début d'élan vers lui, mais elle le réprima.

— Moi, dit-elle, j'ai failli perdre ma fille.

Il hocha la tête.

— Je sais, elle s'appelle Louise.

— Qui vous l'a dit ? François ?

— Oui. François m'a tout dit. C'est un bon petit, François, et il te ressemble par bien des côtés.

Maintenant, elle n'avait plus envie de partir, n'y songeait même pas. Il y eut un long moment de silence, au terme duquel il sourit, gêné de ne pas trouver ses mots.

— Et Guillaume, demanda-t-il, quel âge a-t-il ?

— Dix-neuf ans déjà.

— Je l'ai aperçu plusieurs fois au village : c'est un beau jeune homme.

Elle acquiesça de la tête, pensa qu'ils parlaient de tous les membres de la famille, sauf d'Adrien. Il lui sembla qu'elle devait prononcer son nom, ne fût-ce que pour banaliser cette rencontre si grave et si précieuse.

— Adrien a bien failli ne pas revenir de la guerre, dit-elle à mi-voix.

Elle hésita, poursuivit, avec une sorte d'amertume, tandis que Julien la considérait sans sourire.

— C'est le meilleur mari du monde.

— Oui, dit Julien, je sais cela aussi.

Elle baissa les yeux, ne supportant plus ce regard qui lisait au plus profond d'elle-même.

— Je ne lui ferai jamais de mal, souffla-t-elle.

Pourquoi disait-elle cela ? Elle se sentit très mal, tout à coup, et elle eut l'impression de se trouver au milieu d'un gué agité par des eaux tumultueuses. Il devina son trouble, mais la retint de la main, alors qu'elle s'apprêtait à partir.

— Attends, Philo, attends une minute encore.

— Non, souffla-t-elle, le visage hostile comme au début de leur rencontre.

— J'ai voulu que tu saches que j'étais là, tout près, et que j'étais heureux.

Comme elle s'éloignait, il ajouta, d'une voix qui vibrait :

— Parce que rien n'a changé, Philo, tu le sais que rien n'a changé !

Et, alors qu'elle se mettait à courir :

— Je n'ai jamais pu t'oublier, je n'ai pas pu, je n'ai pas pu...

Elle courait, elle courait, et elle ne parvenait pas à se soustraire à cette voix par où coulait la tiède nostalgie de sa jeunesse et se réalisaient ses rêves si longtemps poursuivis. Elle escalada le coteau, s'agrippant aux genévriers pour se hisser plus vite au sommet où elle put s'asseoir enfin pour reprendre son souffle. Là, elle aperçut en contrebas ses enfants et les brebis de son troupeau. Alors elle s'allongea face au ciel où s'effilochait la longue traîne des nuages, et elle ferma les yeux.

On avait vendu des brebis et des agnelles à bas prix lors des dernières foires d'automne. Adrien, après avoir longtemps hésité, avait dû s'y résoudre sous peine de ne pouvoir nourrir le troupeau pendant l'hiver. Il était rentré de la foire très abattu, désespéré d'avoir lâché ses brebis pour un prix moins élevé qu'il y avait dix ans de cela. Comme il ne fallait pas compter davantage sur une bonne vente de la laine au printemps, ces sombres perspectives avaient fini de l'exaspérer. Aussi, le jour où Pébrel, le marchand de blé venu à deux reprises depuis les moissons, arrêta sa voiture dans la cour, Philomène se hâta de sortir avec son mari. Le marchand était un homme brun, aux cheveux très courts, au front haut, de grande prestance et au verbe facile. Il descendit lentement de son automobile, ferma la portière avec soin, salua Adrien et Philomène d'un geste de la main, puis, comme à son habitude, passa ses deux pouces sous son gilet avant de demander :

— Alors, Fabre, toujours pas décidé?

— Pas au prix de la dernière fois, répondit Adrien avec une hostilité à peine déguisée.

— Vous avez refusé quatre-vingts francs le quintal il y a un mois, mais aujourd'hui je ne peux vous en proposer que soixante-quinze.

Adrien serra les poings. Le quintal de blé, payé cent quatre-vingt-trois francs en 1926, était tombé à cent trente-quatre francs en 1929, à cent dix-sept en 1932, et voilà qu'aujourd'hui on lui en proposait seulement soixante-quinze! Une vague de révolte le submergea.

— A ce prix-là, je garde mon blé, jeta-t-il, une lueur farouche dans les yeux.

— Si vous tenez à ce que les rats vous le bouffent, eh bien, à votre aise! Mais vous êtes le dernier, je vous préviens.

Il le savait bien qu'il était le dernier à ne pas avoir vendu. Depuis deux mois, il avait couru de ferme en ferme pour inciter les paysans à résister au marchand, mais il avait eu beau insister, il avait lu la peur dans les regards : peur de renoncer à l'argent d'une année, peur de perdre son blé, peur de se dresser contre celui qui incarnait un pouvoir ancestral. Philomène, muette, avait pris le bras d'Adrien, le serrait.

— Partez d'ici, Pébrel, murmura celui-ci.

— Comment ? s'écria le marchand, vous osez me jeter dehors ? Mais vous êtes complètement fou, mon pauvre.

— Allez-vous-en, monsieur, dit Philomène, pressentant le pire.

— Ne venez pas pleurer chez moi quand vous n'aurez plus de sou ! lança le marchand avec morgue ; vous savez, j'en ai vu d'autres qui faisaient les fiers et qui m'ont supplié quand il était trop tard.

— Sortez d'ici, hurla Adrien hors de lui, sortez vite ou je vais chercher mon fusil !

Le marchand ouvrit plusieurs fois la bouche comme s'il manquait d'air, les traits de son visage prirent une expression de mépris offensé, il remonta dans sa voiture et, forçant son moteur, il quitta la cour où les volailles s'écartèrent en piaillant, affolées. Bien après son départ, Adrien et Philomène étaient encore à la même place, immobiles, écoutant battre leur cœur, à la fois soulagés et désemparés.

— Viens, dit-elle, en le tirant légèrement par le bras, ne restons pas là.

Ils rentrèrent lentement et s'assirent face à face dans la salle à manger. Un moment passa, puis Adrien se versa un demi-verre de vin, le but à petites gorgées, le regard perdu. Elle le dévisageait comme si elle le voyait pour la première fois, devinait combien il était blessé. Il se sentait nié, sali, elle savait cela; car il aimait son travail et ne comprenait pas de ne pas en retirer un juste prix. Elle soupira, puis :

— Ne t'inquiète pas, dit-elle, on le vendra quand même. Je suis sûre que Jacques et Mélanie connaissent des minotiers qui nous l'achèteront.

Il se tourna vers elle, eut un léger sourire dans lequel elle lut un remerciement.

— Écrivons tout de suite à Mélanie, reprit-elle, il ne faut pas attendre davantage.

Il hocha la tête, mais son regard s'était terni et il semblait s'interroger, toute colère évanouie. Elle comprit qu'il se trouvait face à ses faiblesses, mortifié de ne même pas savoir écrire, de ne pouvoir se défendre.

— Oui, dit-il, tu as raison, écrivons tout de suite à Mélanie.

Il lui sourit encore, se leva, lissa ses cheveux de la main, murmura :

— Dis-lui bien qu'à 80 francs, on est vendeur.

Elle fit « oui » de la tête, et il sortit sans se retourner.

A partir de ce jour, leur vie fut suspendue à la venue du facteur, mais la réponse espérée se fit attendre. Ils durent patienter pendant trois longues semaines au cours desquelles l'hiver s'installa. Bientôt des écharpes de nuages noirs s'enroulèrent autour des coteaux et le vent d'ouest tourna au nord dès l'arrivée de la pluie. Enfin, alors qu'ils commençaient à désespérer, la lettre de Mélanie arriva un matin : Jacques avait trouvé un marchand qui prenait le blé à 80 francs le quintal, mais il fallait le livrer soi-même. Jacques suggérait donc de l'expédier par le train à Souillac, si le prix convenait. Quand elle acheva sa lecture à voix haute, Philomène eut une moue de tristesse, mais devant l'air abattu d'Adrien, elle se reprit aussitôt :

— Au moins, nous nous serons tirés d'affaire sans Pébrel, dit-elle, et c'est déjà beaucoup.

Adrien acquiesça mais ne dit mot. Il calculait combien allait coûter l'expédition des sacs à Toulouse et devinait une mauvaise affaire.

— Réponds que nous sommes d'accord, fit-il, avec une fêlure dans la voix. J'irai à Souillac après-demain.

Il ne s'attarda point dans la grande salle à manger que les flammes de l'âtre illuminaient, libérant une bonne odeur de bois brûlé. Assis de part et d'autre du foyer, Marie, Louise et François observaient leur mère qui les rassura par un sourire un peu forcé. Le repas de midi était prêt, et elle n'avait pas l'habitude de rester ainsi, désœuvrée devant ses enfants. Alors elle prit du papier dans le tiroir du buffet, se mit à écrire sans relever la tête afin de leur cacher les larmes qu'elle sentait monter vers ses yeux.

A quinze jours de là, un après-midi où elle gavait ses canards dans l'étable, Guillaume entra et s'assit sur une caisse, l'air sombre et préoccupé. Espérant qu'il allait parler de lui-même, elle continua de tourner sa manivelle tout en maintenant le canard entre ses genoux serrés. De la main gauche, elle fit glisser les grains de maïs du long cou vers le jabot, et comme son fils ne se décidait pas, elle leva les yeux sur lui.

— Je veux partir, dit-il soudain, mais je ne veux pas me fâcher avec papa, je veux que tu lui parles.

Ainsi, il s'agissait bien de ce qu'elle redoutait. Elle soupira, hocha la tête et revit, l'espace d'un éclair, le petit enfant qu'elle avait emmené avec elle à la recherche de son père, en plein hiver, il y avait... dix-sept ans de cela. « Mon Dieu, se dit-elle, est-ce possible qu'il doive déjà me quitter, que nous devions nous séparer si vite ? » Il perçut son émotion à sa façon, dans ces moments-là, de plisser le front en souriant.

— Il ne faut pas m'en vouloir, dit-il, je n'aime pas cette vie, je veux connaître autre chose, d'autres gens qui ne vivent pas sur des cailloux.

Elle le regarda tristement.

— C'est toi qui me dis cela, toi pour qui ton père est reparti à la guerre.

— Mais je n'ai rien demandé, moi, et je ne savais rien de ce qui se passait.

Elle insista :

— Sais-tu ce qu'il m'a dit quand je le sup-pliais de ne pas repartir ?

Guillaume soupira :

— Maman, tu m'as déjà parlé de ça.

Elle prit un air plus dur, fit comme si elle n'avait pas entendu.

— Il m'a dit qu'il voulait de la terre pour toi, qu'on se découvre devant toi, que tu puisses dormir dans des draps et non pas dans la paille, comme lui.

Il y eut un court silence, puis Guillaume se leva.

— Là n'est pas la question, dit-il, je sais tout ce qu'il a fait pour moi, mais tu vois bien que vous avez du mal à nous faire vivre sur ce tas de cailloux.

— Vous avez toujours eu de quoi manger, que je sache !

— Mais à quel prix !

Sourcils froncés, elle demeura un instant silencieuse, se demandant ce qu'il voulait dire par là.

— Je vous ai vus l'autre jour avec Pébrel, dans la cour, reprit-il, et je... vous...

Elle l'invita à poursuivre d'un signe de tête.

— Vous m'avez fait honte.

Elle se leva brusquement et le gifla. Ensuite, elle resta immobile devant lui qui la défiait du regard, les dents serrées. Elle eut la certitude d'avoir commis l'irréparable, car elle n'avait pas porté la main sur lui depuis très longtemps. Elle soupira, approcha ses doigts de sa joue, mais il se recula vivement. Elle s'essuya le front, eut une sorte de grimace et retourna s'asseoir. Cependant Guillaume ne bougeait pas.

— Tu m'as mal compris, fit-il, je voulais dire que j'ai eu honte pour vous d'être contraints d'écouter ce type, c'est tout.

Philomène ne se sentit pas le cœur à répondre. Elle gardait encore en elle la blessure de ce jour-là.

— Mais c'est parce que je vous aime, dit Guillaume rageusement.

Elle leva sur lui un regard douloureux :

— Alors si tu nous aimes tant que ça, pourquoi veux-tu partir ?

— Parce qu'ici ce sera toujours comme ça.

Il s'approcha d'elle, ajouta :

— Tu comprends, ici rien ne changera jamais ; il n'y a rien, que des rocailles et du rocher, et pour toujours.

En entendant ces mots, Philomène eut comme un vertige. Étienne les avait déjà prononcés, il y avait bien longtemps, et c'était son fils qui les lui rappelait aujourd'hui, comme si sa vie à elle n'avait servi à rien.

— Où iras-tu ? demanda-t-elle avec une sorte d'amertume.

— Je ne sais pas encore, mais de toute façon très loin d'ici.

Un élan indigné la fit se dresser.

— Mais enfin, il n'y a pas que la terre, il y a le village, les voisins, les amis.

Elle ajouta, comprenant la vanité de ses arguments :

— Tes grands-parents, qui ont travaillé ici avant toi, les oublies-tu ?

— Ils sont morts, dit Guillaume froidement.

Elle se demanda si c'était bien son enfant qui parlait de la sorte, et son cœur se serra à l'idée de la réaction d'Adrien s'il avait entendu de tels mots.

— Il faut que tu lui parles, maman, reprit Guillaume.

Elle le fixa droit dans les yeux, ne cilla point.

— Non, fit-elle.

— Alors, je partirai quand même.

Un long silence les sépara, puis elle murmura :

— Ne pars pas, Guillaume ; l'an prochain, tu auras l'âge de t'en aller au service, prends patience.

— Je prends patience depuis longtemps, tu le sais bien, et c'est pour toi, mais j'ai déjà perdu beaucoup de temps, j'aurais pu apprendre un métier.

— Mais où ? s'emporta-t-elle, où vas-tu donc aller ?

— A Paris.

Et comme elle restait désarmée devant tant d'assurance, il ajouta :

— A Paris, n'importe qui peut gagner de l'argent. Beaucoup d'argent.

— Mais ce n'est pas vrai, Guillaume ! s'exclama-t-elle, les yeux embués par le sentiment de la gravité du combat qu'elle menait.

— En tout cas, personne n'y vit comme au début du siècle.

Elle eut une moue de dépit.

— Tu sais, au début du siècle, on vivait mal, mais on avait quand même des moments heureux.

Il sourit, faillit répliquer, mais se contint.

— Je te crois, dit-il.

Il parut hésiter, ajouta :

— Je te crois, mais je sais que tu as voulu partir, toi aussi, que tu aurais bien voulu étudier dans les livres.

Elle sentit son sang se glacer dans ses veines, souffla :

— Qui t'a dit ça ?

Et, comme il ne répondait pas :

— Qui t'a dit ça, Guillaume ?

— Un homme qui me prête des livres, comme il t'en a prêté, à toi.

Elle soupira, eut un geste de lassitude. Essuyant ses mains à son tablier noir, elle murmura, avec tout au fond d'elle l'impression d'une trahison :

— Si tu veux, tu peux t'en aller, je parlerai à ton père.

Mais, la sentant meurtrie, il regrettait maintenant les mots prononcés. Il s'agenouilla devant elle, lui prit les mains :

— Ne t'inquiète pas, va, dit-il, j'attendrai un an, mais après le service, je ne crois pas que je reviendrai.

Elle hocha la tête sans le regarder.

Il l'embrassa sur la tempe, à l'endroit où les cheveux blancs se multipliaient, et il sortit, tandis qu'elle regardait ses mains où elle semblait chercher les stigmates d'une culpabilité brusquement révélée.

4.

L'hiver avait jeté sur les routes des chemi-
neaux affamés qui cherchaient du travail et de la
paille pour dormir. Heureusement, le froid était
arrivé tard, apportant avec lui plus de pluie que
de neige. Guillaume était parti au service en
février, avait donné de ses nouvelles depuis
Metz deux ou trois fois, manifestant dans ses
lettres une satisfaction incompréhensible à ses
parents. Comme le printemps n'arrivait toujours
pas, on avait prolongé les veillées près de la
T.S.F. en compagnie des amis : Geneviève et sa
mère, Léon et Sylvette Pouch, parfois les Alibert, et de plus en plus souvent Gaston Simbille
et sa femme. Celui-ci, réélu maire en 1935, était
devenu la tête pensante du conseil municipal
dont les membres s'insurgeaient contre la politique de déflation menée par Laval, auquel avait
succédé depuis peu Albert Sarraut. Ils se pro-
nonçaient au contraire pour le programme de la
S.F.I.O. qui proposait aux paysans un plan pré-

cis de lutte contre la baisse des prix et suscitait dans les campagnes de nombreux ralliements.

Au village, la stupeur avait été totale quand on avait appris en mars le franchissement du Rhin par les troupes allemandes. Mais à peine avait-on réalisé l'énormité de l'événement que l'Italie avait envahi l'Éthiopie. Dans ce climat de tension internationale, contre le Front populaire qui préparait avec vigueur la campagne des législatives, la droite du Front national s'était elle aussi regroupée, de l'Action française aux radicaux hostiles au Front populaire, comme Joseph Caillaux. Cependant, les Ligues redoutaient moins Hitler ou Mussolini que les partis de gauche dont l'unité portait en elle l'espérance de tous ceux qui souffraient de la crise. Adrien, pour sa part, s'était engagé dans la campagne au côté de Simbille, au grand désespoir de Philomène qui le suppliait de ne pas se mêler de politique. Mais, sans doute parce qu'il n'avait pas le choix, Adrien croyait aux promesses de Blum et de Georges Monnet, et il vivait dans une exaltation qui inquiétait beaucoup Philomène.

Le printemps éclata enfin vers la mi-avril en bouquets de verdure qui donnèrent aussitôt aux collines un air de fête. Il y eut sur les rocailles de grands éclaboussements de lumière dont le feu, gagnant le pli secret des vallons, fit fondre les derniers lisérés de gel. Le vent tourna au sud en vingt-quatre heures et, sur les versants arides, s'embrasèrent les coquelicots et les boutons-d'or. Dès la fin du mois, Philomène put s'asseoir dans la combe où elle avait ses habitudes, parmi les menthes sauvages dont elle cueillait de grandes brassées pour en parfumer sa maison.

Le soir du 3 mai, deuxième tour des législatives, la T.S.F. de la famille Fabre renseigna le village pendant une bonne partie de la nuit, mais, si la tendance semblait pencher en faveur du Front populaire, rien n'était définitivement acquis. Il fallut attendre le lendemain pour connaître les chiffres exacts qui, cette fois, concrétisaient la victoire espérée : avec 386 élus contre 222 au Front national, le Front populaire disposait de la majorité absolue à l'Assemblée. Aussitôt, ce fut la joie dans la grande maison où le vin se mit à couler à flots. Le maire décida d'aller chercher le fils d'Émile Valette, Robert, qui jouait de l'accordéon, et ce ne fut que rires, accolades, cris et embrassades, comme si cette soirée signifiait la fin de tous les maux qui, depuis plus de cinq ans, après les villes, avaient gagné les campagnes. Cette nuit de mai était belle : des senteurs profondes surgissaient par les fenêtres ouvertes sur les étoiles, une brise tiède comme une langue de chat caressait les joues et provoquait de longs frissons sur les épaules nues, des enfants couraient dans la pièce, se poursuivaient en riant sans que personne ne songeât à les en empêcher.

Le maire revint bientôt avec deux hommes :

Robert Valette et l'instituteur, Julien Combarelle, un peu embarrassé de se trouver là.

— Non, pas d'accordéon! cria une voix. La cabrette, la cabrette!

Tout le monde s'associa à cette demande, mais en vain. Un seul homme savait en jouer : Louis Delmas, et il avait voté à droite en compagnie d'une demi-douzaine d'autres électeurs, absents des réjouissances. Alors la grande table et les chaises furent repoussées vers les murs. Robert, un colosse débonnaire d'une vingtaine d'années, commença à jouer. Philomène, très inquiète, évitait de regarder vers Julien. Mais le maire l'invita aussitôt à danser et, la prenant par la taille, il l'entraîna dans une valse folle baptisée par l'homme-orchestre « La valse du printemps ». Tout en valsant, elle pensait à Julien assis sur une chaise près de l'entrée, comme s'il se cachait. « Il est là, se disait-elle, chez moi, et Adrien aussi, le monde est donc devenu fou! » Des couples la heurtaient, des robes la frôlaient, il lui semblait perdre la tête, heureuse de cette fête, pour elle sans illusion, et pour bien d'autres aussi, sans doute, mais qui incitait à oublier les années difficiles qui venaient de passer. Elle n'entendait pas la musique, ou à peine, en raison des cris. D'ailleurs, tout le monde dansait encore à l'instant où l'accordéon s'arrêta. Gaston et Philomène furent les derniers à s'en apercevoir, et des éclats de rire saluèrent leurs derniers pas. Confuse, elle regagna sa place, près d'Adrien qui lui sourit. « Ainsi, se dit-elle, il n'a rien remarqué, ou alors sa joie lui fait tout accepter. » Et aussitôt, aux premières notes d'un tango, elle eut peur que Julien ne vînt la chercher. Alors elle entraîna Adrien qui, à sa grande surprise, ne résista pas. Ils dansèrent un moment puis, comme il lui marchait sur les pieds, ils s'arrêtèrent. Elle se dirigea vers la table, eut à peine le temps de boire un verre, fut ramenée par Jean Alibert au milieu de la pièce et se remit à tourner. Que faisait Julien ? Elle l'avait perdu de vue, presque oublié, tellement la valse l'étourdissait. Le temps d'une polka, elle crut le voir assis à côté d'Adrien. « Je perds vraiment la tête », se dit-elle. Elle dansa et dansa jusqu'à plus de minuit et s'arrêta fourbue, avec l'impression que le monde chavirait autour d'elle. Comme les femmes allaient coucher les enfants, les hommes s'attablèrent devant des verres d'eau-de-vie. Philomène réalisa alors que c'était Julien qui parlait. De sa voix chaude et grave, il assurait que les communistes n'accepteraient jamais d'entrer au gouvernement. Certains s'en réjouirent, d'autres protestèrent, et la discussion s'anima. Philomène s'assit en bout de table sans écouter vraiment. Seuls quelques noms provoquaient parfois un écho dans son esprit : Blum, Thorez, Daladier, Édouard Herriot, autant de mystérieux personnages qui surgissaient tour à tour dans la conversation. Cependant elle sentait monter en elle une froide colère vis-à-vis de Julien : pourquoi ne partait-il pas ? ne cherchait-il pas à nouer des liens avec Adrien et ainsi pénétrer dans leur vie au risque de faire leur malheur ? Elle prit une expression dure et chercha son regard, mais il ne parut pas s'en apercevoir. Les femmes revinrent l'une après l'autre d'endormir leurs enfants. Quelqu'un proposa de manger une soupe à l'oignon. Tout le monde approuva avec chaleur. Philomène conduisit sans enthousiasme les femmes à la cuisine, leur donna le pain et la soupière, pendant qu'elle-même et Geneviève commençaient à éplucher les oignons. Elles pleurèrent de grosses larmes qui firent rire leurs voisines, et Philomène se demanda si elle ne pleurait pas vraiment, sans savoir si c'était de chagrin ou de bonheur. Un peu plus tard, on mangea de bon appétit, en reprenant en chœur les chansons à la mode : « Ramona » et « Ferme tes jolis yeux ». On se sépara au lever du jour, quand l'aube commença à glisser des collines vers les vallons où s'était déjà posée la rosée.

Adrien accompagna Julien dans la cour. Comme il tardait à revenir, Philomène jeta un regard par la fenêtre et les vit, face à face, immobiles, occupés à discuter avec passion, comme s'ils se connaissaient depuis toujours.

Ce fut un fol été que cet été 1936, tout en chaleur mielleuse et en soirées au goût de sirop. A la Saint-Jean, un grand feu illumina la place pour une autre nuit de fête et de chants. Dans la semaine qui suivit, deux jours de pluie firent passer dans l'air soudain plus léger des odeurs de gravier et de soufre. Puis la chaleur revint, et juillet, ébloui, embrasa le causse vers le 10. Le velours bleu du ciel fondit alors en une lave cristalline, les chênes crépitèrent et l'herbe des versants grilla sur pied pour le plus grand plaisir des sauterelles et des cigales.

Le 14 juillet, on dansa sur la place entre le grand chêne et l'auberge, sur une aire soigneusement délimitée par des lampions rouge et bleu accrochés à des cordes. Devant le café, Geneviève avait sorti des tables sur tréteaux où s'installèrent les danseurs assoiffés. L'orchestre — trois accordéonistes — était juché sur une estrade de bois située dans l'ombre douillette du grand chêne. Ce fut l'occasion de nouvelles réjouissances qui durèrent jusqu'à la fête votive fixée de longue date au dimanche suivant. Un manège de chevaux de bois s'installa dans la semaine à côté du « dancing », et Simbille, le maire heureux du village qui ne quittait plus son écharpe tricolore, fit venir le samedi une fanfare des environs, avec cuivres et cymbales, qui donna l'aubade aux conseillers municipaux et joua *La Marseillaise* devant le mai de la République. Le dimanche matin, les jeunes donnèrent l'assaut à un mât de cocagne préalablement savonné. François et Guillaume y gagnèrent chacun une bouteille de vin vieux qu'Adrien décida d'ouvrir le jour même à l'occasion du repas où étaient invités les enfants de Jacques et de Mélanie. L'après-midi, avant l'ouverture du bal, les conscrits promenèrent dans les ruelles un char où les filles de la classe, déguisées en romanichelles, chantaient des airs à la mode. A l'heure convenue, ils les prirent par la main, les emmenèrent sur le dancing où ils ouvrirent le bal dont la musique domina bientôt celle des chevaux de bois. A sept heures précises, un apéritif d'honneur fut offert par la municipalité à tous les villageois, et le soir, avant la réouverture du bal, une retraite aux flambeaux, conduite par la fanfare, dessina dans l'obscurité des arabesques lumineuses.

Ce soir-là, Philomène, qui avait longuement dansé valses, polkas et tangos, ramena ses enfants se coucher vers une heure du matin. Elle était ivre, non pas d'alcool, mais d'un bonheur mal défini qui tenait sans doute à la musique, à un profond sentiment de paix, à la douceur du monde dans cette nuit bénie où même les étoiles paraissaient accessibles. Elle revint vers la place pour y chercher Adrien qui buvait un dernier verre au café en compagnie de ses amis, mais, après un moment d'hésitation, elle prit sur sa gauche et marcha sans se presser, respirant délicieusement les parfums de l'été.

Une chauve-souris la frôla d'une aile caressante, un chat-huant poussa son cri tourmenté sur quelque branche basse. Philomène leva la tête vers la lune baignée sur son pourtour d'une écume légère, promesse de beau temps à venir. Elle s'aperçut qu'elle était arrivée devant la maison des chênes, frissonna. Qu'était-elle venue chercher là? Le souvenir d'Abel et de sa mère? Mais pourquoi? Elle s'assit un instant devant la porte de la demeure inhabitée, soupira. La musique des accordéons ne lui parvenait plus que lointaine, comme si elle se mourait. Philomène pensa à Armand rejoint à ce même endroit le jour où ils avaient appris la mort d'Abel, puis, comme elle se sentait brusquement oppressée, et malgré la pensée d'Adrien qui devait l'attendre, elle repartit, non pas vers le village, mais vers la métairie de son enfance. Elle se mit à courir sans raison, follement, s'arrêta beaucoup plus loin, à bout de souffle, respira bien à fond et, un peu dégrisée, stupéfaite de se trouver si loin du village, elle fit demi-tour, étonnée de ne plus entendre la musique du bal. Le chant des grillons éclaboussait la nuit. Des parfums subtils montaient du fond des bois, du fond des combes où les menthes sauvages s'emperlaient de rosée. C'était des parfums troublants, ardents, qui, elle le savait déjà, ne pouvaient la mener qu'à Julien. A l'instant où elle sentit sa présence dans l'ombre, elle ne fut pas surprise... A peine prend-il sa main qu'elle se laisse aller contre lui et que la nuit bascule. Il referme ses bras sur elle, tandis que ses bras à elle, sans qu'elle les

commande, se referment aussi. Est-ce tout ? Elle
ne sait pas. Elle ne se rappellera pas. Il lui sem-
blera simplement qu'ils n'ont pas bougé, qu'ils
sont restés longtemps comme cela, réunis, que
la nuit était bleue, et bleues les minutes volées
au temps. Elle ne sait pas non plus le moment
où il est parti. Elle croit qu'il lui a dit :

— Ne parle pas.

Elle ne sait plus. Elle sait seulement que ce
sera l'unique fois. Ou du moins, elle le croit.
Elle sait aussi qu'elle va souffrir, mais qu'elle
n'est pas coupable. D'ailleurs, il ne l'a pas tra-
hie. Déjà, une fois, il y a longtemps, il aurait pu
et il n'a pas voulu. Elle rêvera ses bras, ses
mains, son torse, elle rêvera cette nuit mais elle
aimera Adrien puisqu'il le faut, puisque c'est lui
qu'elle aime. Et quand elle se réveillera, le lendemain, il y aura le même soleil que la veille, la
même chaleur, les mêmes parfums, mais il n'y
aura plus de musique ni de valses à danser. Il y
aura la vie, la cuisine, la vaisselle, les enfants, et
le souvenir d'un rêve qui s'est peut-être réalisé.

En août, l'été s'embellit, culmina dans cet
éclat magique qui précède la lente chute vers
l'automne. Les jours devinrent alors moins
lumineux mais d'une profondeur de source
avec, au fond de l'air, des odeurs acides de
fanaison. Des orages se succédèrent et débarras-
sèrent le ciel des cendres de ses incendies, puis

les soirées s'écourtèrent, dans la chanson paisible des sonnailles.

La T.S.F. avait appris à tous, au village, la nomination de Blum à la présidence du Conseil, le refus des communistes d'entrer au gouvernement, la signature des accords Matignon et, à la grande satisfaction du monde paysan, la création de l'Office du blé et l'instauration de primes aux éleveurs.

— Enfin ! s'était exclamé Adrien triomphant, le jour où il avait appris la bonne nouvelle.

Pendant ces semaines chargées d'espoir, on vit arriver un soir un couple à bicyclette qui demanda à Geneviève, au café, où il pouvait planter sa tente. Ces premiers bénéficiaires des congés payés surprirent et provoquèrent même un peu d'amertume chez les villageois rivés à leur terre, et dont la plupart n'avaient jamais quitté le causse. La curiosité aidant, on les regarda d'abord d'un œil circonspect, puis bientôt amusé. L'homme et la femme, d'une trentaine d'années, installèrent leur tente dans la garenne située derrière le café, à l'ombre maigrelette de quatre chênes nains. Ils firent leurs courses en short et lièrent volontiers conversation avec les villageois qui s'étonnaient de leur choix.

— Nous cherchions le calme, prétendit le mari, une sorte de colosse rouge comme une écrevisse. A Paris, vous comprenez, c'est l'enfer et le bruit.

— Et puis c'est si beau, ici, tous ces bois, tous ces rochers, ajouta la femme, une blonde un peu forte, dont les cuisses et les épaules étaient couvertes de cloques.

On les jugea un peu simples et l'on en eut pitié, car ils étaient gentils, et de bonne compagnie. Ils partirent un matin vers la vallée de la Dordogne, Meyronne ou Gluges, sans doute à la recherche d'ombre ou de fraîcheur. Cependant, à peine eurent-ils disparu que d'autres arrivèrent. A partir de ce moment, il devint évident que quelque chose avait changé, au moins pour les gens des villes. Et grâce à ces visiteurs inattendus, le village garda son air de fête, même pendant les moissons entreprises avec ardeur, du fait des assurances sur les prix formulées par le gouvernement.

A son retour des champs, un soir, après deux journées passées à lier les gerbes, Philomène, qui rentrait la première, épuisée, pour s'occuper du repas, trouva Guillaume à la ferme. Il lui parut méconnaissable avec son uniforme de soldat, ses cheveux coupés très court ; et l'expression exaltée de son visage la surprit. Au début du repas, elle comprit tout de suite à l'une de ses réflexions que son fils avait beaucoup changé : à l'entendre, il était entré dans un rassemblement qui se réclamait du colonel de La Rocque. Cet aveu pétrifia Adrien qui s'isola aussitôt dans un silence hostile. Philomène tenta de parler d'autres choses, questionna Guillaume sur Metz, sur le climat de la Lorraine, sur les gens de là-bas, et sur ce qu'il comptait faire ensuite.

— Des amis m'ont promis du travail à Paris, répondit-il.

— Quel travail? demanda Philomène, tu peux nous le dire?

— Je ne sais pas exactement, mais de toute façon, à Paris, il n'y a pas de terre à labourer.

Pour Philomène, ce fut comme si elle recevait un coup. Elle jeta un regard vers Adrien qui se taisait toujours, tassé sur lui-même, les mains légèrement tremblantes.

— J'espère quand même que tu nous aideras à finir de moissonner, dit-elle.

— Voilà au moins quelque chose que le Front populaire n'a pas supprimé, lança Guillaume avec humeur.

— Qu'est-ce que ça veut dire, tout ça? fit Adrien, brusquement tiré de son mutisme, excédé par le ton et les propos de son fils.

Un instant désorienté, Guillaume replia la lame de son couteau, reprit, un ton plus bas:

— Ça veut dire que de grands bouleversements se préparent, en France et ailleurs. Le Front populaire, Blum, Thorez, dans moins d'un an, ils n'existeront plus, et c'est heureux.

— C'est heureux pour qui? demanda Adrien.

— Heureux pour le pays, heureux pour vous, même si vous ne le croyez pas.

Un lourd silence tomba, que rompit Adrien après un long soupir.

— Écoute bien, petit, fit-il d'une voix à la douceur terrible, ce qui est heureux pour nous, même si nous vivons à l'écart de tout, ta mère et moi, nous le savons. Alors n'essaye pas de nous donner des leçons.

— Allons, dit Philomène d'une voix lasse, il est temps d'aller se coucher.

Mais Adrien parut ne pas entendre. Son visage fatigué fut parcouru par une sorte de grimace ; il poursuivit, se redressant sur sa chaise :

— Quant au colonel de La Rocque, aux cagoulards, aux Déat, aux Renaudel, tant que je serai là, il n'en sera plus jamais question dans cette maison, c'est bien entendu ?

Philomène, prenant dans ses bras Louise qui commençait à pleurer, supplia vainement les deux hommes de se taire.

— Je le sais que tu es le maître, ici, jeta Guillaume ; un peu comme d'autres l'ont été avant toi : tu décides, tu ordonnes et tu penses même pour tes enfants.

Adrien se dressa brusquement, s'approcha de son fils qui le défiait du regard.

— Lève-toi, dit-il.

Guillaume obéit sans hésitation, se planta devant son père qu'il dominait de la tête. Philomène, donnant Louise à Marie, se précipita, prit Guillaume par l'épaule, mais celui-ci se dégagea.

— Il faut que tu t'en ailles, petit, dit Adrien, d'une voix qui tremblait un peu.

— Non, dit Philomène, laisse-le, il ne sait pas.

— Il faut que tu t'en ailles, petit, répéta Adrien, parce que je m'étais fait serment, quand j'étais dans les tranchées, de ne jamais frapper mes enfants.

— C'est ça! fit Guillaume, les tranchées, le sacrifice, la terre gagnée pour moi, tout ce que je te dois, et quoi d'autre encore?

— Guillaume! gémit Philomène.

Mais une voix lui souffla que des mots irréparables venaient d'être prononcés, qu'elle ne pouvait plus rien, que c'était trop tard.

— Va-t'en, petit, dit Adrien d'une voix presque inaudible.

Guillaume eut une sorte de sursaut, demanda :

— Alors tu me chasses, c'est bien ça?

— Allez, va-t'en, Guillaume, souffla Adrien, fermant un instant les yeux.

Celui-ci sortit de la cuisine sans un mot et gagna sa chambre. Philomène regardait Adrien, toujours debout, et qui paraissait absent. Elle lui prit le bras, le serra.

— Ne le laisse pas partir, murmura-t-elle, on ne chasse pas son enfant comme ça.

Il parut s'éveiller, revint s'asseoir, se versa un verre de vin et, d'une voix douloureuse, demanda :

— Mon enfant, lui? Mon enfant à moi?

Puis, avec une sorte de rage désespérée :

115

— Mais, moi, j'aurais été content de mourir pour lui !

Il y eut un bref silence, lourd d'émotion.

— Il est trop jeune, dit Philomène, il ne peut pas savoir. Va le chercher.

Adrien, livide, le visage fermé, secoua la tête :

— Je ne peux pas, dit-il.

Et il cria, hors de lui :

— Je ne peux pas ! Tu comprends ça, Philo, tu comprends ?

Prenant brusquement une décision, elle envoya les enfants dans leur chambre, coucha Louise, revint très vite dans celle de Guillaume qui remplissait une valise.

— Ne t'en va pas ce soir, dit-elle, il fait nuit.

Elle s'approcha, et il se retourna au moment où elle portait une main vers sa nuque.

— Laisse-moi, dit-il.

Désemparée, elle s'assit sur le lit.

— Regarde-moi, Guillaume, fit-elle.

Il hésita un peu, releva la tête, leurs regards se rencontrèrent, mais elle n'eut pas le temps de parler.

— J'avais oublié comment vous étiez, comment vous viviez, dit-il.

Elle soupira.

— Et comment sommes-nous ?

— Vous êtes...

Il buta sur les mots, détourna la tête, souffla :

— Je ne suis pas comme vous, c'est tout.

— Cela n'empêche pas, Guillaume, on ne doit pas se fâcher pour cela.

— C'est à mon père qu'il faut le dire.

— Mais, Guillaume, tout ce qu'il a fait jusqu'à aujourd'hui, c'est pour vous, ses enfants !

Il eut un geste d'agacement :

— Je sais cela, je ne le sais que trop.

Elle reprit, d'une voix implorante :

— Ne t'en va pas, écoute-moi.

Puis, aussitôt, comme si elle savait déjà que ses efforts étaient vains :

— Dis-moi au moins que tu reviendras.

Il la prit par les épaules, l'embrassa très vite.

— Je ne crois pas, dit-il, enfin peut-être, un jour, plus tard... peut-être.

Elle essaya de le retenir par le bras à l'instant où il se saisit de sa valise mais il ne s'arrêta pas. Sur le point de sortir, il se trouva dans le champ de vision d'Adrien qui ne leva même pas les yeux sur lui. Elle tenta une ultime manœuvre :

— Dis-lui quelque chose, ne le laisse pas partir comme ça.

Mais il fit mine de ne pas l'entendre et Guillaume franchit la porte. Déchirée, elle le suivit dans la cour. La nuit d'été palpitait du parfum des gerbes chaudes. « Une nuit comme celle-là, songea-t-elle, une si belle nuit. » Elle accompagna Guillaume jusqu'au chemin, lui dit encore :

— Tu sais, je le connais bien : il oubliera.

Mais il s'éloigna sans un mot et ne se retourna même pas.

Vinrent les battages et leur cortège de banquets. L'entrepreneur, Émile Farges, avait acheté une batteuse à essence équipée d'expulseurs de balles économisant sept à huit hommes. Pour pouvoir bénéficier de l'aide de ses voisins, Adrien dut suivre la machine chez les autres avant de s'occuper de sa propre moisson. Ce jour-là, Geneviève aida Philomène à cuisiner et à servir les hommes sous le grand chêne aux repas de midi et du soir. Avec les enfants, il y eut plus de quinze personnes à nourrir au cours de cette épuisante journée, dont le travail commença dès l'aube.

A midi, passionnés par le fonctionnement de la nouvelle machine, les hommes discutèrent du progrès technique qui permettait de travailler mieux et plus vite. Le maire, qui était possesseur d'un râteau mécanique, assura que c'était à la portée de tout le monde : il suffisait d'emprunter de l'argent. Cette opinion indigna la plupart des convives, et Adrien le premier. Rares étaient ceux dans les campagnes qui renonçaient à l'épargne et s'endettaient : on ne vivait pas de la sorte, c'était contraire à la raison et à l'honneur. Comment, en effet, mener une vie normale si on devait de l'argent à quelqu'un ? C'était tout à fait impensable.

Avec l'arrivée de l'argent dans la conversation, celle-ci dériva naturellement vers la politique : selon Alibert, le gouvernement s'occupait davantage des ouvriers que des paysans. Les premiers n'avaient-ils pas bénéficié de la semaine de quarante heures, des congés payés et d'une augmentation importante de leur salaire ? Le maire lui répondit que l'Office du blé, organisme à ses yeux essentiel, et l'octroi de primes aux éleveurs étaient aussi des avantages substantiels. Tout le monde finit par en tomber d'accord, mais le climat se détériora quand le maire regretta amèrement que les Ligues dissoutes se fussent reconstituées en partis, et que le gouvernement fût impuissant à les neutraliser.

— Vous verrez, s'indigna-t-il, elles finiront par monter un coup d'État, comme en Espagne.

— Allons, intervint Alibert, nous n'en sommes quand même pas encore là.

— Quand on gouverne, il ne faut pas se contenter de demi-mesures, reprit le maire. Regardez donc à quoi aboutit là-bas notre politique de non-intervention : les Allemands envoient à Franco des chars et des avions, et les Italiens des soldats. Et qui, croyez-vous, gagnera la guerre ?

— Ce qui nous intéresse, assura Alibert, c'est que Blum s'occupe en priorité de la France, pas de l'Espagne.

— C'est ça ! lança Bouyssou, le seul communiste du village, et quand les Allemands auront mangé les Espagnols, ce sera notre tour. Et toi, Alibert, tu sais ce qui t'arrivera ?

Celui-ci, stupéfait, ne répondit pas.

— On te retrouvera dans un fossé, une balle dans la tête.

— Mais oui ! intervint le maire en se dressant face au communiste, et si c'est Staline qui arrive chez nous, tu sais ce qui se passera ?

Bouyssou haussa les épaules d'un air indigné.

— Eh bien, il te prendra tes terres, tes bœufs, tes brebis et il en fera un kolkhoze ! Tu as bien entendu ? Un kolkhoze !

Et il répéta plusieurs fois ce mot dans lequel semblait résider toute une abomination.

Philomène, qui mangeait enfin après avoir servi les hommes, écouta Adrien essayant de calmer les esprits. Elle se sentait oppressée par cette sorte de folie de la politique, toujours la politique, à ses yeux source de tous les malheurs. Elle vivait avec cette impression depuis longtemps, mais elle la ressentait davantage encore depuis le départ de Guillaume. La blessure refermée après la fin de la guerre s'ouvrait de nouveau, un instinct l'avertissait d'un danger semblable à celui qui avait provoqué la mort d'Abel. Comme la conversation s'envenimait, elle quitta la table et s'en fut dans la cuisine, bientôt rejointe par Geneviève et Marie. Souriant tristement, elle se demanda s'il existait une fatalité pour contraindre les hommes à la guerre ou si c'était dans leur nature. Elle songea de nouveau à Abel, puis à Guillaume. Et si on lui tuait son fils après avoir tué son frère ? A cette idée, son corps se révulsa, elle cessa de manger.

— Ne t'inquiète pas, dit Geneviève, ça ne sert à rien.

Moins de cinq minutes plus tard, le ronronnement de la batteuse s'éleva dans la chaleur torride de l'après-midi. L'orage n'attendrait sans doute pas le soir avant d'éclater, car déjà les nuages montaient à l'horizon, se rassemblaient au-dessus des terres hautes, menaçants.

Philomène soupira, rejoignit Geneviève qui commençait à lever la table en compagnie de Marie. Une fois dehors, elle chercha Adrien du regard : paraissant travailler sans effort, il hissait les gerbes au bout de sa fourche, légèrement tourné de côté, afin d'éviter la poussière. Elle remarqua le visage heureux de François qui, de toute évidence, prenait plaisir à travailler près de son père, emportant les gerbes battues dans l'étable pour les litières d'hiver. Elle rêva un moment au vacarme joyeux de l'ancienne batteuse à vapeur, à l'ondulation souple des longues courroies qui couraient de la locomotive à la machine, et à la grappe humaine qui s'activait près d'elle. Aujourd'hui tout était devenu silencieux, plus rapide, si différent même, qu'elle mesura à cette constatation combien le temps avait vite passé. Pourtant elle se sentait jeune encore, et capable de grands élans, de grands travaux, de grands desseins, comme par exemple d'avoir un autre enfant. « Je suis folle », se dit-elle. Cependant c'était dans la confiance qu'elle vivait le mieux, car sa vraie nature l'y poussait. « D'ailleurs, il n'y aura plus de guerre, songea-t-elle, cela n'est pas possible : tout le monde a compris, tout le monde sait aujourd'hui qu'il n'y a rien de pire au monde que des terres sans blé, des moissons sans hommes et des enfants sans père. »

DEUXIÈME PARTIE

UN ORAGE À L'HORIZON

5.

Le rêve était passé. L'été fou de 1936 s'était consumé sous le feu d'un soleil que l'hiver avait éteint à jamais. Même le printemps suivant n'était pas parvenu à ranimer les braises, au contraire : après la pause réclamée par Léon Blum, le Front populaire était mort des contradictions de sa politique économique, des attaques incessantes de la presse de droite comme de celle de gauche, de l'hostilité des communistes, de la réserve des radicaux. En mars, la police avait dû intervenir dans la rue et il y avait eu des blessés chez les manifestants. Pour se maintenir, le chef du gouvernement avait été contraint de prendre des mesures sociales et économiques draconiennes ; aussitôt, sur l'initiative du radical Joseph Caillaux, il avait été renversé au Sénat.

Au village, où la plupart des habitants avaient adhéré au projet de Blum, une sorte de résignation avait succédé à la lente agonie du gouvernement. Mais le temps, lui, ne s'était pas arrêté de couler pour cela, et l'on avait cherché dans le travail l'oubli d'une période qui avait finalement été heureuse. La vie quotidienne avait repris ses droits, une vie semblable à celle de toujours, de labours en agnelages, de vendanges en fenaisons, de battages en moisson. Il n'y avait pas de raisons pour qu'elle changeât un jour, aujourd'hui moins qu'hier, et la leçon serait retenue : aucun gouvernement n'était capable de tenir ses promesses.

Chez les Fabre, François et Marie avaient grandi et travaillaient maintenant comme des adultes. Louise, elle, à huit ans, participait aux tâches ménagères et manifestait à l'école autant de facilités que Marie au même âge. Aussi l'espoir de Philomène s'était-il ranimé de lui-même : Louise réaliserait peut-être le rêve qu'elle poursuivait. Et déjà elle avait repris le combat, surveillant les devoirs, faisant réciter les leçons chaque soir. Elle s'attachait d'autant plus à cette idée que ses aînés la décevaient : une fois son service militaire terminé, Guillaume n'était pas revenu à Quayrac ; il avait envoyé une lettre de Paris où il travaillait, disait-il, dans la représentation, mais il n'avait pas donné d'adresse. Marie, elle, assurait que les chiffres lui plaisaient et qu'elle voulait travailler dans un magasin ou faire de la comptabilité.

C'était donc à ses enfants que songeait Philomène, en cette soirée de mars, écoutant au-dehors le vent du nord courir à perdre haleine sur le causse qui s'éveillait à peine de l'hiver. Les giboulées se succédaient sans discontinuer et les bêtes commençaient à trépigner dans les bergeries d'où elles n'étaient pas sorties depuis novembre. Il était presque huit heures, et l'on mangeait la soupe de pain dans les grandes assiettes creuses où l'on gardait le bouillon nécessaire au chabrot. Comme il en avait pris l'habitude chaque soir, Adrien se leva pour allumer la T.S.F. L'appareil crépita, émit une litanie de parasites qu'il élimina en éteignant et en rallumant aussitôt, puis on entendit la réclame de la lessive Saponite, et celle aussi qui disait chaque soir : « Marie tes foies gras, Marie tes foies gras, tes foies gras Marie sont splendides », ce qui amusait toute la maisonnée. Au reste, cette T.S.F. avait attiré les villageois chez les Fabre lors des deux hivers précédents et les veillées s'en étaient trouvées transformées : le dénoisillage et l'effeuillage du maïs s'effectuaient désormais au son des voix charmeuses qui chantaient « La caissière du grand café » ou « L'ami Bidasse ». Et pas seulement dans la maison des Fabre : Louis Delmas avait lui aussi acheté un poste à la Noël 1937, et il invitait ceux qui partageaient ses idées. Aussi retrouvait-on dans ces dernières veillées le vieux clivage de la gauche et de la droite, des laïques et des cléricaux, division qui devenait chaque fois plus sensible en période de tension politique.

A huit heures, la musique s'interrompit, et la voix chaude du speaker salua respectueusement les auditeurs avant d'en venir aux nouvelles du jour : ce 12 mars 1938, les troupes allemandes venaient d'occuper l'Autriche à la grande stupeur du monde occidental. « L'Anschluss a été réalisé sans la moindre effusion de sang mais au mépris le plus total du droit à la liberté et à l'indépendance de tous les pays, disait le speaker ; la démission du chancelier Schuschnigg, démission provoquée par les nazis autrichiens dirigés par Seyss-Inquart, laissait malheureusement présager une telle issue. L'émotion est telle en Angleterre que, par l'intermédiaire de Chamberlain, celle-ci a conseillé aux Autrichiens de ne pas résister. Elle a par ailleurs fait savoir à la France qu'elle n'interviendrait pas dans cette affaire. A Paris, le gouvernement français n'a encore publié aucune déclaration. »

Aux premiers mots prononcés, Adrien s'était arrêté de manger, et Philomène avait senti courir une onde très désagréable le long de sa colonne vertébrale. Déjà, depuis quelques jours, en lisant *La Dépêche,* elle avait éprouvé une impression qui lui rappelait de mauvais souvenirs. Son regard se porta sur Adrien qui fixait un point invisible devant lui. Ses traits s'étaient figés, ses mâchoires jouaient sous la peau de ses joues.

— Ça recommence, murmura-t-il, d'une voix sans timbre, presque inaudible.

Puis, après un instant, en cognant subitement

du poing sur la table et s'adressant à Philomène :

— Ils vont recommencer, nom de Dieu ! Je te
dis qu'ils vont recommencer !

Louise se mit à pleurer et Marie s'approcha
d'elle pour la consoler. Face à cette colère
subite, Philomène ne sut que dire. Elle se leva,
emporta la soupière dans la cuisine, revint avec
les pommes de terre et le fromage.

— Mais que fais-tu ? demanda à cet instant
Adrien à François.

Pris en faute, le garçon baissa la tête, repoussant sous son assiette la boulette de pain qu'il
avait machinalement modelée entre ses doigts.

— Tu ne sais donc plus ce que tu fais, à
présent, reprit Adrien. Tu t'amuses avec le
pain ?

Sentant arriver un éclat, Philomène tenta de
s'interposer : elle se glissa entre son mari et
François, servit les pommes de terre à l'un puis
à l'autre. Mais Adrien attendit qu'elle fût passée
de l'autre côté pour exploser, les poings serrés :

— Petit, dit-il, quand tu auras semé, mois-
sonné, battu comme moi je l'ai fait, quand tu
connaîtras cette terre par tous ses cailloux, par
tous ses sillons, quand tu auras pétri autant de
tourtes que moi, tu ne t'amuseras plus du pain,
entends-tu ?

Cette excessive colère ne lui ressemblait pas.
Philomène comprit que ce n'était pas à François
qu'il en voulait, mais au monde entier, dont les

hommes devenaient fous. François, peu habitué à ce genre d'humeur, n'osait bouger. Il sentait le regard de son père peser sur lui, ne songeait même pas à ses pommes de terre fumant dans son assiette.

— Allez! dit Philomène, mange vite, sinon ce sera froid.

Deux ou trois secondes passèrent avant que François ne prît sa fourchette et son couteau, puis Adrien se leva pour éteindre le poste que nul n'écoutait plus. Le silence se fit, lourd d'une imprécise menace, comme lorsque rôde un orage. Adrien éplucha ses pommes de terre et, alors que l'on ne s'y attendait plus, il se mit à parler d'une voix grave et basse où perçait une blessure. Philomène comprit aussitôt que sa colère s'en allait au fil de ses mots et n'intervint pas :

— A croire qu'ils n'ont rien compris, qu'il leur en faut de la boue et du sang, nom de Dieu! S'ils en avaient vu comme moi de ces jambes coupées, de ces bras arrachés, de ces poitrines ouvertes, je suis sûr qu'ils n'y reviendraient plus. Mais non, on dirait qu'ils ne peuvent pas s'en passer, qu'ils en ont besoin, que c'est nécessaire à leur vie, comme un alcool ou comme un vice.

Et il répéta à plusieurs reprises, d'un air accablé :

— Ils en ont besoin, ils en ont besoin...

— Arrête, dit Philomène doucement, tu sais bien que cela ne sert à rien.

Pour la première fois depuis le début du repas, il la vit vraiment. Son visage resta fermé, mais son regard perdit de sa dureté.

— Je sais bien que cela ne sert à rien, dit-il, mais je ne peux pas m'empêcher d'y penser : quand on a vu ce que j'ai vu, moi, quand je pense à tous ceux qui y sont restés !

— Je sais, dit Philomène, je sais. Moi non plus je n'ai pas oublié.

Il releva la tête : ce fut comme si tout à coup il se sentait moins seul. Il eut un haussement d'épaules et se mit à manger, non sans un regard pour François, où Philomène lut un regret sincère qui la réconforta.

A quinze jours de là, Marinette, la mère de Geneviève, mourut dans son sommeil. On l'enterra dans un carré de terre perdu entre les pâquerettes et les boutons-d'or, le jour même où le vent du sud amena avec lui le vrai printemps. Il y eut, cet après-midi-là, des moiteurs précoces dont les effluves glissèrent sur les membres du cortège étonnés par ce brusque changement de saison. Au demeurant, les funérailles ne furent pas trop tristes : tout en appréciant les grâces du printemps, on se disait que Marinette était très âgée et n'avait pas souffert ; elle rejoignait seulement son mari, Alexis Landon, mort beaucoup plus jeune, et qui avait en son temps célébré l'amitié dans son auberge ouverte à tous les vents.

Philomène soutint Geneviève pendant la cérémonie, la raccompagna chez elle où elle avait l'intention de rester jusqu'au soir, car son amie allait se retrouver seule pour la première fois de sa vie. C'est là que la rejoignit Julien Combarelle qui cherchait à lui parler depuis le début de l'après-midi.

— Il faut que tu viennes à l'école, dit-il en lui prenant le bras.

Comme elle se dégageait, il ajouta :

— C'est au sujet de Guillaume.

Elle eut une sorte de frisson glacé, demanda :

— Il lui est arrivé malheur ?

— Non ! pas exactement, répondit-il, mais ça ne vaut guère mieux.

— Mais que se passe-t-il donc ? fit-elle. Parlez, je vous écoute !

— Je ne peux pas ici, dit-il en montrant de la tête les hommes qui s'approchaient du café ; viens demain à l'école, je garderai Louise après la classe.

Il sortit par la porte de l'épicerie, la laissant seule avec ses questions. Quel était ce malheur qui rôdait, et comment Julien était-il au courant de la vie que menait Guillaume à Paris ? Elle l'avait rencontré souvent depuis un an, mais lui avait peu parlé, et voilà qu'il surgissait aujourd'hui de la façon la plus inattendue. Pendant cette année-là, elle avait beaucoup pensé à lui. Comment en eût-il pu être autrement, quand il retenait chaque soir Louise à l'école, afin de l'aider ? Elle lui en était extrêmement reconnaissante : Louise était devenue une excellente élève. Mais Guillaume ? A l'issue de quels événements mystérieux Julien avait-il croisé sa route ? Et pourquoi l'attirait-il ainsi chez lui, malgré le risque couru par l'un et par l'autre ?

Elle garda le silence toute la soirée, dormit très peu et, le lendemain, attendit le soir avec une impatience mêlée de crainte. Adrien le remarqua durant l'après-midi où elle l'aida à soigner les agneaux nouveau-nés dans la bergerie, mais il jugea préférable de ne pas l'interroger. Elle parvint à quitter la maison à cinq heures en prétextant des courses à effectuer chez Geneviève, et quand elle arriva à l'école, un quart d'heure plus tard, tous les enfants étaient partis. Julien l'attendait au fond de la cour, devant l'appartement. Elle n'y était pas rentrée depuis leur dernière rencontre, il y avait... Combien de temps, mon Dieu ? Plus de vingt ans, sans doute. Julien libéra Louise qui sortit jouer, puis il invita Philomène à s'asseoir. Elle remarqua qu'il semblait gêné, qu'il ne savait pas comment commencer.

— Voilà ! dit-il enfin en parlant très vite, comme s'il lui tardait de s'acquitter d'une mission : on m'a dit que Guillaume avait des ennuis.

Elle fut presque soulagée, ayant craint le pire.

— Et c'est pour me dire ça que vous avez fait tant de mystères ? Je me doute bien que la vie ne doit pas être facile pour lui.

Il soupira, ajouta :

— Ce sont de graves ennuis, Philo.

— Ah ! fit-elle, de nouveau très inquiète.

Et, comme il ne se décidait pas :

— Eh bien ! dites-moi, je suis venue pour cela, non ?

Julien hésita encore, souffla :

— Il est en prison, Philo... Oh ! pas pour longtemps : un mois seulement.

Voilà, c'était dit. Il s'était senti contraint de lui parler, et là, devant elle qui avait eu un frisson, il le regrettait.

— Mais qu'a-t-il fait ? demanda-t-elle.

— Je ne sais pas vraiment.

Il y eut un long moment de silence, puis :

— Je n'en crois pas un mot, murmura-t-elle, ce n'est pas vrai.

Il se leva, fit quelques pas, regarda Louise par la vitre, revint s'asseoir.

— Crois-tu vraiment que je sois capable d'inventer ce genre de chose et te faire du mal volontairement ? demanda-t-il avec un semblant d'agacement.

— Mais enfin, s'insurgea-t-elle, qui vous a raconté tout cela ?

Il voulut lui prendre la main, mais elle se dégagea sans douceur.

— Quelle importance ? fit-il.

134

Elle pensa soudain à Adrien, murmura :

— S'il apprend ça, il le tuera.

— C'est pour cette raison que j'ai tenu à te prévenir, surtout si ton fils revient.

— Il ne reviendra pas.

De longues secondes coulèrent, au terme desquelles elle demanda :

— Que faut-il faire, Julien ?

— Lui écrire, peut-être.

— Je n'ai même pas son adresse ; il a déménagé une ou deux fois depuis qu'il est parti, et d'ailleurs que lui dirai-je ? Il a plus de vingt et un ans, il ne m'appartient plus.

En prononçant ces mots, elle constatait une évidence qui ne lui était jamais clairement apparue. Mais c'était pourtant vrai que Guillaume ne lui appartenait plus : il vivait sa propre vie, il n'était plus un enfant, mais un homme dont les actes ne dépendaient plus d'elle, et pour toujours.

De nouveau le silence tomba.

— Allons, dit enfin Julien, il n'y a pas mort d'homme, et tout le monde peut faire une bêtise dans sa vie.

Elle hocha la tête. Venant près d'elle, il la prit par les épaules, la força à le regarder.

— Je crois qu'il valait mieux que tu le saches, tu pourras au moins essayer d'agir, même de loin.

— Oui, dit-elle, c'est mieux comme ça ; je

ferai en sorte qu'Adrien ne l'apprenne jamais. Quant à moi...

Elle ajouta, juste avant de sortir :

— Moi, je sais qui il est, et ce qu'il vaut. Quoi qu'il fasse, il restera toujours mon enfant.

Le printemps s'installa, accompagné de brises tièdes et d'aubépines en fleur. Il y eut quatre ou cinq jours d'une étrange suavité, que fit fondre un orage sans pluie. Une poussière blonde poudra les collines à la verdure naissante et, dans les bergeries où les agneaux étaient nés, les brebis ne cessèrent de se presser contre la porte, par où filtrait le parfum des feuilles et des fleurs.

Un matin, vers dix heures, on entendit sur la place une sorte de sirène, qui provoqua les aboiements de tous les chiens du village. Prenant Louise par la main, Philomène s'y rendit aussitôt et découvrit un attroupement autour d'une automobile noire. C'était celle du boulanger, un homme jovial et débonnaire, qui était déjà venu chez les Fabre proposer ses services. D'abord réticente, Philomène avait pensé qu'on gagnerait du temps à acheter le pain, mais elle s'était heurtée au refus d'Adrien.

— Je veux manger mon pain, avait-il dit, et surtout pas celui d'un marchand de farine !

Aussi avait-on continué de cuire le pain du ménage et, près du four, Philomène pouvait rêver aux cuissons du temps passé, en compagnie de la mère et d'Abel...

Elle n'osa s'approcher, revint chez elle où elle chercha vainement Adrien dans la maison. Il se trouvait dans la bergerie où il faisait téter un agneau malade. A son arrivée, il leva la tête vers elle en signe d'interrogation.

— C'est le boulanger, dit-elle, il a commencé ses tournées.

— Je m'en suis douté.

Elle s'accroupit, maintint l'animal en le serrant contre elle, puis :

— Il y avait du monde, dit-elle.

Il eut un mouvement d'humeur qui ne la surprit pas.

— Écoute, Philo, ne revenons pas là-dessus.

Elle sourit.

— Il n'y a plus que nous qui utilisons le four banal. On passe pour des retardés.

Il s'indigna :

— Des retardés, non mais sans blagues ? Tu ne crois pas que tu exagères un peu ?

Elle ne répondit pas, délivra l'agneau qui rua de plaisir et se réfugia tout au fond de l'étable.

— Il va déjà mieux, dit Adrien, ça ne sera rien.

Ils sortirent, s'occupèrent un moment des volailles, puis ils attendirent le troupeau dont on entendait les sonnailles au bout du chemin. D'abord le bélier apparut, tête noire aux cornes puissantes, puis les jeunes brebis, les chèvres, les brebis mères et les agneaux. La porte de la bergerie étant restée ouverte, François n'eut même pas à intervenir, pas plus que le chien. Quand le troupeau fut entré, Adrien et Philomène gagnèrent la salle à manger où Marie, aidée par Louise, mettait le couvert.

— J'étais chez Geneviève et j'ai vu le boulanger, dit Marie ; tout le monde achetait le pain. Il paraît même qu'on va démolir le four banal.

Adrien, qui se lavait les mains à l'évier, se retourna.

— Où as-tu entendu ça, petite ?

Philomène secoua la tête en regardant sa fille d'un air de réprobation.

— Le maire le disait aux femmes sur la place.

— Nom de Dieu ! s'écria Adrien.

Philomène eut à peine le temps de poser la soupière sur la table, que déjà il sortait, furieux, en disant :

— Commencez sans moi, je reviens.

Un lourd silence s'installa. Les enfants prirent place et Philomène les servit. Elle reprocha doucement, s'adressant à Marie :

— Tu avais bien besoin de parler de ça, aussi !

Déconcertée, celle-ci murmura :

— Mais qu'est-ce que j'ai dit de mal ?

Philomène lui caressa la joue.

— Ce n'est rien, allez mange !

Depuis quelque temps, Adrien se mettait en

colère pour un oui et pour un non. Même si elle connaissait les raisons de cette irritation, elle l'acceptait mal, car elle aussi s'inquiétait des nouvelles données par la T.S.F., qui devenaient chaque jour plus mauvaises. Mais fallait-il pour cela perdre toute raison ? Et de plus devant les enfants ? Elle mit la soupe à réchauffer, et, lasse d'attendre, elle commença à manger debout, comme à son habitude.

Quand Adrien revint, il y avait longtemps que les enfants avaient fini de manger. Il s'assit sans un mot, très pâle, les mains tremblantes. Au moment de se servir, sans lever la tête, il lança :

— Le maire s'est mis dans la tête de démolir le four banal et de vendre le terrain à Delmas qui le lui réclame depuis longtemps pour s'agrandir, tu te rends compte !

— Il n'en a pas parlé en conseil ?

— Il est cousin germain avec le boulanger, le maire, ça explique tout. Il paraît même qu'ils ont signé une promesse de vente.

La voix d'Adrien vibrait d'indignation et Philomène savait qu'il souffrait vraiment, car il était incapable, lui, du moindre calcul ou de la moindre manœuvre.

— Vous ne vous êtes pas fâchés, au moins ?

— Je lui ai donné ma démission.

— Ça va l'arranger, dit-elle après un instant. Il ne faut pas s'emporter comme ça.

Il secoua la tête.

— Je démissionne. Tu m'écriras la lettre cet après-midi et je la lui porterai ce soir.

— Et les autres, que disent-ils ? Tu les as vus ?

— Les autres, ils ont donné leur farine au boulanger.

Les enfants s'étaient éclipsés. Philomène restait seule avec Adrien qui ne mangeait pas. Elle tenta de le calmer.

— De toute façon, c'était fini, dit-elle.

Il hocha la tête et, repoussant son assiette, il se leva en disant :

— Quand on ne pétrit plus, qu'on ne cuit plus le pain que l'on mange, c'est que l'on a honte de son blé.

Et il ajouta d'une voix amère, à l'instant de refermer la porte derrière lui :

— Mais c'est vrai qu'aujourd'hui, on peut avoir honte de tout, même de ses enfants.

« Ainsi, il sait, se répétait Philomène, il sait ce qui est arrivé à son fils à Paris, et on a dû le lui jeter à la face ; il ne le lui pardonnera jamais. » Elle vécut longtemps avec cette idée, chaque jour, chaque nuit, jusqu'au début juin, sans parvenir à s'en délivrer. La visite de Mélanie, au tout début du mois, heureusement l'y aida, d'autant qu'elle apportait une bonne nouvelle : l'ami de Jacques, boulanger à Souillac, avait trouvé une place à Marie chez un entrepreneur de maçonnerie qui se nommait Baptiste Faure : elle devrait seconder sa femme, Adeline, dans ses travaux ménagers et comptables.

Marie se déclara ravie, comme s'il lui tardait de partir. Mais Philomène la trouva tout à coup bien jeune pour quitter la maison. Pourtant, à seize ans, sa fille faisait déjà femme, et seuls ses beaux yeux noirs gardaient encore des expressions d'enfant. Elle avait depuis longtemps dépassé en taille Philomène qui s'en étonnait en disant souvent : « Mon Dieu, petite, où t'arrêteras-tu ? » Au souvenir du collège à Cahors, de leur défaite commune, elle s'était juré de ne pas s'apitoyer sur la séparation inévitable qui allait se produire. D'ailleurs, elle s'était efforcée de la rendre naturelle, au moins pour que Louise ne s'en émût pas. Bientôt elle devrait partir elle aussi, et Philomène se refusait à un échec semblable à celui de Marie.

Mélanie avait recommandé d'aller présenter Marie à Souillac le plus vite possible. Le voyage fut décidé dès le dimanche suivant. A cette occasion, Adrien revêtit son unique costume en velours brun, Philomène une longue robe à fleurs et un chapeau aux larges bords dont le ruban vert pendait sur les côtés. Marie prit place à l'arrière de la charrette, en compagnie de Louise qui avait demandé à venir. François, lui, préférait aller tendre ses pièges à perdreaux sur les terres hautes. Juste avant de partir, Philomène avait fait ses dernières recommandations à

141

Marie en évitant de s'attendrir, mais pendant le voyage, elle sentit ses bonnes résolutions refluer. C'était là son deuxième enfant qui s'en allait. Resterait-elle seule un jour ? Elle s'en voulut de sa faiblesse, manifesta une gaieté affectée qui ne trompa personne, puis se tut à mesure que la charrette approchait de la ville.

Une fois à Souillac, dans la maison des Faure située au milieu d'une ruelle d'aspect médiéval, sombre et sans horizon, elle s'inquiéta encore plus pour sa fille, mais la bonhomie du maçon et la gentillesse de sa femme la rassurèrent. Pendant qu'Adrien discutait avec l'entrepreneur, les femmes montèrent l'escalier jusque sous les toits où se trouvait la chambre destinée à Marie. Elles rangèrent ses affaires dans l'armoire, firent son lit, redescendirent et croisèrent un jeune homme brun et frisé, en maillot de corps.

— C'est André, un ouvrier, dit la patronne ; il est de Sarlat.

En bas, monsieur Faure montrait son matériel à Adrien et lui parlait de ses chantiers. Quand ils remontèrent à l'étage, il fallut s'asseoir pour manger un peu et boire le verre de l'amitié. Ensuite, les Fabre partirent pour une petite promenade avec Marie. Ils rejoignirent la nationale Paris-Toulouse, marchèrent vers la sortie de la ville, silencieux, un peu gênés par leurs habits des dimanches. « J'ai souhaité depuis toujours que mes filles s'en aillent, se disait Philomène, et maintenant, à l'heure de la séparation, je ferais tout ce qui est en mon pouvoir pour la garder. » Elle prit le bras de Marie et elles avancèrent côte à côte, s'efforçant l'une et l'autre de dissimuler leur émotion.

Au retour, peu après, au moment d'atteindre la ruelle qui menait chez les Faure, Philomène obligea Marie à s'arrêter. Face à face, elles se sourirent.

— C'est bien ce que tu voulais ? demanda Philomène.

Marie ferma les yeux, puis les rouvrit en signe d'acquiescement.

— Tu sais... reprit Philomène.

— Ne dis rien, maman, la coupa Marie... s'il te plaît, ne dis rien.

Elles s'embrassèrent, se remirent à marcher. Il sembla à Philomène que s'achevait ainsi une période de sa vie, mais que cette séparation en autorisait une autre, sans doute plus heureuse. Elle en fut réconfortée et, cinq minutes plus tard, elle monta la première sur la charrette, après avoir fait ses adieux.

Marie se tenait sur le seuil, très émue, immobile, entourée par ses patrons. Adrien tira sur les rênes et le cheval partit au pas. Il mit plus d'une minute à atteindre le bout de la rue, mais Philomène, bien droite sur son siège, puisa tout au fond d'elle la force de ne pas se retourner.

6.

Il devenait de plus en plus évident que le gouvernement Daladier préparait la guerre : c'était
l'avis de *La Dépêche,* mais c'était aussi ce qui
filtrait des nouvelles données par la T.S.F. En
outre, malgré une certaine reprise économique,
l'orge et le seigle se vendaient très mal, et l'on
parlait toujours des « 200 familles » d'un air
entendu, surtout dans les campagnes, où les
effets de la reprise n'étaient pas encore parve-
nus.

C'est dans ce climat plutôt sombre que Philomène apprit la mort d'Étienne en Algérie au
début de l'hiver. « Il n'a pas souffert, écrivait
Nicole sa femme, mais, à soixante et un ans, il
était épuisé par le travail. Il a pensé à Quayrac
jusqu'au bout, à toi, Philo, à tous les siens, mais
il n'a jamais trouvé le temps de retourner vous
voir. Avec l'aide de Charles, je vais continuer ce
qu'il a entrepris. Si tout va bien, je pourrai peut-
être faire le voyage au printemps... »

Ces promesses sans cesse renouvelées, mais jamais tenues, laissaient maintenant Philomène indifférente. Elle se surprit à ne pas vraiment souffrir de la disparition d'Étienne. Mais il était si loin depuis si longtemps ! Il devint simplement pour elle un peu plus lointain, un peu plus absent, comme tous ceux dont on sait qu'ils ne reviendront jamais.

A Noël, elle eut la surprise de voir arriver Marie en compagnie de sa patronne. Elle craignit le pire à l'instant où la voiture s'arrêta dans la cour, mais elle fut bien vite rassurée. Sa fille paraissait heureuse et totalement transformée : elle s'en aperçut tout de suite en l'embrassant. Mme Faure lui en expliqua la raison en présence d'Adrien venu aux nouvelles : des liens s'étaient noués entre Marie et André, l'ouvrier aperçu lors du voyage à Souillac, et déjà ils parlaient mariage. D'abord Philomène et Adrien protestèrent : Marie était trop jeune, il ne pouvait en être question. Mais la femme du maçon insista, trouva des arguments, et finit par arracher la promesse qu'ils ne s'opposeraient pas trop longtemps à cette union. Un tel refus était bien éloigné des idées d'Adrien et de Philomène qui souhaitaient seulement marier leur fille à un homme courageux et honnête. Aussi, après deux ou trois jours passés à envisager ce projet, Philomène fut plutôt satisfaite et se promit de recevoir le fiancé pour Pâques, si toutefois Marie persistait dans ses intentions.

En janvier, les noyers éclatèrent sous l'effet du froid. Ce n'était pas la première fois qu'une telle catastrophe s'abattait sur le causse, mais Philomène et Adrien, eux, n'en avaient jamais subi les dégâts : trois arbres morts dans le champ le plus exposé au nord, trois arbres pourtant vigoureux qui ne donneraient jamais plus de fruits. Et encore, les Fabre étaient les moins touchés, beaucoup moins que les Simbille ou les Alibert dont les plantations, plus récentes, n'avaient pas du tout résisté aux écarts de température. Ce mois-là, le gel sembla même fondre en lumière et le ciel devenir banquise. Le plus surprenant, c'était l'absence d'oiseaux, comme s'ils eussent craint de voler sous cet immense miroir de peur de s'aveugler et qu'ils se fussent cachés à la façon des petits mammifères en hibernation. L'air des matins devint cassant comme du verre, les après-midi prirent des résonances de crypte. La nuit, la perfection du silence était telle que le moindre craquement de branche, même lointain, résonnait comme un coup de fusil.

Chez les Fabre, on passait les soirées près de la T.S.F., dans la salle à manger où de grandes flambées donnaient à chacun l'illusion d'habiter un refuge. Geneviève y venait à la veillée, tout comme Paul et Berthe Alibert, mais ils étaient les seuls. Depuis l'incident du four banal, on ne recevait plus le maire ni ceux qui lui étaient proches. Cela n'empêchait pas les enfants de

147

jouer aux dominos, les adultes d'écouter Tino Rossi qui chantait « Marinella » ou « Le chant du guardian », et de commenter les nouvelles. En France, le réarmement, secteur économique essentiel de la reprise, permettait au gouvernement d'accuser les grévistes de la C.G.T. de trahison : aucune grève ne perturbait le travail dans les usines de Hitler ou de Mussolini ; alors pourquoi les cégétistes, qui combattaient la montée du national-socialisme, mettaient-ils en péril la défense nationale ? Par ailleurs, depuis Munich et la capitulation de Daladier et de Chamberlain, il était clair que Hitler ne s'en tiendrait pas à l'occupation des territoires sudètes. Malgré cette évidence, les pacifistes de gauche étaient contraints d'approuver ces accords désastreux, les autres protestaient et apportaient ainsi de l'eau au moulin de la droite qui, dans son ensemble, approuvait Daladier.

A peine apprit-on en février la mort du pape Pie XI que l'Angleterre, sortant enfin de sa passivité, déclara qu'elle n'accepterait pas une nouvelle agression contre la Pologne. La France, lui emboîtant le pas, entreprit de conclure avec Moscou un accord contre Hitler. L'arrivée du printemps coïncida donc avec une légère détente du climat international, mais, pour Philomène et les siens, l'événement de ce début d'année fut l'entrée d'un gendre dans la maison. En effet, malgré les protestations d'Adrien, elle avait accédé au désir de Marie, car elle tenait à ce que

148

sa fille se mariât en blanc. La date du mariage fut fixée à la fin août, après les moissons. Sans perdre de temps, il fallut rencontrer les parents d'André dont le père était charpentier à Sarlat. On profita du beau temps pour s'y rendre un dimanche. Là, Adrien et Philomène firent connaissance avec des gens semblables à eux, d'une grande simplicité, et qui ne vivaient que pour le travail. Il fut convenu que le mariage aurait lieu à Quayrac, village natal de la promise, comme c'était la tradition, et que l'on s'écrirait pour arrêter la liste des invités.

En l'occupant jusqu'à l'été, la préparation du mariage permit à Philomène d'oublier un peu les événements extérieurs. Elle reçut l'aide précieuse de Geneviève qui s'engagea à trouver une cuisinière pour le banquet. Début juillet, Philomène se rendit à Souillac pour acheter la robe de mariée. Ce jour-là, l'été allumait dans le ciel un grand brasillement dont les lueurs cascadaient de coteau en coteau jusqu'à l'horizon blanc. Cette canicule dura pendant plus d'un mois, à peine atténuée par deux ou trois journées de brume. Puis vinrent les moissons sous ce même soleil, qui donnèrent la meilleure récolte de la décennie. Dès qu'elles furent achevées, le village prit un air de cérémonie. Tous les habitants avaient été invités et presque tous avaient répondu présent. Avec Mélanie, Jacques, leurs enfants, la famille d'André, les patrons des fiancés, ce fut plus de soixante-dix personnes qui s'apprêtèrent à rire, manger, boire et danser, dans cette fin d'été de 1939 qui allumait ailleurs d'autres feux moins paisibles.

Deux grands genévriers ornés de fleurs en papier blanc avaient été placés à l'entrée de la cour, de part et d'autre du chemin. Sous le chêne, les tables, disposées en rectangle, avaient été recouvertes de jolies nappes héritées de maître Delaval. Plus loin, près de la bergerie, étaient alignées les charrettes et les voitures des invités. Dans la cour, au moment de partir, François et Sylvette Alibert, le garçon et la demoiselle d'honneur, organisèrent le cortège selon un ordre bien établi par la coutume : en tête Adrien et Marie, puis les invités, Philomène et le père d'André, et, fermant le cortège, André et sa mère. Les enfants, eux, marchaient devant la mariée, un bouquet de fleurs à la main.

Philomène ne se résignait pas à prendre sa place et regardait sa fille. Pourtant elle ne l'avait pas quittée depuis le matin, l'ayant aidée à s'habiller, à se coiffer, à fixer le voile sur ses cheveux noirs. Mais elle continuait à s'interroger : « Était-ce bien Marie qui se mettait en route, là-bas, au bras d'Adrien, n'était-ce pas plutôt elle ? » Il lui sembla être reléguée loin d'une jeunesse dont les vagues tièdes et nostalgiques la bouleversèrent mais, comme on l'appelait, elle se résigna à rentrer dans les rangs. Elle songea alors à Guillaume, lui en voulut un peu de ne pas être là, quand tous ceux qu'elle aimait s'y trouvaient. Mais une fois arrivée sur la place, sa légère amertume fondit, car les cloches se mettaient à sonner, mêlant à l'exubérance de l'air des notes de gaieté.

Dans l'église, elle oublia tout pour observer Marie beaucoup plus détendue qu'à la mairie où avaient été prononcés les « oui » traditionnels. Et puis ce furent les chants, les cris, les « vive la mariée », les félicitations des villageois, quelques larmes de joie furtivement versées. Après un apéritif chez Geneviève, au café, tout le monde revint en chantant vers la grande maison et l'on s'assit à table. Philomène prit place à côté d'Adrien, face aux parents d'André avec qui elle se sentit tout de suite en bonne compagnie. Le repas commença dans la bonne humeur. Après les pâtés de foie, les salades de légumes, se succédèrent les poules farcies, les pigeons aux petits pois et les confits aux haricots verts. Alors, le vin aidant, on ne s'entendit même plus. La tête de Philomène tournait car elle buvait plus que de coutume. Son regard croisait souvent celui d'Adrien qui riait beaucoup. On en arriva aux crèmes et aux tartes seulement vers quatre heures de l'après-midi. Philomène observa Marie qui appuyait sa tête sur l'épaule d'André, et son visage rayonnant l'émut. « J'aurai au moins vu cela », songeat-elle dans un court instant de mélancolie. Un peu plus tard, deux garçons surgirent de dessous la table en brandissant une fausse jarretière censée être celle de la mariée. Il y eut des acclamations, des cris, mais ils cessèrent très vite, car on apporta du vin mousseux. Philomène en but un grand verre et, quand ce fut son tour de chanter, elle d'habitude si réservée, se leva sans se faire prier et entonna « Le temps des cerises », comme si elle avait été seule au monde.

Après que chacun eut chanté ou raconté une histoire, on appela les accordéonistes. Dès les premières notes de musique, le maire, Gaston Simbille, vint l'inviter à danser. Il l'entraîna dans une valse folle où, fermant les yeux, il lui sembla que le monde basculait sur elle. « Ça y est, se dit-elle, j'ai trop bu, et je vais tomber. » Elle s'aperçut qu'elle avait changé de bras au moment où Adrien lui demanda si elle se sentait bien. Souriant, heureux, il paraissait avoir rajeuni de dix ans avec ses cheveux défaits, sa cravate dénouée, ses yeux redevenus malicieux. Elle se remit à danser et tourna pendant plus de deux heures, deux heures de rêve au cours desquelles elle retrouva sa vraie nature qui l'inclinait au rire et à la fête. Elle eut d'ailleurs l'impression que tous les invités partageaient la même exaltation, comme s'ils ressentaient aussi le besoin de rire et de danser, d'oublier les soucis et les menaces de l'avenir. Marie et André, eux, paraissaient complètement étrangers au monde environnant. « Si tout cela ne pouvait jamais finir ! » songea Philomène.

Le charme dura tout au long de la soirée où, après avoir mangé une soupe et les restes du midi à la lueur des lampes à pétrole, tout le monde se réfugia dans la salle à manger, dont les meubles avaient été repoussés contre le mur, pour y danser de nouveau. Une fois dans les bras d'Adrien, elle se laissa porter par les valses, les tangos, jusqu'au moment où ils s'arrêtèrent, à bout de souffle. Alors elle sortit dans la nuit tiède, s'assit sur une chaise, leva la tête vers les étoiles et se demanda s'il était possible que ce bonheur-là, si simple et si précieux, fût un jour menacé. « Non, se dit-elle, quoi qu'il arrive, il y aura toujours des filles à marier, des musiques d'accordéon dans les nuits d'été, des hommes et des femmes pour s'amuser... » Elle frissonna. Quelle heure pouvait-il être ? Il lui sembla qu'une promesse d'aube filtrait au-dessus des chênes du coteau. Alors elle rentra très vite pour profiter du temps qui lui restait. Elle s'aperçut à peine que les mariés avaient disparu, se remit à danser avec Adrien, puis avec le père d'André, avec d'autres encore, et ce fut elle qui s'arrêta la dernière, épuisée, quand la pierre grise du jour s'incrusta sur les carreaux. Les accordéons se turent avec une sorte de plainte. Elle raccompagna les invités, montra leur chambre aux parents d'André, puis, une fois dans la sienne, elle ouvrit la fenêtre et respira l'air frais de la nuit en attendant Adrien. Quand il arriva, il vint près d'elle, mit sa main sur son épaule. Elle demanda :

— Tu te souviens quand tu m'as prise dans tes bras pour me faire franchir la porte du pigeonnier ?

Il la fit se retourner, se blottir contre lui, murmura :

— C'était hier, Philo, c'était hier, et tu n'as pas changé.

A peine Philomène eut-elle le temps de se réhabituer au quotidien, que, moins d'une semaine plus tard, la signature du pacte germano-soviétique frappa le pays tout entier de stupeur. Elle en pleura de dépit pour ses rêves de paix, car il s'agissait bien de rêves, et seulement de rêves : ni les hommes ni le monde n'avaient changé, et ils ne changeraient jamais, elle le savait aujourd'hui. A Quayrac même, n'était-il pas question de faire payer aux communistes « leur trahison » ? « Mais quelle folie les prenait donc ? se demandait Philomène, tous, jeunes et vieux qui parlaient de champ libre laissé à Hitler en Pologne, de guerre inévitable. » Elle interrogeait Adrien qui semblait avoir perdu tout espoir et ne savait que répondre pour la rassurer.

Dans les jours qui suivirent, on apprit par la T.S.F. que malgré la mise en garde de Daladier à Hitler, celui-ci avait refusé la négociation avec les Polonais. Le 1er septembre, persuadé que Staline le soutiendrait le moment venu, le Führer donna l'ordre à son armée d'entrer en Pologne. Aussitôt, comme elles l'avaient annoncé, la France et l'Angleterre se mirent à mobiliser.

Au village, le matin du 4 septembre, malgré la présence sur les murs des affiches tricolores décrétant la mobilisation générale à partir du 2 septembre 0 heure, Philomène se refusait encore à l'inéluctable. Elle se trouva sur la place au moment où Léon Pouch y tenait des propos qui l'emplirent de colère.

— Quand il faut y aller, faut y aller. Alors comme en 14 et rendez-vous à Berlin !

Elle ne put se contenir, lança :

— Et tous les estropiés, et tous ceux qui ne sont pas revenus, ils vont aussi y aller, eux, à Berlin ?

Il la considéra avec surprise, et même, lui sembla-t-il, avec une certaine hostilité. Elle s'éloigna, rentra chez elle, trouva Adrien l'oreille collée contre le poste de T.S.F. Depuis onze heures, l'Angleterre était en état de guerre avec l'Allemagne, mais pour la France il restait un ultime espoir : l'ambassadeur, M. Coulondre, devait se rendre à midi à la Wilhelmstrasse et demander au gouvernement allemand une réponse sans équivoque à la communication du 1er septembre.

Philomène soupira, et, avec l'aide de Louise, mit rapidement le couvert. Pendant le repas, nul ne parla. Les communiqués laconiques des différentes ondes succédaient aux chansons de Jean Sablon, de Lucienne Delyle et de Tino Rossi. De temps en temps, le speaker rendait compte des combats de Pologne où la Résistance avait fait sauter un train allemand, mais restait silencieux sur la situation entre la France et l'Allemagne. Il fallait attendre la fin de l'après-midi pour avoir d'autres nouvelles. Adrien éteignit le poste, regarda ses enfants puis Philomène, murmura :

— Encore heureux que François n'ait que seize ans et demi.

— Et André, y songes-tu ? demanda Philomène avec une fêlure dans la voix. Il a dix-neuf ans, lui.

Puis, après un instant :

— Quant à Guillaume, à vingt-deux ans, qui sait ce qu'il va devenir ?

Adrien ne répondit pas. D'ailleurs, qu'y avait-il à répondre ? Il paraissait anéanti, levait de temps en temps les yeux sur ses enfants mais ne les voyait pas vraiment.

— Crois-tu que si on a la guerre, elle durera longtemps ? interrogea Philomène.

Il la considéra un moment sans parler et elle se demanda s'il l'avait entendue.

— En 1914, on disait qu'elle durerait trois mois, elle a duré quatre ans, dit-il enfin.

Puis il ajouta, comme pour atténuer la portée de ses paroles :

— Aujourd'hui nous avons la ligne Maginot. Ils ne passeront sûrement pas.

Philomène hocha la tête, lui sut gré d'essayer de la rassurer.

— Je crois que peut-être Hitler finira par avoir peur, dit-elle.

— Ça m'étonnerait, intervint François, tout le monde dit que son armée est la meilleure d'Europe ; mais moi, ça m'est égal, s'il le faut, je m'engagerai.

Philomène vit Adrien pâlir. Elle crut qu'il allait se mettre en colère, mais non : il replia la lame de son couteau, se leva et sortit. Philomène regarda son fils avec insistance, mais elle ne lut aucune provocation dans ses yeux.

— Eh bien quoi ? fit-il doucement. Tu veux donc que les Allemands viennent chez nous et s'y installent ?

Elle ne sut que répondre. Comment expliquer aux jeunes, en effet, dans quelle angoisse la guerre jetait les familles, dans quelles horreurs se trouvaient précipités les combattants ? Pourtant, la question de François, si naturelle qu'elle fût, la troublait : sous prétexte de paix, fallait-il renoncer à se défendre, accepter pour son pays le sort de la Pologne et de la Tchécoslovaquie ? Il lui sembla à cet instant que c'était son fils qui avait raison : il n'y avait sans doute rien de pire au monde que la soumission, à quelque tyran que ce fût. Elle comprenait maintenant pourquoi Adrien ne s'était pas emporté comme à son habitude : il avait certainement admis d'avoir à se battre pour défendre sa terre, même s'il savait ce qu'il en coûterait aux hommes et aux femmes du pays, car il n'avait rien oublié, et lui moins que tout autre.

Elle s'aperçut qu'elle parlait à mi-voix et que ses enfants la regardaient.

— Va aider ton père, dit-elle à François, il est fatigué.

Celui-ci s'approcha d'elle :

— Ne t'inquiète pas, dit-il, tout va s'arranger.

Puis il sortit, et Philomène, après un long soupir, commença à desservir.

L'après-midi, tandis que François et Adrien nettoyaient les fûts en prévision des vendanges, elle emmena le troupeau avec Louise sur la grèze de Maslafon. Après la pluie orageuse de la dernière nuit, le tonnerre roulait encore dans les lointains. Cependant, le tintement clair des sonnailles, le bêlement des brebis et des chèvres apaisèrent un peu Philomène. Pouvait-il vraiment arriver un malheur en ce jour si semblable aux autres ? Non, sans doute, puisque sa fille était là, près d'elle, que les brebis broutaient l'herbe rase comme à l'accoutumée et que, comme d'habitude, elle était assise près des menthes dont le parfum, exaspéré par la pluie de la nuit, la grisait délicieusement. Elle profita au

mieux de ces heures de répit, y puisa de nouvelles forces, mais l'impatience la fit retourner
dès six heures à la ferme.

A son arrivée, elle chargea Louise de surveiller l'entrée du troupeau dans la bergerie et se
précipita dans la salle à manger.

— Alors ? demanda-t-elle à Adrien assis près
du poste.

— Rien encore, dit-il, il faut attendre les
informations de sept heures et demie.

Elle soupira, s'approcha de lui, une pensée
subite la fit pâlir :

— Mais toi, tu ne partiras pas ? demanda-
t-elle.

Il détourna la tête et ne répondit pas. Il n'en
aurait d'ailleurs pas eu le temps, car Alibert
cogna à la porte et entra aussitôt, l'air cata-
strophé. Il venait de la mairie où Gaston Simbille avait téléphoné à Paris : là-bas, les journaux du soir annonçaient la guerre.

— Ce n'est pas vrai, dit Philomène, ce n'est
pas possible.

— Eh si, ma pauvre, dit Alibert.

— Mais ce n'est pas possible, répéta-t-elle,
implorant Adrien du regard.

Il s'approcha d'elle et la prit dans ses bras.

Le lendemain, un titre en lettres énormes et
noires barrait la première page de *La Dépêche* :
LA GUERRE. La déclaration datait de la veille à
dix-sept heures. Après de vaines négociations, la
France, pour faire face à ses engagements, avait

dû s'y résoudre. Au village, ce matin-là, le temps parut suspendre son cours, et l'on ne parla plus qu'à voix basse, comme si un ennemi invisible rôdait dans les rues. Dans la journée, la T.S.F. diffusa des communiqués lénifiants qui rassurèrent un peu : les contacts avaient été établis sur l'ensemble du front, mais il ne se passait rien, ni fusillade, ni bombardement ni attaque de chars, qui rendît la guerre certaine. Au contraire, lorsque Philomène alla chez Geneviève, le silence de la place l'oppressa, car le village, comme en 1914, s'était vidé en quelques heures. Elle en fut tellement frappée qu'elle se crut revenue vingt-cinq ans dans le passé, et elle eut si peur, tout à coup, qu'elle renonça à se rendre à l'auberge et se précipita chez elle, craignant de n'y plus trouver Adrien.

La journée se déroula dans le calme, à peine troublée par les visites de Pouch et d'Alibert venus aux nouvelles. Perturbé depuis quelques jours par les orages, le beau temps s'installa de nouveau et s'appesantit en masses d'air épaisses comme du miel. Rien ne se passa d'alarmant pendant une semaine, mais on s'inquiéta de la résistance de la Pologne dont dépendait, croyait-on, le début de la vraie guerre sur le territoire français. A l'auberge, les anciens discutaient interminablement des causes et des conséquences prévisibles de cette nouvelle déflagration mondiale. Selon le maire, la responsabilité en incombait à l'Angleterre qui avait empêché la France d'imposer en temps voulu à Hitler une paix de sécurité. Pourquoi dès lors ne pas lui avoir laissé supporter le poids de ce nouveau conflit ? A son avis, un seul homme avait éventé le piège : c'était Staline, qui avait repoussé la guerre vers l'Europe de l'Ouest et en même temps préservé son pays de la désolation des combats. Tout le monde convenait cependant qu'il était impensable de laisser entrer Hitler en France comme il était entré en Pologne. Même ceux qui étaient hostiles à la guerre se déclaraient prêts à prendre les armes si nécessaire pour défendre le pays.

Le dimanche qui suivit la déclaration, Marie arriva en pleurs à la ferme et annonça à ses parents qu'André avait décidé de s'engager pour la durée des hostilités. Bien qu'il n'eût pas vingt ans, il avait signé des papiers et son départ était en principe prévu pour décembre. Philomène tenta de la rassurer en lui disant qu'il ne se passait rien aux frontières et que la paix était peut-être encore possible.

— Hitler a trop d'ennemis, ajouta-t-elle, il fera sans doute marche arrière avant la fin de l'année.

François, qui assistait à la conversation, demanda à sa sœur à quel âge on pouvait s'engager, mais celle-ci, sur un signe de Philomène, refusa de lui répondre.

— De toute façon, on me le dira à la mairie, fit-il.

— Tu n'iras pas à la mairie, intervint Adrien. Le jour où tu devras t'engager, je te le dirai. En attendant, va t'occuper des brebis.

Le garçon sortit sans mot dire et la conversation reprit. Mais il fallut de longues minutes à Philomène et à Adrien pour persuader Marie de ne pas s'opposer à la décision d'André. Elle repartit un peu réconfortée, sans doute plus par les deux heures passées dans la maison de son enfance que par les pauvres arguments de ses parents.

Quelques jours plus tard, un soir, au moment du repas, on frappa à la porte. Gaston Simbille apparut, suivi d'une silhouette inconnue. Adrien se leva, mais, toujours en froid avec le maire, il resta debout de l'autre côté de la table. Gaston Simbille semblait gêné. Comme le silence s'éternisait, il se décida enfin, désignant l'homme de la main.

— C'est un Espagnol, dit-il, il s'appelle Emilio Lopez. Il cherche du travail.

— Et alors ? demanda Adrien, tu ne peux pas lui en donner, toi ?

Le maire hésita un instant. Philomène observa l'homme, petit et sec, les cheveux noirs frisés, qui tenait un balluchon dans ses mains avec une sorte de noblesse.

— Ils sont deux, fit Simbille. Moi, j'en ai pris un, mais celui-là, personne n'en veut.

— Et pourquoi ? demanda Adrien.

162

Simbille regarda l'Espagnol, puis Adrien, puis de nouveau l'Espagnol.

— C'est un clandestin.

Il y eut un bref silence. Adrien se tourna vers Philomène, sembla l'interroger du regard.

— D'où vient-il ? demanda-t-il encore.

— D'un camp de réfugiés dans le Lot-et-Garonne. Si j'ai bien compris, ils s'en sont enfuis il y a trois jours.

— Et toi qui es maire, tu amènes un clandestin chez moi !

Mais Philomène comprit à l'intonation de sa voix qu'il avait déjà pris sa décision. En effet, il contourna la table, s'approcha de l'Espagnol, lui prit son balluchon des mains.

— Assieds-toi, dit-il, tu vas manger un peu de soupe.

— *Gracias,* fit l'homme en hochant la tête.

Déjà Philomène ajoutait un couvert, désignant une place sur le banc à l'Espagnol, tandis qu'Adrien raccompagnait Simbille jusqu'au chemin, sans doute pour en savoir davantage. Elle servit la soupe au nouveau venu, croisa son regard à l'instant où il commençait à manger. Elle y lut une telle force, une telle fierté qu'elle eut soudain très peur : seuls des événements monstrueux pouvaient faire de tels hommes des vaincus.

7

La « drôle de guerre » de l'hiver 39-40 forti-
fia chez chacun des villageois l'impression que
la paix demeurait possible, puisque les armées
se contentaient de s'observer aux frontières.
Chez les Fabre, on se demanda même pourquoi,
à la suite de son engagement, André avait reçu
son ordre de départ en décembre. Il partit cependant, et l'hiver s'acheva sans incident au front, à
tel point que l'espoir grandit avec l'arrivée d'un
printemps en avance sur l'heure. En mars, Paul
Raynaud remplaça Daladier sans que la situation
en fût perturbée dans le Nord ou dans l'Est : rien
ne bougeait, ni sur le front ni dans le centre de la
France où le causse quercynois s'éveillait au
soleil qui allumait dans les collines les foyers
rouge et or des coquelicots et des boutons-d'or.
Il y eut même deux ou trois merveilleuses journées qui s'épanouirent en flambées de lumière.
Allons ! les choses allaient s'arranger d'elles-
mêmes et la vie reprendre un cours normal. Il

fallait maintenant penser aux foins et aux moissons, puisque l'on était décidément parvenu à s'accommoder du fantôme de la guerre.

La stupeur fut donc totale, le 11 mai, quand on apprit que la veille, sans crier gare, cent cinquante divisions allemandes, dont les « Panzers » revenus de Pologne, avaient attaqué par surprise, appuyées par une aviation à l'efficacité redoutable. Pis encore ! les chars allemands, contournant la ligne Maginot, progressaient sans difficulté sur les petites routes des Ardennes, effectuaient une percée à Sedan et franchissaient bientôt la Meuse. Au village, après l'incrédulité, ce fut la consternation. En quelques jours, les bruits les plus insensés se mirent à courir les campagnes, aggravés par les nouvelles contradictoires données par les journaux et la T.S.F. Ne racontait-on pas que, mitraillés par l'aviation ennemie, des milliers de civils fuyaient vers le Sud en voiture, en charrette et même à pied ? Pourquoi Gamelin venait-il d'être limogé ? Que se passait-il vraiment, là-haut, dans le Nord ? Pourquoi les troupes françaises n'avaient-elles pas fait face sur la Seine ou sur la Marne, comme lors de la dernière guerre ?

À Quayrac, les hommes, le soir venu, se réunissaient et parlaient de stratégie militaire, se refusant à croire à ce qui ressemblait de plus en plus à une débâcle. Philomène les écoutait d'un air las, vaguement résignée. Elle s'inquiétait surtout pour Guillaume et André dont elle était sans nouvelles, mais aussi pour Marie qui revenait régulièrement au village chercher un peu de réconfort. Le 10 juin, elle arriva avec une lettre d'André parvenue par miracle à Souillac. Il indiquait que les ordres étaient de descendre sur Bayonne en faisant sauter les ponts, l'armée devant se regrouper un jour ou l'autre en Afrique du Nord. Ainsi, le doute n'était plus permis : c'était bien l'effondrement redouté, aussi brutal qu'imprévisible. Sous le choc, on en oublia le travail, les foins qui attendaient malgré le soleil, les brebis et les agneaux, toutes les tâches de plein air abandonnées pendant l'hiver. Le temps suspendit son cours et l'on vécut dans l'attente des nouvelles, à l'écoute de la T.S.F. Emilio Lopez, lui, n'attendit pas plus longtemps : il partit un matin en disant à Philomène qu'il allait se cacher dans les bois. Cette fuite lui fit vraiment prendre conscience du danger. Si les Allemands parvenaient jusqu'à Quayrac, que se passerait-il ? Allaient-ils tuer tous les hommes ? Et quel serait le sort des femmes et des enfants ? Personne, pas même Adrien, ne pouvait répondre à ces questions. Et personne n'était capable d'expliquer ce qui s'était passé. Aussi le 10 juin, quand Mussolini déclara la guerre à la France, un vent de panique souffla sur le village en effervescence.

— Il faut partir ! disaient les plus pessimistes.

— Pour aller où ? demandaient ceux qui essayaient de garder la tête froide.

— En bas, n'importe où, mais il faut partir !

Quand Philomène rapporta les conversations entendues au café à Adrien, celui-ci haussa les épaules en assurant qu'en 1914 et en 1915 la situation avait été aussi désespérée, et que pourtant on avait gagné la guerre.

— Et puis si tout le monde s'en va, ajouta-t-il, il y aura plus de morts sur les routes que dans les zones de combat. Ne t'inquiète pas trop, va, ils ne sont pas encore arrivés ici.

Cependant, les premiers réfugiés commencèrent à affluer, et il ne fut plus question, devant les récits apocalyptiques de l'exode, de douter de la catastrophe : ils avaient vu des militaires brûler leur drapeau, d'immenses colonnes de soldats dépenaillés faire usage de la force pour passer devant les civils aux carrefours, des fuyards hirsutes et hagards couchés au bord des routes, des hôpitaux évacués dans des conditions effroyables, des villages pillés ; ils avaient acheté plus de dix francs un verre d'eau entre Seine et Loire, et plus de vingt francs un litre d'essence ; ils avaient essuyé les attaques continuelles de l'aviation, marché sur des cadavres d'animaux et d'enfants. Ces réfugiés étaient pour la plupart des cousins lointains que l'on n'avait pas vus depuis des années, des parents oubliés, mais aussi quelques familles épuisées et incapables d'aller plus loin. Le maire leur ouvrit la salle de la mairie, organisa des secours auxquels s'associa Philomène, à l'exemple de tous les villageois. A cette occasion, elle fit la connaissance d'une Alsacienne, Éloïse Pfertzel, une jeune femme recueillie par Geneviève avec ses trois enfants. Elle retira de ses conversations à l'auberge la certitude que Guillaume et André arriveraient d'un jour à l'autre et, dès lors, elle s'efforça de vivre dans cet espoir.

Pourtant, quand les ponts de la Loire sautèrent, le 16 juin, les rumeurs les plus folles circulèrent dans le village : on disait que les communistes s'étaient faits complices de l'ennemi, qu'ils le renseignaient et l'aidaient dans ses manœuvres criminelles ; selon certains, il y avait plus de cinquante mille réfugiés à Cahors et on avait déjà vu des Allemands dans la vallée ; selon les autres, Bordeaux et Toulouse avaient été bombardés, et les soldats français s'étaient rendus sans combattre par centaines de milliers.

C'est dans ce climat de déroute totale que le 17 juin, à midi et demi, Adrien ouvrit le poste et entendit une voix lasse et grave, légèrement tremblante, prononcer ces mots terribles qui creusèrent en lui une blessure dont personne, pas même Philomène, ne mesura sur l'instant l'importance : « En ces heures douloureuses, je pense aux malheureux réfugiés qui, dans un dénuement extrême, sillonnent nos routes. Je leur exprime ma compassion et ma sollicitude. C'est le cœur serré que je vous dis aujourd'hui qu'il faut cesser le combat. Je me suis adressé cette nuit à l'adversaire pour lui demander s'il est prêt à rechercher avec moi, entre soldats, après la lutte et dans l'honneur, les moyens de mettre un terme aux hostilités. Que tous les Français se groupent autour du gouvernement que je préside pendant ces dures épreuves et fassent taire leur angoisse pour n'obéir qu'à leur foi dans le destin de leur patrie... »

Quand la voix du vieux soldat s'éteignit, Adrien, d'une pâleur extrême, se leva sans un mot et sortit. Philomène, soulagée, ne s'aperçut point de son trouble. Tout ce qu'elle retenait du message, c'était que l'armistice allait être signé et que ses enfants reviendraient bientôt. Pour le reste, elle s'en remettait au héros de la dernière guerre en se disant que les Allemands devraient le respecter, et la France avec lui. Elle essuya une larme quand Louise se réfugia dans ses bras en demandant doucement :

— Alors, la guerre est finie, maman, bien finie ?

— Mais oui, fillette, c'est fini. Guillaume et André vont revenir, et François ne nous quittera pas.

Elle ne comprit pas pourquoi ce dernier, furieux, sortait à son tour pour rejoindre son père. Prenant Louise par la main, elle se rendit chez Geneviève qui se déclara entièrement de son avis : le maréchal avait sauvegardé ce qui pouvait l'être et permis l'arrêt des combats ; quelle était la mère, dans le pays, qui ne se serait pas réjouie, ce mois de juin-là, de retrouver ses fils et son mari ? Le vieux soldat avait parlé de concorde et de paix, et la majorité des Français, dans son désarroi, accueillait ses paroles comme un baume sur des blessures.

Adrien semblait avoir perdu la parole. S'il parlait un peu à François pendant la journée, en travaillant, il prononçait seulement les mots indispensables. Mais au cours des repas, il s'asseyait, coupait le pain, mangeait en gardant le regard fixé sur son assiette, et Philomène était impuissante à lui arracher le moindre mot. Les enfants aussi essayaient, surtout Louise qui savait si bien s'y prendre, mais on eût dit qu'il ne l'entendait plus. Il fallut longtemps à Philomène pour comprendre ce qui se passait en lui, mais elle le devina peu à peu : toutes ses souffrances de la dernière guerre n'avaient servi à rien puisque aujourd'hui son pays était humilié, à genoux, vaincu ; c'était comme si on lui avait volé les longues années de sa jeunesse durant lesquelles il l'avait défendu. Il se sentait trahi, et en même temps il avait honte de cette défaite injustifiable.

Un jour où elle rentrait dans la bergerie, elle le trouva sur un tabouret, tassé sur lui-même, les bras croisés, tournant le dos à l'entrée. Comme elle s'approchait, il lui sembla qu'il avait pleuré. Elle éprouva alors une telle impression d'incommunicabilité qu'elle repartit sans qu'il l'entendît, du moins le crut-elle. Elle se résigna donc à ces repas silencieux, comme si le silence eût été la seule réponse à ces temps de folie.

Les fenaisons passées, il y eut une semaine de pluie qui jeta sur le causse un voile tiède et saturé de parfums. Le 10 juillet, Pétain demanda et obtint de la Chambre les pleins pouvoirs pour définir un nouveau régime. Trois jours plus tard, Marie vint au village en compagnie d'André qui avait été démobilisé. La joie de sa fille fit plaisir à Philomène qui prépara un petit festin, espérant inciter Adrien à se joindre à la fête. Peine perdue ! S'il s'intéressa à la conversation, il ne se départit pas de son mutisme. Questionné par François, ce fut surtout André qui parla. Il expliqua que l'hiver dans les Ardennes avait été très froid et que les soldats de l'artillerie avaient surtout songé à se réchauffer. Il précisa qu'il fallait cent heures de travail et trente-deux servants pour installer et tirer un obus de 340. A peine d'ailleurs si l'on avait eu le temps d'en user au mois de mai. La ligne de front avait tout de suite cédé et l'ordre de retraite n'avait pas tardé. Dans la pagaille, les bataillons débandés s'étaient heurtés à l'exode des civils. André, lui, avait évité de justesse les bombardements, à Orléans, où l'on faisait sauter les ponts. Il avait même failli être fait prisonnier mais il avait pu échapper aux Allemands complètement débordés, car les soldats français se rendaient par régiments entiers ; il suffisait pour cela de l'arrivée des premiers motocyclistes de la Wehrmacht.

— Mais enfin, demanda François, au terme du récit de son beau-frère, comment cela a-t-il pu être possible ?

— A cause des chars et de l'aviation, répondit André, et ils avaient rodé leur Blitzkrieg en Pologne et en Belgique.

— La ligne Maginot n'a donc servi à rien ?

— Ils l'ont contournée en passant par les Ardennes.

Il y eut un long silence, ponctué de soupirs.

— Qu'allez-vous faire, maintenant ? demanda Philomène à Marie.

— Reprendre le travail comme avant, répondit celle-ci, ne sommes-nous pas en France libre ?

A ces mots, Adrien eut un regard terrible, mais il resta muet. Philomène ressentait de plus en plus douloureusement le poids de ce silence. Aussi ce fut avec soulagement qu'elle le vit quitter la table, en prétextant d'avoir à soigner un agneau malade.

— Mais enfin, qu'est-ce qu'il a ? demanda Marie quand il fut sorti.

Philomène hésita avant de répondre, puis elle murmura :

— Il est comme ça depuis le jour où il a entendu Pétain à la T.S.F.

Et elle ajouta, presque malgré elle :

— Je crois qu'il a honte.

173

— Honte ! s'exclama Marie, mais il n'y est pour rien.

— Ça n'empêche pas, dit François.

— Non, renchérit André, ça n'empêche pas, et d'ailleurs il n'est pas le seul.

— Mais, enfin, il faut bien vivre ! s'indigna Marie. On ne peut quand même pas se laisser mourir parce que la paix est revenue !

— Non, dit Philomène, tu as raison, ma fille, il ne faut pas se laisser mourir. Après tout, quand je pense à ces années d'avant 1918, je me dis qu'on est sorti d'épreuves bien pires encore que celles que nous vivons.

A cet instant, on entendit les sonnailles sur le chemin. Comme Marie l'interrogeait des yeux, Philomène expliqua :

— Oui, c'est bien lui. Depuis quelque temps, il a pris l'habitude d'aller lui-même garder les brebis, le dimanche.

Le repas s'acheva, les femmes desservirent et firent la vaisselle. Une embellie s'alluma au-dehors, laissant présager une fin d'après-midi agréable. Marie et André en profitèrent pour repartir, François s'en fut poser ses pièges et Louise lire dans sa chambre. Seule, soudain, dans la salle à manger, Philomène ressentit le besoin de rejoindre Adrien. Chemin faisant, elle s'interrogea sur ce fossé qui se creusait entre elle et lui : n'étaient-ils pas complices, pourtant ? N'avaient-ils pas traversé ensemble, et sans se perdre, toutes les difficultés de la vie ?

174

Alors, quelle était cette ombre sur eux ? Et pourquoi fallait-il qu'elle se sentît responsable ?

Le soleil sur sa peau lui fit du bien. Elle pressa le pas, épiant les mouvements furtifs de la sauvagine dans les taillis, guettant l'envol crépitant des perdreaux dans les grèzes. Une brume de chaleur stagnait au-dessus des bois et l'air sentait l'herbe et les fleurs des combes. Parvenue au bas du vallon, elle découvrit Adrien appuyé contre le mur de la borie. Elle s'approcha, s'assit, inspecta du regard le troupeau, observa Adrien, tandis qu'il caressait le chien. Mais bientôt elle n'y tint plus, et demanda :

— Enfin, est-ce bien raisonnable, tout ça ? Personne n'est coupable, toi moins que tout autre, et de toute façon ce n'est pas de refuser de nous parler qui arrangera les choses.

Il eut comme un sursaut de défense, presque d'hostilité, murmura :

— Je ne veux pas parler de ça, je veux qu'on me laisse en paix.

— Mais moi, souffla-t-elle, qu'ai-je fait ?

Et, comme il fermait les yeux et ne répondait pas :

— N'avons-nous pas vu pis, déjà ? demanda-t-elle.

Il soupira.

— S'il te plaît, Philo, laisse-moi.

Elle pâlit, resta silencieuse. De longues secondes passèrent. Tournant la tête vers lui, elle examina son visage où les rides creusaient des sillons luisants de sueur. Comme il demeurait lointain, et toujours silencieux, elle se leva lentement.

— Si loin que tu t'en ailles, où que tu sois, dit-elle, je saurai te rejoindre, comme à Soissons, il y a longtemps.

Le flamboiement de l'été illumina les moissons, et le parfum des gerbes chaudes s'installa sur le causse pour de longues semaines. Chacun se remit au travail péniblement, mais sans se plaindre. Il n'y eut pas de chansons à l'occasion des battages, mais seulement de longs silences entre les récits des réfugiés qui peu à peu s'inséraient dans la vie du village. Ils parlaient de leur pays, du Nord, de la Lorraine, de l'Alsace, et les villageois faisaient connaissance avec d'autres paysages, d'autres coutumes, d'autres idées. On en vint à les considérer comme de vagues cousins et, quand la question de savoir s'ils devaient ou non repartir se posa, on essaya de les dissuader. Une famille pourtant s'en alla : les Perrouin, parents des Alibert, qui possédaient une épicerie dans un bourg du Pas-de-Calais. Mais ils revinrent huit jours plus tard, car ils n'avaient pas obtenu d'autorisation, le Pas-de-Calais et douze départements français se trouvant dans la zone interdite. Dès lors, on comprit que les discours du maréchal ne reflétaient en rien la réalité de la situation. En fait, contrairement à ce que l'on entendait à la T.S.F., la France n'était plus unifiée, les récoltes des terres occupées étaient expédiées en Allemagne, l'Alsace et la Lorraine étaient annexées et leurs hommes enrôlés dans la Wehrmacht. Seuls les réfugiés de la zone occupée pouvaient rentrer chez eux, ce que décidèrent, fin août, deux familles originaires du Bassin parisien. Ces départs firent cruellement ressentir l'absence des prisonniers, cinq jeunes du village qui se trouvaient en Allemagne depuis l'armistice. On se rendit compte alors combien leurs bras manquaient et Gaston Simbille, au premier chef concerné, organisa l'entraide. En outre, on parlait déjà de cartes de viande et de pain, les courants d'échange étaient interrompus entre la zone libre et la zone occupée et l'essence avait disparu. Au village, si l'on ne souffrait pas trop de la pénurie, c'est que l'on vivait sur ses propres ressources. Mais il n'en était pas de même dans les villes, dont les habitants semblèrent brusquement découvrir l'air vivifiant du causse.

Cependant l'été déclinait. Début septembre, les soirées se firent plus douces et les nuages de l'horizon prirent des teintes violettes sous le velours du ciel. Il y eut même un peu de rosée blanche vers le 15, ce qui inquiéta tout le monde en raison des vendanges. Un soir où les enfants s'étaient couchés de bonne heure, on frappa à la porte. La nuit était déjà tombée, et, comme il n'y avait pas de lune, on ne distinguait rien à l'extérieur. Aussi, à l'instant où Adrien ouvrit, Philomène crut-elle défaillir en reconnaissant Julien Combarelle. Mais déjà, comme si de rien n'était, Adrien l'invitait à entrer et lui désignait une chaise devant la cheminée. Julien serra la main de Philomène, s'assit, accepta le verre offert par Adrien, puis il en but quelques gorgées, en vanta la saveur. « Que veut-il ? » se demanda Philomène qui craignait de l'entendre parler de Guillaume. Mais Julien, en quelques mots, la rassura.

— Voilà, dit-il, je suis venu parce que vous êtes les seuls chez qui je puisse parler sans crainte. Je le sais.

Philomène redouta un instant la réaction d'Adrien qui se trouvait pour la première fois seul avec elle et l'instituteur. Elle ne comprenait pas quelle folie s'était emparée de celui-ci.

— Je tenais à vous le dire, reprit-il : il y a des Français qui refusent la défaite.

Comme ni Adrien ni Philomène, surpris, ne l'incitaient à poursuivre, il hésita, toussota, puis :

— Depuis le mois de juin, un général qui se trouve en Angleterre essaye de continuer le combat contre les Allemands. Il s'appelle de Gaulle. Il parle à la B.B.C., qui est la radio de Londres. Il demande aux officiers et aux soldats français de se mettre sous ses ordres. Il assure que, quoi qu'il arrive, la flamme de la Résistance française ne s'éteindra jamais.

Il se tut, son regard croisa celui d'Adrien, puis celui de Philomène.

— Je voulais que vous le sachiez : je suis de ceux qui pensent comme lui.

Il y eut un long silence. Philomène se demandait comment Adrien allait réagir, mais, en naissant brusquement sur ses lèvres, le sourire qu'il avait perdu depuis trois mois la rassura.

— Que peut-on faire ? demanda-t-il.

Le visage de Julien s'éclaira.

— On peut faire beaucoup de choses, mais il faut prendre le temps de s'organiser. Le moment venu, si vous le voulez, je reviendrai vous voir.

Philomène comprit tout à coup combien Julien et Adrien, malgré tout ce qui les séparait, malgré l'instruction de l'un et le fait que l'autre ne sût même pas lire, se ressemblaient étrangement. Mais cette immédiate complicité lui fit aussitôt pressentir un danger, celui d'une action commune, identique à celle d'Abel, naguère, et aussi dangereuse. Qu'y pouvait-elle ? Julien parlait maintenant d'un ami de Toulouse et d'un autre de Cahors rencontrés il y avait peu de temps, disait :

— Nous commençons tout juste à nous rassembler.

Et Adrien hochait la tête, comme si tout cela paraissait évident, comme si la présence de l'instituteur dans la maison était naturelle,

179

comme s'ils se connaissaient depuis toujours. « Je dois rêver », se dit-elle. Mais non, les minutes passaient, Julien parlait encore et Adrien l'écoutait...

En s'ouvrant brusquement, la porte du couloir fit cesser la conversation. François apparut, s'approcha, dit d'un air grave :

— J'ai tout entendu, je veux partir en Angleterre.

— Tu n'y penses pas, non ! s'exclama Philomène. Tu veux me rendre folle ?

Il y eut un bref silence. Elle implora des yeux l'aide d'Adrien, puis celle de Julien.

— Dites-le-lui, vous, que cela n'est pas possible !

Adrien fit signe à François de s'asseoir.

— Tu es trop jeune, dit-il, il faut attendre un peu.

— C'est vrai, François, approuva Julien. Un voyage comme celui-là ne s'improvise pas, et d'ailleurs tu n'as que dix-sept ans.

— Je veux partir, insista François, une expression farouche dans les yeux.

— Tu ne partiras pas, dit Adrien en élevant brusquement la voix.

Mais il ajouta, plus bas, après un instant :

— Pas avant qu'on ne te le dise.

Et voilà ! Les mots que Philomène redoutait par-dessus tout venaient d'être prononcés, la laissant seule au seuil de lendemains redoutables, et cela par la faute de Julien. Elle se leva, et, sans un regard pour les trois hommes, se dirigea vers sa chambre. Adrien lui prit la main au passage, la retint. Mais elle se dégagea et lança, une profonde amertume dans la voix, s'adressant à l'un et à l'autre à la fois :

— Vous êtes contents, je suppose ! J'avais deux fils et bientôt je les aurai perdus tous les deux.

Cette idée l'obséda chaque jour, pendant les deux mois qui suivirent cette visite inattendue. Mais le travail quotidien adoucit peu à peu ses craintes et, les jours passant, elle reprit espoir. Après les vendanges, il fallut s'occuper des noix, puis entreprendre les labours d'automne. François, oubliant semblait-il son désir de partir, seconda Adrien avec toute l'énergie de sa jeunesse. Un matin où les deux hommes étaient aux champs, le facteur arriva. Philomène le fit entrer, lui offrit le verre de vin traditionnel, tandis qu'il disait, en lui tendant l'enveloppe :

— Ça vient de Paris, c'est sûrement votre fils.

Elle se refusa à lire pendant tout le temps qu'il mit à boire son verre. Enfin, comprenant qu'il ne saurait rien, il remercia et partit. Elle déchira fébrilement l'enveloppe. Les mots tracés par Guillaume dansèrent devant ses yeux : « Mes chers parents, écrivait-il, je me décide à vous donner de mes nouvelles parce qu'aujourd'hui vous comprendrez combien j'ai eu raison de quitter le village. Je suis sûr que vous serez fiers de moi. La réussite après laquelle je courais depuis longtemps m'a enfin souri : me voilà aujourd'hui rentré au ministère où je travaille en collaboration avec les nouvelles autorités qui m'apprécient à ma juste valeur. Je ne vous parlerai pas de mes activités, car je n'en ai pas le droit. Je tenais à vous faire savoir ceci : si vous avez besoin d'un service ou si quelqu'un vous crée des ennuis, écrivez-moi. Vous saurez alors combien votre fils aîné qui ne vous a jamais oubliés a parcouru de chemin. Je vous embrasse tous les deux, ainsi que Marie, Louise et François. »

C'était signé « Guillaume », et suivait une adresse :

Monsieur Guillaume Fabre
11, rue Lavoisier, Paris 8ᵉ.

Un effroi glacial submergea Philomène. D'abord, elle demeura deux ou trois minutes sans réaction, incapable d'ordonner ses pensées, puis elle plia la lettre et la glissa dans sa poche, comme si elle la brûlait. Avec les derniers mots s'était imposée une évidence : nul ne devait jamais la lire. Elle alla dans sa chambre, la dissimula dans l'armoire, sous une pile de draps, se ravisa, et, s'asseyant sur le lit, la relut. Elle avait voulu croire un moment qu'elle se trompait, mais non, les mots terribles étaient là, sous ses yeux, et il s'agissait bien de l'écriture de Guillaume. Cachant de nouveau la lettre sous les draps, elle partit vers la bergerie, fit sortir les brebis, et se hâta vers les combes pour y cacher son chagrin.

A quelques jours de là, on vit sur les journaux le vieux maréchal serrer la main d'Hitler à Montoire, ce qui rendit Adrien et François furieux. Philomène, elle, ne parvint pas à en vouloir vraiment au vieil homme. Il paraissait tellement fatigué, il semblait si fragile face au chancelier allemand qu'elle le devina incapable de tenir la moindre de ses promesses. Il n'était plus désormais qu'un otage aux mains de l'ennemi.

Le lendemain, tandis qu'elle déjeunait avec Adrien, elle s'étonna de l'absence de François, d'ordinaire plus matinal. Elle se rendit dans sa chambre, trouva la porte ouverte et comprit tout de suite que ce qu'elle redoutait avait fini par arriver : François était parti. Elle eut comme un vertige, s'assit sur le lit, aperçut un feuillet plié sur la table de nuit. Les deux lignes tracées par l'écriture familière ne lui laissaient aucun doute : « Surtout ne cherchez pas à me retrouver. Maman, ne pleure pas, l'Angleterre n'est pas si loin, je te promets que je reviendrai. »

Elle se leva péniblement, retourna dans la salle à manger, lut le feuillet à Adrien.

— Assieds-toi, fit-il quand elle eut terminé.

Elle obéit, eut un pauvre sourire.

— Personne n'aurait pu le retenir, dit-il.

183

Crois-moi, Philo, ni toi ni moi n'y pouvions rien.

Il vint derrière elle, posa ses mains sur ses épaules.

— Nous pouvons être fiers de lui, tu sais.

Il y eut quelques secondes de silence, puis elle demanda tout à coup :

— Et si on nous le tuait ?

Il la força à se lever, à lui faire face, et elle se laissa aller contre lui.

— Je ne sais pas comment te dire, souffla-t-il, mais aujourd'hui, tu vois, j'ai l'impression qu'il nous a redonné l'honneur.

Elle hocha la tête, murmura :

— Si seulement je pouvais être sûre de le revoir vivant.

Il planta son regard dans le sien, sourit.

— Il reviendra ton fils, dit-il, je suis certain qu'il reviendra.

8.

Au printemps suivant, le village fit connaissance avec les cartes de rationnement. Les
engrais vinrent à manquer, la pénurie s'installa,
et Adrien décida, comme beaucoup à la campagne, de cultiver des légumes pour subvenir à
ses propres besoins. Le maréchal, « père de la
patrie », présidait le régime de Vichy en prê-
chant la concorde et l'union dans l'effort. Les
partis politiques avaient été dissous et, dans les
villes à la population supérieure à deux mille
habitants, on avait supprimé l'élection des
conseils municipaux.

A Quayrac, Gaston Simbille était encore
maire, mais il avait été convoqué à la préfecture,
à Cahors, où on lui avait fermement conseillé de
ne pas s'opposer aux directives de Vichy. La
place de Julien Combarelle à l'école n'avait
tenu qu'à un fil : il n'y avait aucun candidat
sympathisant du nouveau régime pour exercer
dans ce coin reculé du Quercy. Mais ce qui

étonnait le plus, c'était l'absence de soldats allemands.

Cependant, plus le temps passait, plus il devenait clair que le gouvernement de Vichy menait
la même politique que l'occupant nazi. Geneviève n'avait-elle pas recueilli deux petits
enfants juifs, un garçon et une fille de huit et dix
ans ? En les rencontrant à l'auberge, Philomène
avait appris l'essentiel des dispositions de la loi
du 3 octobre 1940 portant statut des juifs. Cela
ne l'avait pas empêchée, cet été-là, Geneviève
étant tombée malade, de prendre les deux
enfants chez elle tout en connaissant le risque
encouru. Elle était d'ailleurs beaucoup plus préoccupée par l'absence de nouvelles de François.
Adrien prétendait qu'il ne pouvait écrire à cause
de la censure. Elle se ralliait volontiers à cette
explication, mais elle partait chaque matin à la
rencontre du facteur sur la route de Montvalent.

L'automne succéda à l'été, agrémenté par des
visites de Marie, et celles, plus épisodiques, de
Mélanie. Philomène n'avait pas répondu à Guillaume, mais elle avait conservé soigneusement
son adresse au cas où le besoin s'en ferait sentir.
Adrien, lui, écœuré par la propagande de Vichy,
n'ouvrait plus la T.S.F., sinon pour tenter de
capter Londres, surtout les soirs où Julien
Combarelle venait à la maison. Parfois, ils
entendaient les nouvelles données en code à
leurs parents par des jeunes Français arrivés en
Angleterre, mais jamais il n'était question de

François. Cela faisait dix mois qu'il était parti quand on reçut enfin un mot rapidement griffonné, daté de juillet et posté de Bergerac : « Je suis à Bordeaux, j'attends un bateau, tout va bien. »

— A Bordeaux ? s'étonna Combarelle prévenu par Adrien, mais c'est en zone occupée !

Qu'importait à Philomène que Bordeaux fût en zone occupée ? François était vivant, et c'était tout ce qu'elle voulait retenir de cette courte lettre.

Son attente reprit, les jours recommencèrent à défiler, semblables les uns aux autres, quoique de plus en plus froids. L'année 1942 naquit avec le gel, puis la neige lui succéda, début février, pendant la semaine où l'on tua le cochon. C'était curieusement une coutume dont on n'usait pas chez les Fabre, contrairement aux autres familles du village, mais par ces temps de pénurie, Adrien s'y était décidé. Le jour du sacrifice, Marie et André vinrent aider, mais ce fut Léon Pouch qui officia en raison d'une expérience acquise de ferme en ferme depuis de longues années.

Le soir, une fois le travail achevé, alors que tout le monde se trouvait réuni autour de la table, André et Marie annoncèrent qu'ils attendaient un enfant pour la fin du mois de juillet. D'abord contrariée à la pensée d'une naissance en une période si dangereuse, Philomène, très vite, s'en réjouit.

— Si seulement François pouvait savoir, murmura-t-elle en serrant sa fille dans ses bras.

— Nous aurons des nouvelles bientôt, dit Adrien, ne t'inquiète pas.

Mais le temps reprit son cours ordinaire et François ne donna aucun signe de vie. Dès le début avril, les haies se couvrirent d'aubépines. Il y eut même deux ou trois jours de vraie chaleur qui laissèrent croire à l'été, sans qu'il se confirmât. Au contraire, une gelée tardive détruisit les bourgeons vers le milieu du mois. Pour oublier François, Philomène avait repris le combat qui lui tenait tellement à cœur et dont elle engagea la bataille finale en emmenant Louise à deux reprises à Cahors pour l'examen des bourses. L'écrit se déroula sans problème, et l'enfant en sortit satisfaite. Aussi les résultats furent-ils ce que l'on espérait. A l'oral, il y eut bien deux ou trois questions posées par le représentant de Vichy, mais Julien avait fait la leçon à Louise : elle savait ce qu'elle devait répondre. Le succès fut total. L'enfant, première du département, reçut les félicitations du jury, et le retour à Quayrac fut pour elle comme pour sa mère un moment de bonheur sans égal. Philomène oublia pour un temps la guerre et savoura sa joie : sa fille allait enfin réaliser le rêve qu'elle avait en vain longtemps poursuivi.

A peine avait-on terminé les fenaisons que le

facteur apporta une lettre postée de Langon. Dès qu'il fut reparti, Philomène décacheta l'enveloppe et, en présence de Louise et d'Adrien, commença la lecture : « Je suis un camarade de François. Mon nom ne vous dirait rien, même si je pouvais vous le donner. François a été arrêté à Bordeaux le 4 mai, au moment où le bateau partait. Nous sommes deux à nous être enfuis. Je suis sûr qu'il s'en sortira. Ayez confiance. »

Une minute passa, silencieuse. Adrien, les coudes sur la table, regardait ses mains.

— Tu vois, murmura Philomène, tu vois ?

Mais elle lut un tel égarement dans ses yeux quand il releva la tête qu'elle ne put l'accabler davantage.

— Tu vas aller chercher Combarelle, dit Adrien à Louise, se reprenant tout à coup.

— A quoi cela servira-t-il ? demanda Philomène.

— Il connaît beaucoup de gens, il les fera intervenir.

Philomène soupira.

— Pas chez les Allemands, tout de même.

Obéissant à son père, Louise partit vers l'école. Philomène passa dans la cuisine pour y chercher la soupière, la posa sur la table, et Adrien les servit en silence. A peine s'ils eurent la force d'avaler deux ou trois cuillerées, car la nouvelle leur avait coupé l'appétit. Louise revint très vite avec Combarelle. Celui-ci, mis au courant par l'enfant, demanda à lire la lettre, parut réfléchir. A l'instant où enfin il se redressa, son regard croisa celui de Philomène, froid, chargé de reproches. Pourtant elle ne dit rien. Ce fut Louise qui mit fin au silence en murmurant :

— Où peut-il être à cette heure ?

— A Bordeaux, j'espère, dit l'instituteur.

A ces mots, Philomène reprit un peu espoir. S'il y avait quelque chose à faire, elle pouvait compter sur Julien.

— Je vais essayer de le sortir de là, dit celui-ci, mais il n'y a pas de temps à perdre. Il faut que je m'en aille tout de suite.

Adrien et Philomène acquiescèrent de la tête, puis ils l'accompagnèrent sans parler jusqu'au chemin. Là, il se retourna brusquement vers eux :

— Je vais faire de mon mieux ; il faut avoir confiance en moi, fit-il en essayant de sourire.

Philomène, désemparée, laissa les deux hommes et revint dans la maison où Louise desservait. Adrien arriva un peu plus tard et, voyant les deux femmes effondrées, déclara :

— Si ça se trouve, ils l'ont peut-être déjà relâché.

— Crois-tu ? demanda Philomène.

— Mais oui, il n'a rien fait de mal, tous les bateaux qui partent de Bordeaux ne vont pas en Angleterre.

L'argument lui parut tellement dérisoire qu'il n'eut pas le courage de continuer. Il s'approcha d'elle, la fit se retourner.

— Je t'ai promis qu'il reviendrait, dit-il, il faut me croire.

Elle releva la tête, essaya de sourire. Ils restèrent un long moment immobiles, puis ils s'assirent côte à côte sur le banc. Dans la cuisine, Louise faisait la vaisselle. Au-dehors, le flamboiement de juillet interdisait la moindre activité. Tous les villageois s'étaient réfugiés dans la pénombre agréable des maisons. Le bruit d'une charrette, pourtant, annonça une visite.

— Qui cela peut-il être, à cette heure-ci? demanda Adrien.

Philomène se précipita à la fenêtre, répondit :

— C'est André.

— Qu'y a-t-il encore?

Elle ouvrit, fut tout de suite rassurée en apercevant le sourire de son gendre. Celui-ci attacha rapidement le cheval, courut vers la maison, embrassa Philomène en disant :

— Marie a accouché ce matin, c'est un garçon !

— Mon Dieu, dit Philomène, et comment s'appelle-t-il?

— Il s'appelle Michel. Tout s'est très bien passé. Il pèse 3 kilos 800.

— Et Marie? Comment va-t-elle?

— Le mieux du monde.

— A qui ressemble-t-il, ce petit? demanda Adrien.

— C'est tout le portrait de sa mère.

Philomène dut s'asseoir, tellement l'émotion

191

était forte. Adrien versa du vin dans les verres, on trinqua à la santé de l'enfant, mais personne n'eut le courage de parler de François. André ne se douta de rien, et Philomène, comme Louise, put verser quelques larmes qu'il prit pour des vraies larmes de bonheur.

L'été prit de la force et assiégea le causse dont les versants avaient déjà roussi. Dès l'aube, un soleil à vif montait à l'assaut du ciel et dictait sa loi de feu à la terre éblouie. Tout devenait blanc : collines, ciel et maisons. Il ne restait plus qu'à attendre l'amorce de sa courbe déclinante qu'accompagnaient les martinets enfin rendus à leur vol fantaisiste. L'heure étant aux moissons, on s'inquiétait des affiches qui avaient fleuri sur les murs de la mairie et qui proclamaient l'autorité gouvernementale sur les villages des plus reculés. On y lisait :

ÉTAT FRANÇAIS
LE PROBLÈME DU BLÉ
ALLOCUTION DU MARÉCHAL PÉTAIN
AUX PRODUCTEURS
POUR LA LIVRAISON AVANT LE 21 AVRIL 1942
DE LEUR BLÉ

Paysans, mes amis,
Le ravitaillement en pain est menacé.
Pour faire face aux besoins de la population,

plus de trois millions de quintaux par mois sont nécessaires.

Afin de faciliter leur répartition, il est indispensable que le gouvernement connaisse les quantités panifiables dont il pourra disposer. C'est pourquoi il a été décidé que tous les blés devaient être livrés, battus, avant le 21 avril...

Suivaient des considérations sur les difficultés de l'heure, des menaces à peine voilées pour les contrevenants et un appel au civisme des Français.

Renseignements pris auprès de la préfecture, il s'agissait de provoquer la livraison des céréales conservées frauduleusement depuis l'an passé, celles qui échappaient au circuit officiel et s'écoulaient au marché noir. Au village, certains avaient mis de côté une petite quantité de réserve pour la consommation familiale, mais ils l'avaient jugée insuffisante pour faire l'objet d'une déclaration officielle. Ce n'était pas le cas d'Adrien, qui n'avait rien gardé et attendait beaucoup des moissons à venir.

Celles-ci ne furent, hélas, pas conformes à ce qu'il espérait. Comme il était impossible de se procurer de la ficelle de sisal, le liage des gerbes se révéla défectueux et les pertes furent importantes. En outre, pour les battages, en raison de la rareté du carburant, il fallut remettre en service les anciennes batteuses à vapeur. Ce retour au passé donna à Adrien et Philomène, ainsi qu'à tous les villageois, la nostalgie d'un temps paisible et déjà trop lointain.

Ils venaient d'apprendre par Julien Combarelle que François ne se trouvait plus à Bordeaux : il avait été transféré à Paris. Le choc avait été si violent que Philomène n'avait pas hésité, en cachette d'Adrien, à écrire à Guillaume en lui recommandant d'adresser ses propres lettres chez Geneviève mise au préalable dans la confidence. Elle avait alors repris un peu d'espoir, assurant sa part de travail avec un entrain dont s'étonnait parfois Adrien. Elle eut deux ou trois fois la tentation de tout lui dire, surtout les jours où elle le sentait malheureux, mais elle y renonça, arrêtée par la pensée de tout ce qu'elle aurait à lui avouer.

Début septembre, une lettre en provenance de Cahors leur apprit que, par suite de problèmes budgétaires, leur fille ne recevrait pas de bourse. Prévenu aussitôt, Julien Combarelle affirma qu'il s'y attendait : depuis 1941, ce genre d'aide était seulement accordé à ceux qui se montraient conciliants avec le régime de Vichy. Or l'arrestation de François avait sans doute jeté sur la famille Fabre une suspicion capitale, celle d'entretenir des idées d'insoumission.

Loin de briser Philomène, cette décision, qui hypothéquait le rêve de sa vie, lui redonna une énergie dont elle ne se croyait plus capable. Elle repartit au combat et fit face avec la force d'une mère qui défend ses enfants. Julien ayant déclaré qu'il existait à Souillac un cours complémentaire, elle voulut s'y rendre le jour même.

— Attends dimanche, dit Adrien, Marie viendra sans doute.

— Non, répondit-elle, il faut que j'y aille tout de suite.

Elle partit dans le quart d'heure qui suivit le repas et, malgré la chaleur accablante, poussée par sa résolution farouche, elle fit la route en moins de deux heures. Marie fut étonnée de la voir arriver ainsi sans prévenir, craignit un instant un événement grave. En présence de Mme Faure, Philomène lui expliqua la raison de sa venue à Souillac, puis elle leur fit part de la solution à laquelle elle avait songé en chemin. Si Marie acceptait de prendre Louise avec elle, celle-ci pourrait l'aider à son ménage et garder son fils, le soir, ce qui la laisserait plus libre pour ses travaux de comptabilité. Louise pourrait aussi aider Mme Faure les jours où elle n'aurait pas classe, quand elle aurait fait ses devoirs. Malgré l'exiguïté de son logement, Marie accepta sans hésitation et fut approuvée par sa patronne.

— Si c'est nécessaire, ajouta Philomène, ton père et moi, nous paierons ce qu'il faudra.

— Ne t'inquiète pas, maman, dit Marie. Tu sais, je n'ai pas oublié ce jour où tu m'as emmenée à Cahors et tout ce que tu as fait pour moi.

— Ne craignez rien, dit la patronne, il ne sera

jamais question d'argent entre nous, et votre petite sera ici comme chez elle.

Face à tant de gentillesse, et après avoir eu si peur, Philomène se confondit en remerciements. Elle passa une partie de l'après-midi en compagnie des deux femmes et repartit soulagée, avec en elle la conviction d'avoir définitivement vaincu l'adversité.

L'automne délivra enfin le causse du feu du ciel en déversant des pluies tièdes pendant plus d'une semaine. En emmenant Louise chez Marie, fin septembre, Adrien et Philomène firent la route sous cette pluie bénie. Louise parut contente, et fière en même temps. La séparation ne sembla pas trop l'affecter, du fait qu'elle allait vivre avec sa sœur. C'est du moins ce que pensa Philomène en retournant au village.

Ils trouvèrent la maison bien vide, tout à coup, et ils ressentirent plus douloureusement l'absence de François. Philomène, pour sa part, ne comprenait pas pourquoi Guillaume n'écrivait pas et se demandait s'il ne lui était pas arrivé malheur. Une question ne cessait de la hanter : comment, lorsqu'on avait élevé quatre enfants, pouvait-on brusquement se sentir si seule ? En effet, même si Adrien se montrait prévenant, même s'il ne la quittait pas plus d'une heure, la présence d'un enfant lui manquait. Ce fut pour s'extraire de sa solitude qu'elle eut de nouveau la tentation de confier à Adrien le secret de sa lettre à Guillaume mais, ne sachant comment il réagirait, elle y renonça une nouvelle fois.

Elle dut patienter encore trois semaines avant que Geneviève, au début d'un après-midi, ne vînt lui apporter une lettre arrivée le matin. S'étant réfugiée dans sa chambre, elle la lut en tremblant. Guillaume avait retrouvé la trace de François : il était en prison à Paris, en danger, mais vivant. Guillaume n'avait pas réussi à le faire libérer. C'était ce à quoi il s'évertuait maintenant, afin d'éviter à François la déportation en Allemagne ; il fallait se montrer patient et ne pas perdre confiance.

Malgré la joie de le savoir vivant, Philomène éprouva de la déception. Elle avait cru dans sa naïveté que François allait revenir très vite, et voilà que les choses se révélaient plus graves qu'elle ne l'avait pensé. C'est ce qu'elle expliqua à Geneviève qui essaya de la réconforter : n'était-ce pas déjà merveilleux de le savoir en vie ? Et n'était-ce pas surtout une preuve de la générosité de Guillaume que de s'être porté au secours de son frère dans des conditions sûrement difficiles pour lui ? Cette pensée lui fit du bien et lui donna l'espoir qu'Adrien pardonnerait peut-être à Guillaume, le jour où il apprendrait ce qu'il avait fait pour François.

A la mi-octobre, Simbille apporta les papiers

de l'enquête agricole par déclaration indivi-
duelle et précisa qu'il s'agissait d'inscrire sur
des formulaires la totalité de ses récoltes et de
son cheptel. A son avis, cette enquête annonçait
de probables réquisitions pour l'année à venir. Il
était si abattu qu'il envisageait de démissionner.
Adrien l'en dissuada : s'il rendait son écharpe,
la préfecture nommerait sans doute Delmas
maire et la situation serait pire encore pour tous
les villageois.

Quelques jours plus tard, Julien Combarelle,
venu aux nouvelles, s'ouvrit à Philomène et à
Adrien de ses projets. Dès la fin de
l'année 1940, il avait rencontré à Cahors le responsable des groupes baptisés « Froment » pour
le département du Lot. Au début de 1942, le
colonel « Vény » avait créé une branche action
des groupes Froment, et celui-ci venait de recevoir l'ordre de De Gaulle d'intégrer ses troupes
dans l'Armée secrète.

— C'est tout ce que je puis vous dire, fit
Julien, si vous décidez de travailler avec moi, il
vous suffit de savoir que c'est pour de Gaulle.

— Que faudra-t-il faire ? demanda Adrien
sans l'ombre d'une hésitation.

— D'abord cacher des hommes, ou bien des
armes, porter du courrier, et cela avec le risque
quotidien de se faire prendre. Vous ne connaî-
trez que moi et vous m'appellerez Jean.

Il ajouta, après un instant :

— Tous les membres du réseau ont un nom

de code pour plus de sécurité. Alors tu es d'accord ? demanda-t-il à Adrien.

— Je ferai tout ce qu'il faudra, dit celui-ci.

— Bien. Tu t'appelleras Antoine, souviens-toi ! Antoine. C'est très important : on ne doit jamais donner sa véritable identité.

Julien parla encore de l'invasion de la zone sud par les Allemands, de l'étau qui se refermait sur le pays, mais Philomène n'écoutait plus. Elle pensait à Guillaume et à François, ennemis sans le vouloir et pourtant frères. Elle eût été bien incapable de choisir l'un plus que l'autre. Pourtant elle savait déjà dans quelle voie elle allait s'engager. Il n'y avait pas d'autre solution que de suivre Adrien et Julien. Ceux-là ne pouvaient pas se tromper. Elle devait défendre sa terre et sa liberté, toutes deux chèrement gagnées. Elle sentit le regard des deux hommes posé sur elle, sursauta, revint brusquement à la réalité.

— Et moi, demanda-t-elle alors d'une voix qui ne tremblait pas, comment allez-vous m'appeler ?

TROISIÈME PARTIE

LES ROSÉES FOLLES

9.

En février 1943, après la création de la Milice
française, une loi du gouvernement de Vichy
instaura le service du travail obligatoire. André
ne tarda point à recevoir sa feuille de route pour
Vienne, via Cahors où il devait se trouver au
plus tard le 10 mars à midi. En compagnie de
Marie, Louise et Michel, il vint passer au village
son dernier dimanche avant le départ. Sombre
journée! il semblait que l'hiver n'en finirait
jamais de débarrasser le causse de ses bourrasques tout droit venues du pôle Nord, le gel de
dessiner sur les carreaux ces frises à la délicate
ciselure que les flambées du matin ne parvenaient pas à effacer.

Ce jour-là, après le repas, ils étaient tous
groupés autour de la cheminée, silencieux
depuis un long moment, lorsque Marie murmura :

— Que nous arrive-t-il, mon Dieu?

André posa un regard calme sur sa femme :

— Je crois bien que je ne vais pas partir, dit-il.

Marie soupira, ferma les yeux ; ainsi c'était bien ce qu'elle redoutait : lui aussi allait devenir un hors-la-loi, comme François dont on était sans nouvelles, et qui était peut-être mort. Elle chercha l'aide de Philomène qui lui sourit mais demeura muette. Qu'aurait-elle pu dire ? Une fois de plus elle se sentait impuissante : un monstrueux engrenage s'était enclenché qui risquait de les broyer tous. Une fois de plus, elle songea à Guillaume, puis à François : grâce à son frère, il n'avait pas été déporté dans un camp, mais il travaillait maintenant dans une ferme de la région de Linz. « Crois-moi, avait écrit Guillaume, j'ai pris beaucoup de risques pour obtenir ce résultat, et j'ai bien cru ne jamais y parvenir. »

— Dis-le-lui, toi, maman, qu'il faut partir, reprit Marie ; même si cela nous coûte, à tous les deux.

Et elle ajouta, retenant ses larmes :

— Quand je pense à François...

Encore une fois, Philomène fut tentée de parler de Guillaume, mais elle n'en trouva point la force.

— Il faut toujours espérer, dit-elle ; s'il était arrivé quelque chose de grave, nous le saurions, à cette heure.

Il y eut un court silence, ponctué par les

204

pleurs de Michel qui, dans son petit lit, s'était réveillé.

— De toute façon, dit André, c'est sûrement plus dangereux de partir pour l'Allemagne que de se cacher sur le causse.

A cet instant, Adrien se leva pour remettre une bûche dans la cheminée.

— Je ne veux pas te donner de conseil, dit-il, c'est une décision que tu dois prendre seul avec Marie. Si tu décides de te cacher, nous t'aiderons; si tu pars, nous aiderons Marie et le petit.

— Je sais qu'il y a des gens qui s'organisent sur le causse; il me suffit de les rejoindre, dit André.

Adrien et Philomène échangèrent un regard.

— On dit beaucoup de choses, tu sais, fit Adrien, mais où est la vérité?

Et, comme les yeux de Philomène le pressaient de ne rien dissimuler:

— C'est trop tôt. Nous sommes bien placés pour le savoir, il faut attendre.

André parut touché, ne répondit pas sur l'instant.

— Mais on peut te cacher ici, reprit Adrien, en haut ou dans la bergerie.

Un long silence s'installa. Marie était allée chercher son enfant et l'avait donné à Philomène qui le berçait. Le regard de celle-ci se posa sur Louise, et aussitôt un faible sourire naquit sur ses lèvres. Dans cette période tourmentée, Louise était le port au milieu de la tempête : à la fin du trimestre passé, elle avait été classée deuxième de sa classe avec les félicitations de ses professeurs. On avait fêté l'événement à Noël, en invitant Julien Combarelle et les patrons de Marie et d'André. Depuis, Philomène ne doutait plus du succès de sa fille, et elle ne s'éloignait jamais de cette pensée dont la seule évocation suffisait à lui donner courage.

L'après-midi coula lentement dans la bonne chaleur de la salle à manger et l'odeur du bois brûlé. André fumait cigarette sur cigarette, Louise faisait ses devoirs au bout de la table, Adrien tisonnait le feu, Philomène et Marie s'occupaient de l'enfant qui balbutiait quelques mots. Comme la nuit tombait de bonne heure, il fallut repartir tôt.

Au-dehors, un vent fou coupait le souffle et mordait la peau. Marie et Louise s'assirent à l'arrière de la charrette, protégées par des couvertures, et prirent l'enfant entre elles. Adrien attira un moment André à l'écart et lui parla, puis celui-ci monta sur la banquette, desserra le frein et fouetta le cheval. Une fois seuls, Adrien et Philomène rentrèrent et s'assirent face à face, retrouvant leur solitude quotidienne.

— Que va-t-il faire ? demanda Philomène.

Adrien soupira.

— Je crois qu'il partira, dit-il.

— Il vaut mieux qu'ils décident eux-mêmes, dit Philomène. S'il arrivait un malheur, la petite risquerait de nous le reprocher toute sa vie.

206

Adrien hocha la tête : c'était ce qu'il pensait aussi. Ils restèrent ainsi un long moment silencieux, puis il sortit pour s'occuper des brebis. Pendant ce temps, Philomène trempa la soupe du soir. Depuis qu'ils n'étaient plus que deux, c'était tout ce qu'ils mangeaient, avec, parfois, un peu de fromage de chèvre.

Une demi-heure plus tard, Adrien revint en compagnie de Julien Combarelle rencontré dans la cour.

— Ça devait arriver, dit celui-ci en s'approchant de la cheminée : Simbille a été révoqué et ils ont nommé Delmas maire.

— Ils n'ont pas arrêté Simbille au moins ? demanda Philomène.

— Non, mais il faut qu'il se fasse oublier, surtout maintenant que Laval a mis le maréchal à sa botte.

Adrien servit un peu d'eau-de-vie dans les verres. Ils burent une gorgée, puis Combarelle reprit :

— Ce n'est pas le plus grave.

Il hésita un peu, soupira :

— Le réseau est décapité. Je ne peux pas tout vous dire, et d'ailleurs il vaut mieux que vous en sachiez le moins possible.

— Que s'est-il passé ? demanda Philomène.

— La Milice est partout, et puis il y a les dénonciations, les imprudences. Cela devient de plus en plus dangereux.

— Dangereux ou pas, dit Adrien, j'espère que tu vas enfin nous donner du travail.

Julien parut réfléchir, les dévisageant tour à tour, puis il se décida :

— Il me faudrait une cache sûre pour les armes. Mais pas ici, plutôt dans les bois.

Comme Adrien interrogeait Philomène du regard, elle proposa :

— La petite borie de la combe de Maslafon ferait bien l'affaire.

Julien sembla surpris.

— Il y a une borie, là-bas ?

— Oui, dit Adrien, et, de plus, elle est à nous.

— A-t-elle une porte ?

— En mauvais état, mais je la réparerai demain.

— Merci, dit Julien. Merci beaucoup.

Il ajouta avec un sourire.

— Je serais bien resté avec vous ce soir, mais il faut que je m'en aille très vite.

Il leur serra longuement la main, les remercia encore et dit, avant de sortir :

— A partir du moment où nous aurons les armes, il faudra être prudents. Je ne voudrais pas qu'il vous arrive malheur... surtout pas à vous.

Avril avait chassé l'hiver à coups de brise légère. Le temps avait cassé d'un coup, après un orage qui avait secoué le causse de ses grondements pendant une nuit entière. En quelques jours, le dégel fit chanter les collines parcourues de milliers de filets d'eau qui coulaient vers les combes en glissant sous la mousse. Pour Philomène et Adrien, qui avaient appris le départ d'André par Marie, ce printemps-là ne débutait pas sous les meilleurs auspices : ils se demandaient si tous les jeunes gens qui partaient pour l'Allemagne reverraient leur pays. Et c'est à cela que songeait Philomène, cette nuit-là, incapable de trouver le sommeil, tandis que le vent s'acharnait contre les volets et que redoublait la pluie. L'espace d'un instant, il lui sembla entendre le chien gémir. Elle se dressa sur les coudes, tendit l'oreille. Le vent, qui s'était tu un moment, redevint fou.

— J'entends le chien, dit-elle, il y a quelqu'un.

Adrien s'assit dans le lit, écouta.

— Mais non, dit-il, c'est seulement le vent, d'ailleurs le chien aboierait.

— Sauf s'il connaît, fit-elle.

Ils restèrent un moment silencieux, essayant d'identifier les bruits familiers de la nuit.

— Là, dit Philomène, as-tu entendu ?

— Oui, il y a quelqu'un, c'est sûr, dit Adrien.

Il se leva rapidement, enfila un pantalon et un tricot, tandis que Philomène allumait la lumière.

— Éteins, dit-il, il vaut peut-être mieux.

Ils prirent le couloir dans l'obscurité, entendirent distinctement cogner contre la porte, s'approchèrent.

— Qui c'est? demanda Adrien.

Un souffle précipité lui répondit.

— André.

— Mon Dieu! dit Philomène, que lui est-il arrivé?

Adrien fit tourner la clé, tira la porte à lui.

— Viens par là, dit-il.

— N'allumez pas, dit André, dégoulinant de pluie.

— Allons au grenier, décida Philomène, il faut être prudent.

Ils montèrent l'escalier du premier étage dont on ne se servait plus depuis longtemps, sinon comme réserve à grain. A l'entrée, Philomène, après avoir allumé une bougie, rassura son gendre :

— On ne voit rien de dehors, la lumière est trop faible.

— Mais tu es tout mouillé, dit Adrien.

— Et vous devez avoir faim, ajouta Philomène. Attendez, je reviens.

Elle descendit dans la chambre de François, prit un pantalon et un tricot dans l'armoire, du pain et du fromage dans la cuisine, puis remonta. Là-haut, assis sur une paillasse, André commençait à raconter ce qui lui était arrivé. Il continua tout en se changeant, puis en mangeant le pain avec appétit. Adrien et Philomène l'écoutèrent sans l'interrompre, assis sur deux

210

chaises de paille crevées. A Cahors, il s'était retrouvé en compagnie de deux cents recrues du
S.T.O. dans la caserne Bessière. Après un passage devant une commission composée d'Allemands et de miliciens, ils avaient été rassemblés
dans la cour où un officier leur avait donné des
directives pour le départ du lendemain. Les
recrues avaient alors discuté par petits groupes
de leur affectation, sans toutefois se confier
vraiment, de peur de tomber sur des miliciens en
civil. Parmi tous ceux qui se trouvaient là, le
regard d'André avait croisé celui d'un homme
de cinquante ans environ, grand et blond, qui
avait fini par s'approcher de lui en murmurant :

— Tu veux vraiment y aller en Allemagne,
toi ?

Ses yeux d'un bleu très clair, son apparence
germanique, avaient fait hésiter André.
N'était-ce pas là le milicien qu'il redoutait ?

— Je ne vais pas en Allemagne, avait-il dit,
je vais à Vienne.

— C'est pareil, mon pauvre gars.

Puis, étouffant le son de sa voix derrière sa
main, et sans le regarder :

— Je suis alsacien. Je m'appelle Henri Halm.
Je suis ici pour faire signer une feuille de séjour,
comme chaque semaine. Et, chaque fois que je
ressors, je ramène un jeune comme toi dans les
maquis.

Le piège paraissait évident, tellement évident,
même, qu'André avait trouvé tout cela absurde.

Pourtant il y avait une lueur de franchise dans le regard bleu de l'Alsacien qui le retenait et l'attachait malgré lui. Il avait eu conscience de jouer sa vie, et cependant il avait répondu :

— Et si j'étais d'accord, qu'est-ce que je devrais faire ?

— Ne regarde pas, écoute, avait repris l'Alsacien. Derrière toi, au fond de la cour, il y a un petit bâtiment désaffecté. Entre lui et le mur se trouve un marronnier.

— Et les soldats ?

— C'est chaque fois pareil : il y a trop de monde, ils ne surveillent pas le coin. Décide-toi, dans un quart d'heure il sera trop tard.

Comme André ne répondait pas, l'Alsacien avait ajouté en s'éloignant :

— Moi, j'y serai à cinq heures précises.

Les minutes qui s'étaient écoulées avaient été les plus longues de sa vie, mais André, plus par instinct que par raison, s'était finalement dirigé dans la direction indiquée, sa valise à la main. Peu après, les deux hommes étaient dans la rue, marchant normalement malgré l'envie de se mettre à courir. Moins d'une heure plus tard, ils sortaient de Cahors et se perdaient dans les bois.

Le lendemain, Halm l'avait laissé dans une bergerie isolée, du côté de Saint-Cirq-Lapopie. Là, André avait attendu vingt-quatre heures avant qu'un contact ne vînt le chercher. Et il avait vécu trois semaines dans les bois, au sein de l'un des maquis où il ne se passait jamais rien, où l'on montait la garde face à un ennemi invisible et lointain. Au terme de ces trois semaines, découragé, il avait eu envie de voir sa femme et son enfant. Sachant que Marie revenait chaque dimanche au village, il avait décidé d'y retourner lui aussi.

— Tu as bien fait, dit Adrien. Tu vas rester caché ici le temps que nos groupes s'organisent.

— Ah, bon! dit André, parce que vous aussi...

— Mais oui, bien sûr, dit Adrien. Allez, essaye de dormir, maintenant.

Adrien et Philomène redescendirent en se demandant comment prévenir Marie sans attirer l'attention. Après en avoir discuté, ils décidèrent d'attendre tout simplement la visite du dimanche.

Il n'y eut aucun contretemps. Elle vint comme à l'ordinaire en compagnie de Louise et de Michel et raconta dès son arrivée que les gendarmes et le chef de la Milice locale étaient venus l'interroger. Aidée par ses patrons, elle s'était défendue de son mieux.

— Si seulement je savais où il est, se lamenta-t-elle en prenant place à la table familiale.

Philomène n'eut pas le cœur à la faire attendre plus longtemps.

— Il est ici, dit-elle avec un sourire.

Marie pâlit, ne voulut pas y croire, puis,

comme Adrien confirmait la stupéfiante nouvelle, son visage s'illumina.

— Mais où est-il donc ? demanda-t-elle.

Elle s'était levée, le petit Michel dans ses
bras, le cherchant du regard.

— En haut, au grenier, dit Adrien.

— J'y vais, fit-elle, prête à s'élancer.

Philomène l'arrêta d'un geste.

— Il ne faut pas emmener le petit, on ne sait
jamais : il parlera bientôt, du moins assez pour
prononcer le mot « papa ».

Marie tendit son enfant à Philomène, monta
les marches aussi vite qu'elle le put, passa tout
l'après-midi avec celui qu'elle croyait parti pour
de longs mois et dont les bras, pourtant,
s'étaient refermés sur elle une fois la porte fran-
chie. Le soir, juste avant la tombée de la nuit,
sortant dans la cour avec son fils, elle se plaça
face à la fenêtre du grenier pour le montrer à
André. Quand son ombre bougea derrière les
volets, elle prit la petite main de Michel et
l'agita doucement, la gorge serrée, luttant contre
les larmes qui brillaient dans ses yeux.

Au mois de mai, Delmas, le nouveau maire,
apporta les ordres de réquisition. Au titre de
l'année 1943, la famille Fabre devait fournir
trois agneaux, trente kilos de blé, trente de
seigle, cinquante de foin et deux stères de bois.
Rendu furieux par cette nouvelle, Adrien, le pre-

mier soir, mit Delmas à la porte en jurant bien qu'il ne donnerait pas le quart de ce qu'on lui réclamait. Puis, revenu à la raison sous l'influence de Philomène, il tenta de négocier. Peine perdue ! Delmas ne voulut rien entendre ; au contraire il devint menaçant, au point qu'Adrien faillit le frapper. Heureusement, la pensée d'André au grenier et les visites nocturnes de Combarelle le dissuadèrent d'attirer davantage l'attention des autorités sur sa maison.

Cependant, quelques jours plus tard, un après-midi où Philomène se trouvait seule, elle reçut la visite de deux gendarmes qui lui parlèrent sans détour : ils cherchaient André et se disaient persuadés qu'elle savait où il se trouvait. Quand elle eut plusieurs fois répondu qu'elle n'en avait aucune idée, le brigadier haussa le ton et menaça :

— En tout cas, si vous le revoyez par ici, je vous conseille de venir nous prévenir, sinon vous verrez ce qu'il en coûte de se rendre complice de terroristes.

— Je n'y manquerai pas, dit Philomène. Comptez sur moi.

Ils partirent sans plus insister, mais, à compter de ce jour, Adrien s'éloigna le moins possible de la maison.

D'ailleurs, ce mois de mai attirait sur le causse beaucoup trop d'inconnus. C'était des gens des villes et des bourgs, à qui les tickets de rationnement ne suffisaient plus. Aussi venaient-ils quémander de la viande ou des légumes aux paysans. Mais pour eux non plus ce n'était pas l'abondance : faute d'arséniate de plomb, les doryphores avaient envahi les rares champs de pommes de terre et l'on avait du mal à faire pousser dans les terres mal préparées les choux, les navets, les carottes et les haricots blancs réclamés par les uns et les autres. De plus, ceux du village réservaient un peu de leur récolte à leurs parents ou à des amis chers, mais certainement pas à des étrangers qui les ignoraient superbement les jours de foire. Quant au marché noir, il profitait surtout à ceux qui sacrifiaient leurs parcelles à la culture intensive des légumes dans les vallées. Sur le causse, faute de bras, faute de terres, on se contentait de venir en aide aux familles envers lesquelles on était obligé. Ce fut le cas d'Adrien et de Philomène qui ravitaillèrent chaque semaine les maçons de Souillac qui avaient accepté d'héberger Louise avec tant de gentillesse.

Avec la suppression de la zone interdite, les réfugiés, pour la plupart, rentrèrent chez eux. Ces départs contribuèrent à rendre le village plus désert et plus silencieux. Non que ceux-ci fussent nombreux, mais ils avaient comblé au moins en partie le vide laissé par les prisonniers et par les jeunes qui, de plus en plus, prenaient le maquis. Combarelle annonça d'ailleurs un soir à Adrien que des groupes étaient mainte-

216

nant parfaitement organisés à Souillac, Mont-valent, Martel et dans les vallées. De plus, les « Froments » de l'Armée secrète décapitée s'étaient rassemblés de nouveau autour de « Vény ». Tout était prêt pour l'action, André allait pouvoir partir bientôt.

Juin se termina dans un flamboiement exacerbé par la longueur des jours. Il y eut des après-midi sans le moindre souffle de vent et des nuits à ne pas fermer l'œil. Pourtant on se couchait tard, après avoir travaillé jusqu'à l'obscurité complète. Mais, de jour, la chaleur était telle que les fenaisons, délaissées trop longtemps, avaient pris du retard. Aussi Adrien et Philomène durent-ils faire appel à l'aide des voisins, à la fin du mois, comme les orages s'annonçaient. Le dernier soir, pour les remercier, Philomène avait préparé un petit repas que l'on prit dehors, sous la ronde incessante des hirondelles volant à la hauteur des arbres.

Alors qu'on buvait le café, un des fils Alibert, âgé de quinze ans, se rendit dans la cuisine pour y porter une assiette cassée. Il revint sans tarder en courant, bredouilla :

— J'ai entendu marcher dans le grenier, il y a quelqu'un.

Un profond silence tomba sur la petite assemblée. Tous les regards convergèrent vers lui, immobile devant la table, la main droite désignant l'étage.

— Sûrement les rats, dit Adrien.

Et il ajouta, comme pour se justifier :

— Ce sont les grains qui les attirent ; je n'ai jamais réussi à les piéger tous.

— Non, reprit le garçon, j'ai aussi entendu tousser : c'était un homme, j'en suis sûr.

Adrien sollicita l'aide de Philomène qui ne sut quoi répondre. Le silence, de nouveau retombé, s'éternisait.

— Arrête de dire des bêtises, toi, lança Alibert à son fils... Et puis viens t'asseoir !

Celui-ci prit un air outragé, répéta :

— Mais ce ne sont pas des bêtises, je suis sûr que quelqu'un a toussé.

— Tais-toi ! cria Alibert, se levant soudain et menaçant son fils de la main.

Celui-ci, vexé, s'assit face à son père, se tint coi, mais le repas se termina dans un certain malaise.

L'incident poussa Adrien à demander à Combarelle de hâter le départ d'André. L'instituteur accepta, et en fixa la date au lundi suivant. Marie, venue avec son fils et Louise, put donc le voir le dimanche, veille du grand jour. Les deux sœurs étaient porteuses d'une bonne nouvelle : Louise était admise dans la classe supérieure avec les compliments des professeurs. Elle montra le diplôme attestant ses mérites et Philomène le plaça sur le buffet, bien en vue. Cet intermède glissa ainsi une note de gaieté dans le climat lourd de ce dimanche où les orages qui tournaient depuis trop longtemps au-dessus des collines finirent par éclater. Marie passa une dernière nuit avec André sous le fracas du tonnerre et le martèlement de la pluie sur le toit. Bien avant l'aube, celui-ci descendit embrasser son fils endormi, puis il remonta dans la cachette où il vivait depuis de longs jours. Avant de partir, Marie, qui avait du mal à retenir ses larmes, regarda longtemps vers la vitre de l'étage, tandis que Louise, près d'elle, berçait l'enfant mal réveillé.

Un mois passa, toujours aussi chaud, toujours aussi lumineux. Au début du mois d'août, Combarelle emmena Adrien avec lui pour plusieurs jours et chargea entre-temps Philomène de porter une valise dans la petite borie de Maslafon. Il n'y aurait personne pour la réceptionner, mais elle devait ne pas refermer la porte à clé.

Elle partit un soir vers onze heures sous le couvert des étoiles qui lui semblèrent étonnamment proches. Elle marcha d'abord lentement, puis, une fois habituée à la pénombre, de plus en plus vite. Elle n'avait pas peur, mais elle sursautait parfois aux bruissements furtifs de la sauvagine dans les broussailles, s'arrêtait alors, écoutait la nuit. En sortant du premier bois, elle crut apercevoir des lumières à flanc de coteau, et elle s'assit un moment, le temps de retrouver son souffle et ses esprits. Alors elle connut pour la première fois le sentiment d'un danger possible et s'interrogea : que faisait-elle là, seule dans cette nuit d'été, une valise à la main ? Quelle était cette force qui la contraignait à courir les bois ? Elle pensa à François, sourit. Mais, aussitôt après, l'image de Guillaume se substitua à celle de son cadet. Elle se sentit très malheureuse, repartit, se retrouva bientôt à l'endroit où elle avait serré François et Marie contre elle le jour des résultats de l'examen des bourses et sa sensation de malaise diminua. Tout en achevant d'escalader le coteau, elle s'attacha à ne plus penser qu'à Louise dont la réussite lui paraissait certaine, pour peu que la guerre finît.

Une fois parvenue au sommet, elle s'accorda un moment de repos, scrutant l'obscurité de la combe, à trois cents mètres face à elle.

Un grand silence l'enveloppait, elle se sentait très seule. La peur la prit : n'allait-elle pas trouver les gendarmes, en bas ? Elle attendit, retenant son souffle, essayant d'oublier les battements sourds de son cœur, repoussant l'envie folle de retourner sans plus attendre dans sa maison. Mais elle imagina Adrien et Julien en train de courir les bois, eux aussi, et sans doute en plus grand danger qu'elle.

Elle descendit rapidement, trouva sans peine la borie, ouvrit la porte, posa la valise, referma la porte, repartit toujours aussi vite, s'arrêta seulement à mi-versant, le cœur fou, la nuque et les épaules couvertes de sueur. Un profond bien-être l'envahit. Comme à chacun des moments importants de sa vie, elle revit son père sous le rocher maudit et il lui sembla qu'il souriait.

L'été déclina début septembre avec l'arrivée de nombreux orages qui se succédèrent pendant une longue semaine. Les villageois en profitèrent pour s'occuper des fûts et des comportes en prévision des vendanges qui, hélas, en raison de la maladie de la vigne, ne s'annonçaient pas sous les meilleurs auspices. Adrien et Philomène, pour leur part, avaient d'autres idées en tête : Combarelle les avait chargés d'écouter chaque soir la radio de Londres, qui devait donner un message codé à l'intention des « Vény ». Il leur avait expliqué en effet que leurs responsables avaient négocié avec le « Special operations executive » du colonel anglais Buckmaster le parachutage d'armes, de médicaments et d'argent, et cela en principe avant la fin de l'année. Les terrains de réception, auxquels avait été affecté le code d'un nom d'arbre, étaient aménagés depuis déjà deux mois. Mais le message espéré se faisait attendre. Julien, qui avait personnellement participé aux contacts avec Buckmaster par l'intermédiaire du major Harry Peulevé et de Roland Malraux dont le quartier général se trouvait en Corrèze, s'en inquiétait beaucoup.

Quand il vint aux nouvelles, cette nuit-là, à

plus de minuit, il n'était pas seul : il y avait avec lui un homme de grande stature, au front haut, aux yeux très clairs, vêtu d'un uniforme de l'armée.

— C'est Pierre, dit-il, en le présentant à Philomène et à Adrien. Je le connais depuis très longtemps.

Il ajouta d'une voix grave :

— C'est l'un des premiers.

L'homme leur serra la main avec chaleur, ne refusa point le pain et le fromage que lui proposa Philomène, commença à manger avec appétit tandis que Combarelle interrogeait Adrien :

— Pas de message ?

Adrien secoua la tête. Comme chaque fois, l'instituteur parut déçu, réfléchit, puis :

— Il ne doit pas rester ici, dit-il en désignant le nouveau venu. Il faut lui trouver une bergerie et le ravitailler quelque temps.

— Il y a le pigeonnier, dit Philomène. Il est isolé, mais il n'est pas très loin.

— Oui, le pigeonnier irait très bien, approuva Adrien.

— D'accord, fit Julien. Mais veillez bien sur lui, parce que Pierre, c'est... c'est...

Il hésita, renonça à trouver les mots. Puis, se levant soudain, l'air préoccupé :

— Je ne peux pas rester. Il faut que je me sauve.

Et il répéta :

222

— Prenez bien soin de lui.

— Mais oui, dit Adrien, ne t'inquiète pas.

Il leur serra la main à tous les trois, s'attarda un peu plus longtemps devant Pierre, puis il sortit. Restés seuls avec le nouvel arrivant, Adrien et Philomène ne surent que dire. Celui-ci leur sourit, avala une bouchée de pain, déclara :

— On pourrait parler, faire connaissance, et ce serait avec grand plaisir, mais il ne vaut mieux pas, ce serait trop dangereux pour vous.

Adrien hocha la tête, demanda :

— Vous pensez rester longtemps ?

Pierre hésita, se remit à manger, son regard courut de l'un à l'autre et il dit, d'une voix un peu lasse :

— Pas plus de quinze jours... en principe.

Il acheva de manger en silence, puis Adrien l'emmena dans le pigeonnier où ils avaient vécu, Philomène et lui, il y avait bien longtemps. Depuis, personne ne l'habitait plus. Ni lui ni elle n'y revenait volontiers. Trop de souvenirs hantaient ces murs, et certains étaient trop douloureux. Cependant, ils y avaient laissé un vieux lit et quelques ustensiles de cuisine pour le cas où ils auraient à le louer. Pierre, séduit par la situation de sa nouvelle cachette qui donnait sur un coteau boisé, remercia longuement Adrien qui le laissa après l'avoir aidé à s'installer, en promettant de revenir la nuit prochaine.

Or ce ne fut pas lui qui revint, mais Philomène : Julien était en effet venu le chercher à la tombée du jour, pour qu'il l'accompagne à une réunion qui se tenait à Souillac. Aussi, ce soir-là, ses provisions dans un panier, Philomène attendit onze heures avant de sortir dans la nuit. Ayant frappé à la porte, elle se fit connaître. Il ouvrit, la laissa entrer, un pistolet dans la main. Il avait tapissé de journaux la lucarne afin d'allumer sans risque une bougie. Elle déposa son panier sur la table.

— Merci beaucoup, dit-il.

Puis il demanda, ses yeux très clairs braqués sur elle :

— On t'appelle comment chez nous ?

— Menthe, dit-elle.

Il rit.

— Drôle de nom !

— C'est moi qui l'ai choisi.

Il lui sembla qu'il avait envie de parler, sans doute pour compenser ses longues heures de solitude.

— Menthe, Menthe, répéta-t-il, mais pourquoi donc ?

Elle haussa les épaules.

— Je ne sais pas. Parce que je les aime, sans doute... Et vous ?

Il se méprit sur la question. Elle voulait dire : « Et vous, les aimez-vous ? » et il crut qu'elle désirait en savoir plus sur son compte.

— Moi, je suis Pierre.

Il ajouta après un instant :

— De Toulouse.

Du mur où elle se tenait appuyée, elle se dirigea vers la porte.

— Attendez, dit-il.

Il vint près d'elle, la prit par le bras.

— J'ai confiance en vous, mais presque tous ceux d'entre nous qui ont été pris ont parlé sous la torture. Presque tous, vous comprenez ?

Elle hocha la tête. Il soupira, sourit, la lâcha.

— Il ne faut pas rester ici, c'est trop dangereux, murmura-t-il. Au revoir.

— Au revoir, Pierre, dit-elle.

Et elle s'enfuit, avec l'impression d'une menace presque tangible tapie dans la nuit.

Octobre avait passé, pluvieux et déjà froid, mais on attendait toujours le message d'alerte pour le parachutage. Marie revenait chaque semaine au village pour avoir des nouvelles d'André, mais Adrien et Julien en donnaient peu. Le 11 novembre, le gouvernement avait annoncé l'amnistie des réfractaires au S.T.O., car il savait très bien que c'était dans leurs rangs que recrutaient essentiellement les maquis. Mais il était trop tard : les jeunes réfractaires, redoutant un piège, restèrent où ils se trouvaient, au grand désappointement des autorités. D'ailleurs on commençait déjà à parler d'un débarquement possible des Alliés, et les différents mouvements avaient été regroupés, sur l'ordre de De Gaulle, au sein du « Comité national de la

Résistance ». A la T.S.F., la radio de Londres, avec son émission, « Les Français parlent aux Français », livrait malgré le brouillage la bataille des ondes à Radio-Vichy de Philippe Henriot.

Ce soir-là, Adrien et Julien étant partis en voiture, ce fut Philomène, seule chez elle, qui entendit enfin le message espéré. Elle cessa de respirer quand la voix bien connue annonça : « Les enfants de Denis sont assis sous le bouleau », je répète : « Les enfants de Denis sont assis sous le bouleau. » Elle en fit part à Julien revenu dans la nuit, et celui-ci décida de partir dès le lendemain matin à Saint-Céré avec Adrien, car le terrain choisi pour le premier parachutage en terre lotoise était celui de Sousceyrac.

Ce fut pendant leur absence, juste avant midi, que deux gendarmes et deux miliciens firent irruption à la ferme où Philomène se trouvait seule. Parmi eux, elle reconnut le brigadier qui était déjà venu une fois. Elle les accueillit devant la porte, mais ne put les empêcher d'entrer.

— Fouillez partout, vous autres, dit celui des miliciens qui paraissait être le chef, et dont le visage dur et anguleux la troubla désagréablement.

Elle ne songea même pas à protester, quand il lui ordonna de s'asseoir face à lui, de l'autre côté de la table. Elle n'avait pas vraiment peur, du moins pas pour elle. Ce qui la mettait mal à l'aise, c'était plutôt une sensation d'encercle-ment, d'étau qui se resserrait.

— Que cherchez-vous ici ? demanda-t-elle d'une voix qui ne tremblait pas.

— Devine ! dit le milicien.

Elle haussa les épaules, s'efforça de ne pas regarder vers le couloir où avaient disparu les gendarmes.

— Il n'y a personne ici, fit-elle.

— Ce n'est pas ce que l'on nous a dit.

Ainsi, ils étaient surveillés, espionnés. Cette pensée la bouleversa. Quel était cet homme, ou cette femme, qui leur en voulait à ce point, et pourquoi ?

— Sais-tu ce qu'il en coûte de cacher des ter-roristes ?

Elle se força à lever la tête, le défia du regard, se demandant vaguement où elle avait rencontré de tels yeux, entendu une telle voix.

— Je les livre à la Gestapo. As-tu entendu parler de la Gestapo ?

Elle secoua la tête.

— Tu feras sa connaissance bientôt. Sers-moi à boire, en attendant.

Elle ne bougea point, refusant d'obéir.

— Sers-moi à boire ! cria-t-il en se levant brusquement et en cognant du poing sur la table.

Elle s'approcha du buffet, prit un verre, versa du vin, reposa la bouteille, s'assit de nouveau, s'efforçant de garder son calme.

— Qui t'a dit de t'asseoir ? hurla le milicien.

Elle demeura assise, murmura :

— Vous n'avez pas le droit.

— J'ai tous les droits, affirma-t-il. Tous les droits, tu entends?

Elle s'obligea à regarder sur le buffet le diplôme de Louise, tout le temps que dura la perquisition. Elle sentait le regard du milicien posé sur elle, mais elle entendait à peine les insultes, car la voix lui provenait assourdie, dans ce monde protégé où, près de Louise, elle avait trouvé refuge. A la fin, les gendarmes redescendirent.

— Rien trouvé, fit le brigadier.

— Vous êtes sûrs? grogna le milicien, vous avez fouillé partout?

— Partout.

Le silence se fit, lourd de menace. Le deuxième milicien apparut à son tour, l'air déçu. Il fit un signe à son collègue, et ils se concertèrent un moment à l'écart. Puis ils s'approchèrent de Philomène, la forcèrent à se lever, et l'un d'eux la maintint par le bras.

— Celui qui se fait appeler Pierre, tu le connais?

Elle fit « non » de la tête, lutta contre un début de panique. Elle sentit une main dans ses cheveux, ferma les yeux, mais n'eut pas une plainte.

— Dis-nous où il se trouve et on te laissera en paix.

— Je ne sais pas, murmura-t-elle, je ne le connais pas.

228

De longues secondes passèrent. Elle comprit qu'ils hésitaient. Enfin, la main dans ses cheveux desserra son étreinte. Elle garda les yeux clos, repoussant de toutes ses forces des larmes de rage.

— Nous sommes faits pour nous rencontrer, dit celui qui l'avait interrogée. Mais la prochaine fois, ce sera chez moi. Alors à bientôt!

Elle eut du mal à croire qu'ils partaient, pourtant la porte claqua derrière eux et le silence l'enveloppa. Elle ne bougea pas durant deux ou trois minutes, ayant l'impression de ne plus savoir où elle se trouvait, ni pourquoi. Et puis elle se mit à trembler, d'un tremblement impossible à refréner, même assise. Elle sentait encore cette poigne glacée dans les cheveux, entendait cette voix qui voulait l'avilir. Cela dura longtemps. Quand elle put se lever, elle but un peu d'eau-de-vie, et la chaleur de l'alcool lui fit du bien. Alors seulement elle pensa à Pierre, au danger qu'il courait. Elle ne devait pourtant pas se rendre au pigeonnier en plein jour; il fallait attendre. Mais elle ne pouvait rester seule, elle avait besoin de parler. Prenant son panier, elle se rendit chez Geneviève qui avait vu repartir les gendarmes et les miliciens. Elle passa une bonne partie de l'après-midi avec elle, et peu à peu ses idées s'ordonnèrent, son trouble s'estompa.

Une fois rentrée chez elle, elle mangea de la soupe, attendit que la nuit fût tombée, puis, laissant la lumière allumée, elle sortit par-derrière. Déjà le froid de novembre avait pris dans ses serres les arbustes de la grèze sur laquelle elle avançait lentement, écoutant la nuit. Elle s'arrêta à plusieurs reprises, craignant d'être suivie. Le vent du nord dégringolait du coteau en giflant les branches des chênes dont l'écorce craquait. Elle arriva enfin devant la porte du pigeonnier, frappa deux coups espacés.

— C'est moi, dit-elle. Il faut partir, Pierre.

La porte s'ouvrit.

— N'allumez pas, surtout, dit-elle.

Il referma la porte derrière elle et ils demeurèrent immobiles dans l'obscurité.

— Que se passe-t-il ?

— Les miliciens et les gendarmes sont venus. Ils vous cherchent.

— Où est Jean ?

— A Sousceyrac.

— Êtes-vous sûre de n'avoir pas été suivie ?

— Sûre, fit-elle, mais j'ai peur qu'ils reviennent.

— Ne vous inquiétez pas, j'ai un point de chute. Mais il ne faut pas rester ici. Rentrez chez vous.

Il lui prit les mains.

— Partez vite, reprit-il. Vous direz à Jean que je suis à Magnagues. Il comprendra.

Il la poussa vers la porte, la retint au dernier moment.

230

— Vous savez, fit-il, Menthe, ça vous va très bien.

Elle hésita, chercha quelque chose à dire.

— Au revoir, Pierre, prenez garde à vous.

Elle se retrouva dehors, dans le froid de la nuit. Oppressée, elle courut vers la ferme avec une seule idée en tête : celle de se réfugier dans sa chambre et de n'en plus sortir avant le retour d'Adrien.

10.

Il faisait un froid polaire et la nuit de janvier était rose. Durcies par le gel, les étoiles semblaient crépiter. C'est du moins ce que pensait Philomène qui regardait le ciel à travers les carreaux. Derrière elle, assis près de la T.S.F., Adrien et Julien écoutaient d'une oreille distraite, songeant, comme elle, à Pierre qui avait été arrêté la veille à Cahors.

— C'est de ma faute, dit-elle, si je ne m'étais pas affolée, il serait peut-être encore dans le pigeonnier.

— Mais que dis-tu là? fit Julien, il y a plus de deux mois qu'il est parti, et il ne serait pas resté plus de quinze jours ici.

— Quand même, fit-elle, sait-on jamais?

Adrien tourna légèrement le bouton pour éliminer les parasites.

— Que tu es bête, dit-il, c'est ridicule.

Il éteignit, ralluma, jura contre le brouillage qui devenait de plus en plus difficile à percer.

Pourtant, ce soir, il était important de capter Londres sans faute ; les « contacts » de Combarelle avaient été formels : avant la mi-janvier. Enfin on entendit l'indicatif, puis la voix de Jean Oberlé, devenue familière. Philomène s'était rapprochée, écoutait près des deux hommes la litanie monotone des messages. Après en avoir formulé une vingtaine, la voix chaude annonça : « Il y aura trois coquelicots sur l'églantier », je répète : « Il y aura trois coquelicots sur l'églantier. »

— Ça y est ! cria Julien, c'est pour cette nuit !

A peine prirent-ils le temps de boire un peu d'eau-de-vie et de s'habiller chaudement que déjà Julien les entraînait vers la traction dissimulée derrière la maison. Ils se mirent en route vers Loubressac dans la nuit glaciale où, par instants, on se serait cru en plein jour, et ils roulèrent sur les petites routes du causse, en direction de Padirac.

A Miers, ils trouvèrent la voiture du major Peulevé venu réceptionner les deux agents anglais envoyés par Londres, et les deux voitures poursuivirent leur route entre les bois de chênes. Une heure plus tard, ils arrivèrent sur le terrain délimité par l'équipe de Carennac déjà sur place. Un peu avant minuit, celle-ci alluma les bottes de paille qui balisaient la zone de réception. Cinq minutes passèrent encore, puis le grondement de l'avion naquit dans les lointains et se rapprocha rapidement. Le gros Halifax fit un premier passage sans rien larguer, tous feux allumés, s'éloigna, revint après avoir viré. Philomène, debout en bordure de la piste, avait froid et tremblait, autant de peur que d'émotion. Et quand elle vit distinctement sortir des soutes de l'Halifax les nombreux containers, son souffle se précipita. Les containers touchèrent rapidement le sol mais les deux officiers anglais, déportés un peu plus loin, faillirent s'échouer hors de la zone délimitée. Ils attendirent un peu inquiets l'arrivée des maquisards qui les aidèrent à replier les parachutes puis leur proposèrent une gourde d'eau-de-vie. Les containers, de 130 kilos chacun, furent chargés en toute hâte dans les voitures et les camionnettes qui s'éloignèrent rapidement, tandis que les derniers à partir éteignaient les feux. Julien, qui conduisait la traction, ne prit pas la même route qu'à l'aller et passa par Alvignac. Moins d'une heure plus tard, ils arrivèrent à Quayrac, déchargèrent les containers dans la grange, les ouvrirent pour en examiner le contenu. L'un renfermait 6 fusils-mitrailleurs Bren avec 6 000 cartouches et 30 chargeurs ; 40 grenades défensives ; 27 mitraillettes Sten avec 71 000 cartouches et 108 chargeurs ; 36 fusils, 8 kilos de plastic et 60 trousses à pansements. Dans le deuxième se trouvaient des détonateurs, 2 bazookas, encore du plastic, des munitions, des médicaments et de l'argent. Julien voulut l'emporter dans le pigeonnier car c'était trop risqué de tout garder au même endroit. Ils s'y rendirent en voiture, eurent tôt fait de le décharger. A deux heures du matin, tout était en ordre.

Épuisés, Adrien et Philomène se couchèrent, sans brique ni bouillotte.

— Quand même! murmura-t-elle, quand il eut éteint la lumière, toutes ces armes chez nous; pourvu que personne ne nous dénonce!

— Et qui veux-tu qui nous dénonce? Nous sommes trois à le savoir.

Il l'attira contre lui, souffla :

— Il est encore temps de s'arrêter, si tu veux.

Elle soupira.

— Non, dit-elle, ce n'est pas ce que je voulais dire, mais il ne faudrait pas les garder trop longtemps.

— Ne t'inquiète pas, fit-il, Julien m'a dit que dans une semaine les trois quarts seraient partis.

Elle en fut soulagée et s'endormit un peu rassurée.

Dès la nuit suivante, comme il l'avait promis, Combarelle commença la distribution. Il ne resta plus au pigeonnier que quelques pistolets, des grenades et du plastic. A partir de ce moment-là, le Quercy s'embrasa. A la fin du mois de janvier, la B.B.C. annonça le sabotage des usines Ratier, à Figeac, qui fabriquaient des hélices à pas variables pour équiper les avions allemands. En février, tandis que l'hiver desserrait un peu de son étreinte grâce à l'arrivée du vent d'ouest, Adrien et Philomène cachèrent

236

pendant une semaine un des Anglais parachutés. Son nom de code était « Michel » et il parlait un français approximatif. Ils l'installèrent dans le pigeonnier d'où il émettait chaque soir pour Londres grâce à la valise que Philomène connaissait bien et que les maquisards appelaient la « boîte à biscuits ».

Vers le milieu du mois, il neigea un peu, et la pluie succéda à la neige. Marie et Louise profitèrent d'une accalmie pour venir à Quayrac où Philomène leur donna des nouvelles rassurantes d'André : tout allait bien, même s'il s'ennuyait loin de sa femme et de son enfant ; il avait d'ailleurs promis de venir un dimanche, dès qu'il ferait moins froid... Comme elle voyait Louise moins souvent, Philomène s'étonnait lors de chaque visite de la trouver changée. A quatorze ans, ou presque, elle était une douce jeune fille qui ne se plaignait jamais de rien et travaillait à la satisfaction de tous, au collège comme chez Marie. Aussi représentait-elle pour Philomène, en ces temps difficiles, un réconfort précieux. Mais ce qu'elle regrettait surtout, c'était de ne pas la voir grandir, de ne pas l'accompagner sur le chemin de sa jeunesse comme elle avait accompagné ses autres enfants.

Peu après la visite de Marie et de Louise, Combarelle arriva une nuit un peu découragé. Comme il le redoutait depuis longtemps, le plus gros des effectifs des « groupes Vény » risquait de passer aux F.T.P. avec armes et bagages, sous le commandement du colonel Georges.

— Quant à moi, dit-il, j'avais toujours pensé que l'esprit de résistance prévaudrait sur les calculs politiques. Si je me suis trompé, ce n'est pas pour cela que je vais changer de conduite. Nous sommes d'ailleurs quelques-uns de cet avis. Je tenais quand même à vous prévenir. Vous êtes d'accord pour continuer avec moi ?

— Bien sûr, dit Adrien, ça ne change rien, tu le sais bien.

Combarelle sourit. Il sortit de sa poche une feuille de papier pliée en quatre.

— Tiens, lis ! dit-il à Philomène, nous aurons au moins tous quelque chose de commun, et c'est ça : « Le Chant des partisans ».

Elle lut lentement, à voix haute, puis, quand elle eut fini :

— J'ai bien peur que cet ennemi ne soit pas le seul à connaître le prix du sang et des larmes, murmura-t-elle en soupirant.

Le mois de mars amena ses giboulées de pluie et de grêle, et l'hiver étira ses lambeaux de nuages sur le causse qui se libérait lentement de l'étreinte du gel. Ce fut au cours de l'une de ces journées grises et froides que Philomène partit pour Gramat, au café de France, qui servait de boîte aux lettres aux maquis. Julien avait longtemps hésité à lui confier une telle mission, mais il s'y était finalement résolu en raison de l'urgence.

Elle se mit en route de bonne heure, ce matin-là, protégée des rafales de pluie par une sorte de bâche maintenue au-dessus de la banquette par du fil de fer. Le cheval allait au trot sur le chemin parsemé de flaques d'eau et la charrette cahotait, tandis qu'elle se répétait les consignes données par Julien : se garer sur la grand-place, aller au café de France, demander la patronne et lui dire :

— Je vous apporte deux douzaines d'œufs, mais je reviendrai la semaine prochaine.

Elle n'avait pas vraiment peur, mais un visage se superposait souvent à tous ceux, menaçants, qui rôdaient dans ses rêves : c'était celui du milicien maigre et brun qui était venu à la ferme. Elle sentait se préciser une menace. D'ailleurs, Julien recommandait de plus en plus de prudence et venait de moins en moins souvent à la maison. Quant à Adrien, il était lui aussi souvent absent, la nuit, et rentrait seulement au matin, fourbu, ne prononçant jamais le moindre mot sur ses activités. Elle l'admettait : c'était ainsi. Parler le moins possible permettrait peut-être de rester en vie...

Le klaxon d'une automobile la fit sursauter. Elle tira sur les rênes, se rangea sur le bas-côté, le temps de laisser passer une traction noire occupée par deux hommes inconnus. Un peu plus loin, elle rejoignit la grande route et ne tarda point à atteindre Gramat dont les rues désertes provoquèrent en elle une légère angoisse. Une fois sur la grand-place, elle attacha les rênes à une palissade qui délimitait un jardinet. Puis elle prit son panier d'œufs et se dirigea lentement vers le café, jetant à droite et à gauche des regards inquiets. Elle poussa la porte, reconnut les deux hommes qui l'avaient doublée en traction, marcha vers le comptoir et demanda à une serveuse en tablier blanc à voir la patronne.

— Tout de suite, dit celle-ci.

Et elle disparut dans l'arrière-salle, refermant la porte derrière elle. Moins de trente secondes plus tard, une femme âgée apparut : un beau visage aux traits réguliers, des cheveux blancs soigneusement tirés en arrière, un col à baleine lui donnaient un port altier et une sorte de noblesse.

— Oui ? fit-elle après avoir jeté un bref regard vers les deux hommes attablés.

— Je vous apporte deux douzaines d'œufs, mais je reviendrai la semaine prochaine, dit Philomène.

— C'est gentil, dit la patronne, venez par là !

Philomène la suivit dans l'arrière-salle, donna les œufs, puis la patronne fouilla sous la paille, en sortit une enveloppe pliée en deux qu'elle glissa dans sa poche, la remplaça par une autre, aplanit la paille et murmura :

— Vous direz à celui qui vous envoie que Jack a remplacé le major. Répétez !

— Jack a remplacé le major, dit Philomène.

La patronne sourit :

— Soyez prudente, dit-elle.

Elle la raccompagna dans la grande salle, ajouta avant qu'elle ne sorte :

— Si vous pouviez revenir la semaine prochaine avec trois douzaines, vous me rendriez un grand service.

— J'essaierai, dit Philomène.

Elle se hâta de marcher vers la charrette en ayant l'impression que tout le monde l'épiait. Pourtant il y avait peu de monde sur la place, simplement quatre ou cinq femmes abritées sous des parapluies, et qui ne la regardaient même pas. Elle mit tout de suite le cheval au trot, ne l'arrêta qu'après être sortie du bourg, respira profondément, offrit son visage au vent et à la pluie. Le contact de l'eau froide l'apaisa. Elle repartit vers son village où elle arriva vers midi, transie mais heureuse.

Le soir même de cette mission, André, qui mourait d'envie d'embrasser sa femme et son fils, frappa à la porte, alors que Philomène se trouvait seule de nouveau. Elle le cacha au grenier mais ne dormit pas de la nuit, redoutant une perquisition. André avait pourtant été prudent, rejoignant seulement le village le samedi, afin de ne pas rester trop longtemps. Marie put ainsi passer tout un après-midi en sa compagnie et lui

241

montrer son fils d'en bas, à travers la fenêtre. Mais Philomène insista pour qu'il pût l'embrasser, assurant que le danger n'était pas si grave : il suffisait de donner à Michel une sucette pendant le trajet pour l'empêcher de parler.

— Tu avais raison, dit Marie à sa mère, très émue, en redescendant, ça lui a fait tellement plaisir !

— Papa, balbutiait Michel, tournant à droite et à gauche sa petite tête brune, comme s'il cherchait celui qui l'avait embrassé en murmurant son nom.

André repartit la nuit suivante en promettant de revenir avant l'été. Adrien et Julien, de retour de Souillac, arrivèrent moins d'une heure après son départ. La mine sombre, ils expliquèrent à Philomène le sens du message donné par la patronne du café de France : le major Peulevé, qui transmettait les renseignements à Londres en compagnie de Roland Malraux et de Delsanti, avait été arrêté à Brive, deux jours auparavant. C'était désormais le major « Jack » qui remplaçait Peulevé pour les relations avec Buckmaster, depuis Toulouse jusqu'au Limousin.

En mai, les premières rosées emperlèrent les combes. Philomène ne résista point au plaisir d'y marcher nu-pieds et de ramasser les petits champignons dont elle faisait de succulentes omelettes. L'arrivée du printemps réveilla rapidement la vie du village blottie pendant l'hiver près des cheminées, le soleil redonna aux collines ses couleurs chaudes, les parfums de fleurs fusèrent dans les après-midi radieux.

A la liste des réquisitions de la famille Fabre, les autorités avaient ajouté 200 œufs et 50 kilos de pommes de terre. Et il fallut faire face, en outre, aux réquisitions des maquis qui remettaient en échange d'un agneau un reçu dont on ne savait s'il serait remboursé. Qu'importe ! Adrien n'y regardait pas de si près, même lorsqu'il s'agissait de ravitailler ses amis de la ville où l'inflation donnait à la moindre denrée un caractère de produit de luxe.

Un soir, Alibert, radieux, arriva avec une bouteille de vieux marc pour partager sa joie avec Adrien et Philomène : son fils aîné, Gérard, qui était prisonnier en Allemagne, s'était évadé et, au terme d'une folle équipée, était arrivé au village la veille.

— Tu ne crois pas que tu devrais être prudent ? demanda Adrien. Tout le monde t'a vu passer, avec ta bouteille.

— Je m'en fous ! dit Alibert, il fallait que je trinque avec des amis, j'en ai bien le droit, non ?

Il reprit, joyeux :

— De toute façon, dans deux jours, il sera loin, et en sécurité.

Puis, réalisant soudain qu'il était en train de remuer le fer dans une plaie :

— Excusez-moi, dit-il, j'avais oublié votre

François, mais je suis venu de bon cœur, vous savez !

— Ne vous excusez pas, dit Philomène, parlez-moi plutôt de ce qu'il faisait en Allemagne.

— Oh ! il n'était pas malheureux, et j'espère que si votre François est là-bas, il aura autant de chance.

Philomène remarqua la lueur d'espoir qui s'était allumée dans les yeux d'Adrien. Souriant légèrement, il écoutait Alibert expliquer que son fils avait travaillé sur une propriété de plus de cent hectares, dans une immense plaine où l'on cultivait du maïs et du seigle et où l'on élevait un troupeau de plus de cent têtes.

— Et fallait voir ! s'extasiait-il. Ils avaient une trayeuse qui marchait à l'électricité, deux tracteurs et l'eau courante au robinet. Ah ! on a beau dire, mais ils en connaissent un rayon, les Allemands. Il ne faut pas les prendre pour plus sots qu'ils ne sont.

Il parla pendant plus d'une heure, vidant de temps en temps son demi-verre de marc, oubliant presque ses hôtes qui souriaient tristement. Chaque fois que le regard d'Adrien croisait le sien, Philomène avait envie de lui crier : « François est vivant, bien vivant », mais la même crainte de le blesser l'arrêtait toujours. Pourtant elle se rendait parfois à l'église et demandait à Dieu de lui en donner la force. Mais, aussitôt, elle se traitait de folle, se trouvait tous les défauts de la terre, et s'offrait en sacrifice pour que Guillaume et François lui reviennent très vite.

Le lendemain de la visite d'Alibert, Julien vint à la ferme plus tôt que de coutume, le visage rayonnant, et les embrassa l'un et l'autre.

— C'est pour bientôt, fit-il, à peine assis.

— Quoi donc ? demanda Adrien.

— Le débarquement.

— Et où cela ?

— En Normandie.

— Comment le sais-tu ?

— Les messages vont passer ce soir. Il y en aura trois : « C'est une insolence de sa part — Il reste muet devant le tribunal — Le Parlement ouvre aujourd'hui » ; la nouvelle est sûre, on me l'a apprise aujourd'hui.

Philomène ne l'avait jamais vu aussi réjoui ; il paraissait plus jeune et plein d'énergie. Elle eut peur, tout à coup, de tant de fougue après tous ces mois d'attente et de crainte. Elle en comprit les raisons au moment où il ajouta, fuyant son regard :

— Il faudra que tu sois forte, Philo, nous allons partir tous les deux et tu ne nous reverras pas avant quinze jours.

Elle sourit, hocha la tête, comme si elle y était prête depuis longtemps.

Le débarquement du 6 juin provoqua la mise en alerte de toutes les troupes allemandes basées dans le Sud-Ouest. Appelées en renfort, de nombreuses divisions — dont la « Das Reich » — firent aussitôt mouvement vers le nord, traversant le Quercy dans l'odeur des foins et des premières chaleurs. Ces longues et merveilleuses journées faisaient davantage songer à la paix qu'elles ne préparaient à une rencontre avec des soldats, des chars, des camions blindés et des automitrailleuses. Pourtant tous les maquis du Lot avaient dès le 7 au matin entrepris la mission confiée par Londres : retarder à tout prix la montée des renforts allemands vers la Normandie. Des ponts et des voies ferrées avaient sauté, des colonnes ennemies avaient été attaquées depuis le bois des chênes où les maquisards pouvaient disparaître sans risque. Malgré les sabotages et les coups de main, les Allemands avaient atteint Souillac le 25 : 1 200 hommes exactement, qui devaient nettoyer le secteur avant le passage du gros de la division empruntant la R.N. 20. Le maire, venu discuter avec Adrien, apprit à Philomène que, rendus furieux par les attaques des résistants, les Allemands avaient investi Gourdon les 27, 28 et 29 juin, et pris vingt otages qu'ils avaient fusillés à Boissières.

— Ils sont devenus fous, lui avait-il dit, ils tirent sur tout ce qui bouge.

Aussi, quand une fusillade nourrie la réveilla le matin du 30, n'en fut-elle pas vraiment surprise. Elle s'habilla, regarda éclore la fleur pâle du jour à travers la vitre, but son café dans la cuisine, puis elle sortit dans la cour pour écouter. La fusillade avait cessé. Un coq chanta, un autre lui répondit. Rassurée, elle rentra et fit sa toilette en songeant à Adrien, à Julien qui, en cet instant, risquaient peut-être leur vie. Quand on frappa au carreau, elle sursauta. C'était le maire. Elle lui ouvrit, remarqua tout de suite son air égaré et sa difficulté à parler.

— Mais qu'y a-t-il, Gaston ? demanda-t-elle.

Simbille avala sa salive, eut du mal à reprendre son souffle.

— Ils ont tiré, bafouilla-t-il, là-bas, à Maslafon. Il y a des morts.

Elle se précipita, lui prit le bras.

— Qui est mort ? cria-t-elle.

Incapable de répondre, il roulait des yeux fous, une main sur sa poitrine, comme s'il étouffait. Comprenant qu'elle n'apprendrait rien de plus, elle le laissa, sortit et se mit à courir. Courir. Courir. Il fallait courir pour savoir qui était mort : Julien, André ou Adrien ?

Elle court, tantôt les yeux ouverts, tantôt les yeux mi-clos, dans ce matin rose et tendre où la lumière palpite entre les feuilles des chênes et joue dans les toiles d'araignée tendues sur les genévriers. Elle court vers ces hommes pour lesquels elle ne peut plus rien, comme s'il était encore en son pouvoir de les sauver. Elle longe un bois, descend au fond d'une combe où la rosée baigne ses pieds, remonte sur le coteau.

Là, François et Marie sont venus vers elle en courant, eux aussi. Faut-il toujours courir pour trouver le bonheur ou le malheur ? Elle se souvient d'une autre course aussi folle vers son père sous le rocher, trébuche, tombe. Le temps de laisser se dissiper son vertige, et elle se relève, se remet à courir. Son tablier, sa robe, ses bas sont entièrement mouillés. Elle descend vers la combe où se trouve la borie où l'on cache des armes, ne s'y arrête pas. Le chemin est un peu plus haut, au-dessus d'une garenne à l'herbe rase. Elle traverse un bois où les feuilles des chênes la giflent au passage. A la lisière du bois, il y a un talus. Elle le franchit, entre dans la garenne, entend des voix d'hommes sur le chemin. Un dernier effort, et elle l'atteint enfin. Et tout de suite elle aperçoit les corps allongés. Il y en a six, mais déjà elle sait qui est mort. Elle s'avance, les yeux inondés par la sueur, les cheveux fous, s'agenouille.

— Julien ! gémit-elle, Julien.

Elle soulève sa tête. Qu'importe si on la voit, si on l'entend. Elle a tout oublié du monde, se penche sur la tache rouge de la poitrine, où le sang s'est figé. Une mince rigole rouge coule en contrebas, glisse vers la pente, se mélange à la rosée. Elle se redresse, regarde les hommes qui se détournent, gênés.

— Pourquoi ? demanda-t-elle.

Et c'est sur sa jeunesse morte qu'elle pleure, sur ces jours enfouis où tout était espoir, où sa vie se décidait et lui appartenait. Le passé défile devant ses yeux, très vite, le temps d'aviver la douleur. Alors elle se relève, du sang sur son tablier.

— Ils venaient d'en bas, dit Alibert qu'elle reconnaît enfin. Ils sont tombés sur une colonne qui passait.

— Dis plutôt qu'on les attendait, oui.

Elle n'écoute plus, demeure immobile au milieu des morts, incapable d'esquisser un geste. Arrive une charrette tirée par un cheval gris : celle du maire. Une main se pose sur son épaule.

— Viens, dit Geneviève, il ne faut pas rester là.

Elle regarde encore une fois Julien, puis se laisse entraîner. Un peu plus bas, Geneviève lui demande si elle veut se reposer. Elle fait « non » de la tête, puis elles sortent du bois, entrent dans la lumière de la combe qui resplendit.

— Il va faire beau, dit Geneviève, les rosées ne trompent pas.

Philomène ne répond pas, s'arrête, se laisse tomber sur l'herbe humide et cache sa tête dans ses mains.

11.

L'été éclaboussait le causse de pépites
blanches qui semblaient tomber d'un ciel ouvert
sur l'infini. Au plus gros de la chaleur, vers le
milieu de l'après-midi, même les cigales se taisaient. Il n'y avait plus de vivant que le silence
dont on sentait rouler les vagues bleues sur les
plages translucides de l'air.

Le 14 juillet, Adrien, prenant le relais de
Julien qui avait été enterré dans le petit cimetière du village, avait emmené Philomène à Loubressac pour un nouveau parachutage de
« l'Opération exécutive » Buckmaster. Les Halifax avaient largué des mitraillettes, des bazookas, des fusils, des téléphones de campagne et
une grande quantité de munitions. Adrien avait
gardé deux containers dans la grange, cachés
sous le foin, le temps d'écouler leur contenu, ce
qui lui avait pris près d'une semaine. Le 22 juillet à midi, avant de repartir vers Padirac d'où il
ne devait pas revenir avant quinze jours, il avait

confié une mission à Philomène : porter au café de France, à Gramat, deux cartouches de plastic cachées dans un sac de pommes de terre. Il l'avait embrassée en lui recommandant la plus grande prudence, puis il était monté dans la « Rosalie » qui l'attendait, non sans avoir longtemps hésité. Elle s'était mise en route aussitôt malgré la chaleur, car le « matériel » devait être livré le plus vite possible.

Quand elle arriva à Gramat, vers trois heures, ce qui la frappa tout de suite, ce fut le silence de la grand-rue déserte. Elle eut comme un pressentiment, faillit retourner, mais l'urgence de sa mission l'en dissuada. Elle fit repartir le cheval. Parvenue au grand virage qui débouchait sur la ligne droite menant à la place, elle comprit : un char allemand barrait la route, à moins de cinquante mètres de la charrette. Un frisson glacé la parcourut : comment se faisait-il que les Allemands fussent à Gramat ? Ce n'était pas possible, Adrien l'aurait su, ou alors c'est que personne n'était encore au courant.

Elle tira sur les rênes, le cheval s'arrêta. Retenant son souffle, elle agita la main gauche pour le faire tourner. Il obéit aussitôt, mais la route n'était pas assez large pour la manœuvre. Il fallut reculer. Ce fut au moment où elle regarda en arrière qu'elle vit les soldats s'avancer. Ils étaient deux, mitraillettes à la hanche. S'efforçant de garder son calme, elle commanda au cheval d'avancer de nouveau.

— *Nein!* cria une voix. *Nein, Fräulein, halt, zurück!*

Elle fit comme si elle n'avait pas entendu, agita les rênes, mais une rafale de mitraillette la cloua sur son siège. La sueur accumulée sur sa nuque coula d'un coup sur son dos, et un grand froid la saisit. Sans les voir, elle sut que les soldats s'approchaient. L'un d'eux vint se placer face à la charrette, sa mitraillette braquée sur elle, et elle eut la conviction que le deuxième examinait le sac, à l'arrière. Il lui sembla que son cœur cessait de battre. Un choc lui apprit que le soldat était monté sur la plate-forme. Quelques secondes passèrent, puis elle entendit les pommes de terre rouler sur le bois. Elle ferma les yeux.

— *Kommen sie! Schnell!* entendit-elle.

Elle comprit qu'elle devait descendre, eut de la peine à y parvenir, crut qu'elle allait tomber. A l'instant où elle les vit vraiment, leur jeunesse la surprit, mais aussi, et peut-être davantage, la dureté de leurs traits. Du canon de son arme, l'un d'eux la frappa sur le bras, puis elle sentit l'acier froid sur ses reins, tandis qu'elle commençait à marcher vers le char qui barrait la route. « Où m'emmènent-ils ? » se demanda-t-elle une fois le barrage franchi, mais avec une sorte de distance par rapport à ce qui se passait. Elle n'avait plus qu'une hâte : que tout cela finît. « Ce sont des Allemands, se dit-elle, et ils m'ont arrêtée. » Mais en même temps ce qu'elle vivait lui paraissait irréel, et presque du domaine de l'imagination.

Au bout de trois minutes, ils arrivèrent sur la place. Là, ils lui firent prendre la direction du café de France. Il y avait une dizaine de chars et d'automitrailleuses alignés, des soldats en grand nombre assis à l'ombre, et d'autres qui entraient dans les maisons. « Comment est-il possible qu'ils soient là et que le maquis ne l'ait pas appris ? » se demanda-t-elle de nouveau, mais sans avoir le temps de chercher une réponse.

« *Schnell, Fräulein !* » cria une voix, alors qu'elle hésitait devant la porte. Elle ouvrit. Son regard rencontra tout de suite celui de la patronne assise à la caisse. Celle-ci ne sursauta même pas. Il sembla à Philomène qu'elle l'exhortait au calme, et le fait de trouver une alliée lui fit du bien. Des officiers discutaient entre eux et riaient très fort. Philomène songea qu'ils avaient dû faire du café leur quartier général. L'un des soldats posa les deux cartouches de plastic sur une table. Aussitôt les rires cessèrent. Un officier se leva, s'approcha de Philomène.

— *Du, Fräulein, Terrorist !* hurla-t-il en la frappant au visage du plat de la main.

Sous la violence du coup, elle se retrouva contre le mur, implorant des yeux l'aide de la patronne dont le regard s'était voilé : « Ainsi c'est arrivé », se dit-elle, pendant que l'officier parlait aux soldats. Elle avala une salive amère, sentit le goût du sang dans sa bouche, puis des crosses la poussèrent vers la porte, et elle sortit dans la splendeur de l'été où passaient des parfums de buis et de lilas. L'impression d'avoir perdu tout cela, et à jamais, la traversa. Des larmes roulèrent sur ses joues ; elle tituba. Ils croisèrent un homme et une femme âgés, qui la regardèrent un peu comme si elle n'existait plus. On l'emmena dans une sorte de garage au bas de la place, et là, les jambes coupées par la peur, elle se laissa glisser sur le ciment.

— *Nein ! Aufstehen !* hurla un soldat.

Elle se releva, surprise de comprendre aussi bien une langue inconnue. Son gardien referma la porte, elle demeura seule dans l'ombre sans oser se rasseoir, saisie par la fraîcheur relative qui régnait dans le réduit, après la fournaise du dehors. Elle essaya de rassembler ses forces, ferma les yeux. A la pensée qu'elle ne savait pas grand-chose des maquis, elle se sentit un peu réconfortée : elle ne serait pas tentée de parler si on l'interrogeait. Deux ou trois heures passèrent : c'est ce que lui indiqua la diminution progressive du liséré de lumière qui filtrait du dehors. Puis une voiture s'arrêta devant le garage dont la porte s'ouvrit brusquement, et le factionnaire apparut.

— *Raus !* fit-il avec un geste impérieux de sa mitraillette.

La lumière encore vive aveugla Philomène. On la poussa vers le véhicule qui était en réalité un fourgon blindé. Elle s'affala sur l'un des bat-flanc aménagés à l'usage des blessés. Son gardien s'installa près d'elle, et elle n'osa lever les yeux sur lui. Le fourgon roula pendant un quart d'heure. Elle se dit qu'elle avait sûrement quitté Gramat. Effectivement, quand on la fit descendre, elle se trouva devant la porte ouverte d'une maisonnette, en pleine campagne, en bordure d'un petit bois. Les deux soldats qui étaient dans la cabine la firent entrer, l'obligèrent à s'asseoir. La petite maison devait être à l'abandon depuis longtemps, mais quelques meubles témoignaient encore d'une vie disparue : une table, quatre chaises de paille, un buffet aux portes crevées. Les soldats se mirent à discuter. Dix minutes passèrent encore, puis une voiture arriva et se gara devant l'entrée. Elle reconnut l'officier du café, un autre encore, qui était parmi ceux qui riaient, et elle pensa, en les voyant s'approcher, qu'elle allait devoir être courageuse.

Allongée à même le sol de la grange attenante à la maison où elle avait été interrogée, Philomène s'étonnait encore de n'avoir pas été brutalisée. « La Wehrmacht ne torture pas, madame », lui avait dit l'officier en la quittant, après une heure d'interrogatoire. Elle s'était contentée de donner son nom et son prénom, son âge, son domicile, mais elle avait nié tout le reste : elle ne faisait partie d'aucune organisation, le plastic était destiné à un ami qui voulait faire sauter des rochers dans une carrière, il s'appelait Jean Combarelle (prise de court, elle n'avait pas trouvé autre chose), elle ignorait qui était « Vény », qui étaient « Georges » et Maxime, et Raymond. Puis, une deuxième automobile était arrivée et deux officiers étaient repartis précipitamment vers Gramat.

— Bien apprise, votre leçon, madame, lui avait dit celui qui menait l'interrogatoire, mais la Gestapo n'aime pas les leçons. Vous le saurez bientôt.

Il l'avait saluée d'un signe de tête et l'avait laissée à la surveillance d'un soldat qui, vers huit heures, lui avait lancé un morceau de pain en disant :

— *Essen, Fräulein!*

La nuit était tombée, tiède et parfumée, et elle avait cessé d'avoir peur, sachant qu'elle disposait d'un peu de répit. Elle espéra alors qu'on la laisserait là toute la nuit et que les maquis auraient le temps d'intervenir. Car elle ne doutait pas qu'Adrien, s'il avait été prévenu, remuait ciel et terre pour la sauver. Mais, un peu plus tard, on la ramena vers Gramat et, au lieu de la faire entrer dans le garage où elle avait passé une partie de l'après-midi, on la fit monter dans un camion qui rejoignit aussitôt une colonne blindée et se mit en route vers Figeac. Alors elle comprit qu'elle était seule désormais et qu'Adrien ne pouvait plus rien pour elle. Elle s'allongea sur la banquette, face à deux soldats qui l'insultaient par instants sans raison, et elle repoussa avec peine des larmes de fatigue et de désespoir.

Le camion roula toute la nuit, et elle parvint à peine à s'assoupir. Pendant les moments où la conscience de sa situation périlleuse s'avivait, elle s'appliquait à songer aux siens : Adrien, François, Marie et Louise, s'entourait d'un halo de tendresse où elle cherchait à s'enfoncer comme dans un cocon protecteur. Et puis elle ouvrait les yeux, apercevait les jambes des soldats et retournait à ses cauchemars. Elle dormit quelques minutes, à quatre ou cinq reprises, et à chaque réveil une peur folle l'étreignait. Alors elle s'efforça de garder les yeux ouverts, cherchant dans la demi-obscurité du camion des ombres capables d'évoquer les silhouettes qu'elle aimait.

Quand l'aube se leva, le camion entrait dans une grande ville : c'est ce qu'elle constata à travers la bâche soulevée par l'un de ses gardiens. Ceux-ci partagèrent un morceau de pain, et l'un d'eux cria, alors qu'elle tentait de se redresser pour dénouer ses jambes ankylosées.

— *Schlafen, Schweinerei!*

Comme elle ne comprenait pas, il la frappa d'un coup de crosse. Elle se recoucha, essaya de faire le vide en elle, réussit seulement à somnoler un peu. Vingt minutes plus tard, le camion ralentit, longea un mur interminable, tourna à gauche, passa sous une voûte, s'arrêta dans une cour. Les soldats firent descendre Philomène dont les jambes s'affaissèrent. Elle tomba. Ils l'obligèrent à se relever en lui donnant des coups de pied. Elle avança le long d'un couloir, comprit qu'elle se trouvait dans une prison, mais se demanda dans quelle ville. Elle l'apprit dix minutes plus tard, dans une cellule aux fenêtres obstruées, où étaient enfermées six femmes, prisonnières comme elle. La ville était Toulouse, et la prison celle de Saint-Michel. Ses compagnes se présentèrent, lui demandèrent d'où elle venait et qui elle était. Elle leur répondit avec d'autant plus de spontanéité que ces présences féminines lui étaient précieuses après la nuit qu'elle venait de passer. Celle qui commandait la chambrée, une forte femme à la cinquantaine avancée dont le prénom était Solange, lui expliqua comment les choses se passaient dans la prison et prononça le mot « Gestapo » comme s'il était naturel en ces lieux.

Philomène observa une à une ses compagnes, remarqua que les deux plus marquées par les interrogatoires semblaient être les plus jeunes, dont les robes et les jambes présentaient des traces de sang séché.

— Ne t'en fais pas, dit Solange, ça ne sert à rien d'y penser avant, on ne peut pas s'y préparer, tu comprends ?

Philomène hocha la tête, se résigna. Mais

259

alors qu'elle était habituée aux grands espaces, la promiscuité et l'absence d'air, ajoutées à l'obsession de ce qui l'attendait, lui rendaient ce lieu plus terrible encore.

— Il faut avoir confiance, dit Solange dont les grands yeux marron avaient gardé tout leur éclat, la victoire est proche. Et puis le prochain convoi ne partira pas en Allemagne avant trois semaines, alors d'ici là...

— Merci, dit Philomène, vous êtes gentille.

Et elle se laissa aller contre le mur, écoutant les conversations avec attention, interprétant le moindre détail, la moindre allusion.

Ainsi, au cours de cette matinée, elle fit connaissance avec le « téléphone mural » dont se servait Solange pour obtenir des renseignements, la soupe et le pain rassis de onze heures, avec la vie de ces femmes qui avaient choisi le combat et le payaient aujourd'hui. Vers midi et demi, il y eut des pas dans le couloir, et la porte s'ouvrit sur un civil encadré par deux soldats armés.

— *Du! komm mit mir!* ordonna le fonctionnaire en désignant Philomène du doigt.

— *Gar schöne Spiele spiele ich mit dir*[1]! ajouta l'un des soldats en ricanant.

Solange aida Philomène à se lever. Elle

1. « Car je vais jouer à de jolis jeux avec toi ! » (Goethe, *Le Roi des Aulnes.*)

demeura un instant appuyée au mur, mais le civil la saisit par le bras et la poussa dans le couloir. Elle descendit les escaliers avec l'impression qu'elle allait tomber à chaque pas, déboucha dans la cour bordée d'arcades sur trois de ses côtés. Un soldat la fit tourner à gauche, s'arrêter devant une porte basse, l'ouvrit lui-même. Philomène comprit tout de suite qu'elle était celle de l'horreur en entendant un tintamarre destiné à couvrir les cris, pourtant parfaitement distincts où elle se trouvait. Paralysée, elle regarda autour d'elle : deux soldats traînaient par les jambes un homme au visage couvert de sang ; une femme était allongée contre un mur et respirait à petits coups, les mains croisées sur son ventre. L'un des soldats, prenant violemment les poignets de Philomène, les rabattit dans son dos, lui passa les menottes. Elle trébucha sur un homme plié en deux, dont les mains étaient liées aux chevilles. Elle attendit face à une porte derrière laquelle une femme criait, en se demandant vaguement quel crime elle avait commis pour se trouver aujourd'hui dans ce lieu d'enfer. Le civil entra, laissa un instant la porte entrouverte, et elle aperçut un corps blanc qui se tordait par terre. Fermant les yeux, elle chercha à se souvenir des prières de son enfance.

Que reste-t-il, quand on ne peut même plus

pleurer, quand toute l'horreur accumulée en soi ne peut plus s'écouler? Elle voudrait pleurer pour oublier. Pour ne pas penser. Pour refuser l'avilissement, la négation de soi, la folie, la violence qu'elle eût été bien incapable d'imaginer. Surtout pas elle. Surtout pas l'enfant de Guillaume et de Marie Laborie. Surtout pas la femme d'Adrien. Surtout pas la sœur d'Abel, mère de quatre enfants qui savaient si bien sourire, autrefois.

Elle est allongée sur le côté droit, seule dans l'obscurité complète d'une cellule, les yeux clos. Elle ne sent pas la douleur, pas vraiment, si elle ne bouge pas. Elle ne pleure pas. Elle ne sait plus. « Pourquoi Dieu permet-il de telles choses? » se demanda-t-elle. Elle halète doucement, les doigts crispés sur un brin de menthe fanée retrouvé dans la poche de son tablier. Le plus douloureux, en cet instant, c'est ce sentiment d'injustice semblable à celui éprouvé le jour où elle a appris la mort d'Abel. Pourquoi? songe-t-elle, pourquoi m'a-t-on fait ça? Je le méritais donc? Elle appelle, comme lorsqu'elle était enfant :

— Abel! Abel!

Nul ne répond. Le passé défile sur l'écran de ses yeux clos. C'est le rouquin qui vient vers elle, si semblable aux soldats d'aujourd'hui : même bassesse, même stupidité, même violence, même force du mal, tout ce qui blesse et qui déchire. Mais voilà Adrien qui accourt à son aide. Elle se sent mieux. Dans un murmure, elle les appelle tous, l'un après l'autre, tous ceux qui l'aiment, tous ceux qui sauront la défendre, la protéger. Même son père, Guillaume, que le rocher a écrasé.

— Père, souffle-t-elle, ne m'abandonnez pas.

Et voilà qu'il se relève, qu'il vient vers elle et la prend dans ses bras. « Ne pleure pas, petite, dit-il, tu iras à l'école bientôt. » Tous les siens s'approchent à leur tour, l'embrassent. Et voici Louise, qui sera professeur, peut-être, mais le verra-t-elle jamais ? Un sursaut de révolte la fait se dresser à demi, mais elle retombe, brisée. Et aussitôt, pourtant, elle rassemble ses forces, car elle veut vivre cela, et ce sera sa victoire, sa revanche qui effacera tout, même ces heures de prison. Elle va se battre, elle va lutter, pour tous les siens, pour Louise, pour Adrien, comme elle l'a toujours fait, toujours, depuis toujours. Elle serre dans sa main libre le brin de menthe sauvage, le porte vers son visage, le respire, reconnaît le parfum : c'est celui de la vie.

Ils viendront la chercher trois fois et la ramèneront trois fois dans sa cellule. La dernière sera la pire. « Mon Dieu, comment peut-on continuer à vivre après cela ? » songe-t-elle. Et cette envie de hurler. Hurler comme une folle. Et comme sa voix ne passe plus entre ses lèvres, envie de mourir. Elle veut mourir parce qu'elle a trop mal, parce qu'elle se dit qu'elle ne pourra plus regarder un être vivant dans les yeux. Elle va mourir de honte, de dégoût, d'une peur atroce de la vie qui est devenue folle. La voilà qui s'agenouille, un goût de sang dans sa bouche, et qui se laisse tomber contre le mur, la tête en avant. Et la voilà enfant, trottinant derrière sa mère qui se retourne en souriant. Mais au bout du chemin, c'est son père qui l'attend, et puis c'est Mélanie, c'est Adrien, c'est Marie, c'est Louise assise au fond d'une salle de classe, et c'est Abel, des sabots dans les mains. Elle renaît à la vie parce qu'elle aime la vie. Profondément. Totalement. Parce que c'est sa nature d'aimer la vie. Marie et son fils sourient, lui font signe de la main. C'est vers eux qu'il faut marcher, et non pas vers les hommes de guerre venus d'un autre monde. Quand le besoin de hurler revient, elle respire le brin de menthe qu'elle ne lâche plus. Maintenant, un mince filet de voix coule entre ses lèvres. Elle essaye de chanter pour rester en vie.

Deux fois encore, au cours de cette nuit-là, elle replongera dans le gouffre, et deux fois elle se jettera contre le mur. Mais il y aura toujours quelqu'un pour venir la chercher tout au fond, et pour la prendre par la main. Il y aura toujours un brin de menthe pour réveiller ses sens, une voix pour lui dire :

— Philo, Philo, ne t'en va pas !

A l'aube, elle léchera le sang sur ses lèvres, sur ses mains, elle se traînera vers le filet de lumière de la lucarne pour boire le jour. Un nouveau jour de vie. Un jour qu'elle a eu la faiblesse de refuser. Alors elle demandera à Dieu, à Adrien, à tous les siens, de bien vouloir lui pardonner.

Le train filait entre des bois de chênes et Philomène n'en croyait pas ses yeux, un peu comme ce matin de la semaine précédente où la porte de sa cellule s'était ouverte devant un Français sans arme. Ce matin-là, elle avait été réveillée dès l'aube par des explosions, des grondements de moteurs et le martèlement cahotique des chars. Et puis il y avait eu des cris, des chocs sourds contre les murs ; des voix de femmes avaient chanté *La Marseillaise* dans la cour. C'est alors que la porte s'était ouverte. D'abord, elle n'avait pas voulu croire son sauveur, affirmant que les Allemands avaient quitté les lieux au petit jour, sous la menace conjuguée des maquis et des troupes alliées, et puis, devant l'évidence inespérée de la fin de ses souffrances, elle s'était mise à trembler sans pouvoir s'en défendre, longtemps, interminablement, malgré la couverture posée sur ses épaules. On l'avait descendue au rez-de-chaussée, dans une grande pièce où se trouvaient d'autres femmes, comme elle abasourdies par ce qui leur arrivait, et qui jetaient à droite et à gauche des regards incrédules et un peu fous. Elle s'était cachée sous sa couverture pour pleurer à son aise, mais aussi pour fuir ces regards lourds d'une souffrance qu'elle connaissait trop bien.

Le soir, un camion l'avait emmenée à l'hôpital Saint-Joseph où elle était restée cinq jours. Puis elle avait demandé à être conduite chez Mélanie, et celle-ci avait alerté Marie qui était venue aussitôt, sans avoir le temps de prévenir Adrien qui ne se trouvait pas à Quayrac. Marie était restée quarante-huit heures, puis elle était repartie à la recherche de son père. Malgré les soins affectueux et le réconfort de Mélanie, Philomène n'avait plus éprouvé qu'un désir : retrouver rapidement son village, sa maison et Adrien. Il lui tardait de le revoir et en même temps elle avait peur. Peur des questions et des regards qu'il porterait sur elle. Or, elle ne devait rien dire de ce qu'elle avait subi. Jamais. Il fallait nier ces jours atroces, les détruire, les brûler par le silence pour qu'ils ne remontent plus à la surface du souvenir, qu'ils ne ternissent pas la lumière de leur existence passée et à venir.

Et aujourd'hui, dans ce train qui la ramenait vers lui, elle revivait comme une enfant qui découvre le monde. Le vrai. Celui qu'il lui semblait avoir quitté depuis mille ans, celui où les chênes, les genévriers et la torpeur de l'été pouvaient dissoudre tous les malheurs et faire éclore tous les bonheurs... Le sifflet de la locomotive la tira de ses pensées. Elle jeta un coup d'œil par la fenêtre, reconnut les environs de Souillac. La peur revint, absurde mais douloureuse, comme si se lisaient sur son visage les stigmates d'une flétrissure. Elle demeura assise, laissa descendre tous les voyageurs, hésita, et consentit enfin à les suivre. Sur le quai, la chaleur, exacerbée par la réverbération des rails, la fit chanceler et fermer les yeux. « Sera-t-il venu ? se demandat-elle. Marie l'aura-t-elle retrouvé ? » Quand son vertige fut dissipé, elle tourna lentement la tête vers le hall, et elle l'aperçut tout de suite, là-bas, à trente mètres, immobile, et qui la regardait. Elle essaya de faire un pas, mais elle n'en eut pas la force, eut l'impression d'avoir à réapprendre à marcher. Il dut le comprendre, car il cria :

— Philo !

Et, comme elle paraissait ne pas l'entendre :

— Philo, c'est moi.

Puis, se mettant à courir en hurlant de peur comme s'il l'avait crue paralysée :

— Attends, ne bouge pas !

Elle ne le vit plus soudain, car une rosée tiède s'était posée sur ses yeux, la contraignant à les fermer de nouveau. Elle se contenta d'écarter légèrement les bras, de mesurer ces interminables secondes qui la séparaient de lui. Le choc de son corps contre elle faillit la faire tomber, mais il l'emprisonna dans ses bras et, le souffle court, murmura :

— Philo, si j'avais su, si j'avais su...

— C'est toi, demanda-t-elle, c'est bien toi ?

Elle rouvrit les yeux, mais elle n'avait pas

besoin de le voir pour savoir que c'était bien lui : il sentait le bois et la terre depuis toujours. Et cette odeur désapprise, affluant soudain en elle, la bouleversa. Il la serrait à briser ses os, soufflait :

— J'ai été fou, complètement fou. C'est moi qui aurais dû y aller...

Elle grimaçait de douleur à cause de la pression de ses doigts sur ses plaies, n'osait lui dire, mais il le sentit à la contraction de ses muscles, demanda :

— Mais qu'as-tu donc ?

— Pas si fort, dit-elle doucement en essayant de sourire.

Il desserra son étreinte, la dévisagea un instant, comprit tout à coup, et ce fut comme si la nuit entrait dans ses yeux.

— Ce n'est rien, dit-elle, ce n'est rien.

Une expression égarée passa sur son visage, il se détacha d'elle lentement, ne sachant plus que dire ni que faire. Heureusement, Louise et Marie s'approchaient. Philomène pensa qu'il avait voulu être seul pour la retrouver. Mais les filles n'en pouvaient plus d'attendre. Quand elles embrassèrent leur mère, Adrien s'écarta un peu, évitant de la regarder. Marie expliqua que Louise s'était installée au village afin de ne pas manquer son père s'il passait à la ferme. Et il était venu justement la nuit dernière chercher des armes.

— Ce matin, Mélanie m'a téléphoné ton arrivée, ajouta-t-elle.

Adrien marchait devant elles, jetant de temps en temps un regard en arrière pour vérifier si Philomène avançait. Soutenue par Louise et par Marie, elle s'efforçait d'aller le plus vite possible pour ne pas les inquiéter. Dehors, une fois assise sur la banquette de la charrette, la douleur s'estompa et elle parvint à sourire. Alors, entourée par les siens, éblouie par l'été flamboyant, il lui sembla qu'un jour, peut-être, elle oublierait.

La tiédeur des nuits, l'affection de tous les siens, la présence attentionnée d'Adrien l'aidèrent à retrouver peu à peu le sommeil. Souvent, le soir, elle partait avec lui sur le causse paisible jusqu'à plus de minuit. Là, il trouvait des mots comme ceux qu'il avait prononcés, il y avait longtemps, à l'époque où il lui demandait de l'épouser. Et même si elle n'était plus tout à fait semblable à la Philomène du début de l'été, même si la part de son être qui l'inclinait à la confiance était restée quelque part prisonnière, même si ses blessures demeuraient vives, elle s'était cependant réconciliée avec le monde des vivants. Il ne lui avait jamais posé de questions car Marie, le soir des retrouvailles, lui avait fait le récit de ce qu'elle avait appris à l'hôpital. Il lui avait seulement expliqué pourquoi les maquis n'étaient pas intervenus à Gramat, ce soir-là : c'était pour éviter des représailles sur la population civile, des assassinats semblables à ceux de Frayssinet-le-Gélat, Tulle et Oradour-sur-Glane, perpétrés en mai et en juin.

Cependant, elle sentait bien qu'il se jugeait coupable de l'avoir envoyée en mission ce jour-là, et elle s'appliquait à le rassurer : ni lui ni elle n'auraient pu prévoir la présence des Allemands ; la preuve : quatre hauts responsables « Vény » n'étaient-ils pas allés se jeter dans la gueule du loup, le même soir, incapables d'imaginer la vitesse de déplacement des unités allemandes ? Il l'écoutait, hochait la tête, murmurait :

— Quand même, quand même...

Et c'était comme s'il ne l'entendait pas.

L'été passa ainsi, agrémenté par les visites fréquentes et régulières des enfants, mais aussi par celles de Mélanie et de tous les amis du village. La fin de la guerre paraissait proche ; Philomène aurait dû s'en réjouir, et pourtant elle la redoutait, car ce qui se passait dans le Sud-Ouest (où les bourgs et les villes s'étaient pour la plupart libérés avant la fin août) lui faisait craindre le pire pour Guillaume. Là, les résistants réglaient leurs comptes avec ceux qui avaient collaboré avec les Allemands. Des femmes avaient été tondues sur les places publiques, des hommes, victimes d'une parodie de justice, avaient été exécutés au bord des routes, d'autres arrêtés, emprisonnés, comme Delmas, au village, comme tant d'autres qui avaient servi l'occupant soit par conviction, soit par faiblesse, soit par intérêt. Et c'était à Guillaume que Philomène pensait jour et nuit, au danger qu'il courait, à ce qui l'attendait s'il était pris. Mais à qui se confier? A Geneviève? A Marie? Certainement pas. Elle-même, depuis son retour de Toulouse, se refusait à l'idée de Guillaume travaillant avec ceux qui, là-bas, dans la prison, torturaient et tuaient. L'image de son fils finit par l'obséder. Certains jours, même, son visage se substituait à celui de l'un de ses geôliers, et son envie de crier était telle qu'elle partait dans les bois pour cacher son tourment.

Vers la fin septembre, il y eut un violent orage qui surprit Adrien dans les champs. Il arriva trempé, prit froid, fut agité de frissons pendant la nuit et, le lendemain, ne put se lever. Le docteur vint, diagnostiqua une pneumonie qu'il fallut soigner énergiquement. Quand il se porta un peu mieux, un soir où ils étaient dans la chambre, Philomène fut tentée de lui parler de Guillaume, mais, une fois de plus, elle n'en trouva pas la force. Elle sortit dans la nuit, leva la tête vers la lune qui jouait à disparaître derrière les nuages, marcha pendant une vingtaine de minutes, puis entra dans la bergerie où les brebis, la reconnaissant, s'approchèrent en agitant leurs sonnailles. Elle demeura un long moment appuyée au râtelier, respirant l'odeur forte qui avait toujours su l'apaiser, les yeux clos. Les bêtes lui parurent anormalement agitées, mais elle le mit sur le compte de sa présence. Pourtant, quand ses yeux furent parfaitement habitués à la pénombre, elle distingua une silhouette debout, de l'autre côté du râtelier, sur le foin. Elle étouffa un cri, se saisit d'une fourche et, les jambes coupées par la peur, recula lentement vers la porte.

— Que faites-vous là ? demanda-t-elle. Et qui êtes-vous ?

La silhouette noire bougea à peine et nul ne répondit.

— Qui êtes-vous ? Que voulez-vous ? demanda-t-elle de nouveau, prête à se défendre au moindre mouvement de l'homme — car c'était bien un homme : elle distinguait un chapeau et des épaules massives dans la pénombre.

Ce fut alors qu'il parla, et elle en fut horrifiée.

— J'ai donc tellement changé ?

Elle eut un gémissement étouffé, se laissa aller en arrière, contre la porte, comme si elle avait reçu un coup.

— Guillaume ! bredouilla-t-elle. Mais comment es-tu ici ?

Il ne répondit pas, se courba pour passer sous le râtelier, mais elle eut un geste de refus :

— Non ! n'approche pas, dit-elle.

Il se redressa, tout près, et elle le reconnut vraiment.

272

— Pourquoi es-tu ici ? demanda-t-elle, et que veux-tu ?

Il y eut un long silence, puis il murmura, d'une voix qui lui parut celle d'un étranger :

— Je fuis depuis deux mois, ils me poursuivent, ils veulent me fusiller ; il faut me cacher !

Ces derniers mots l'épouvantèrent. Ainsi, ce qu'elle redoutait le plus venait d'arriver. Elle se demanda pourtant si c'était bien son fils qui se trouvait cette nuit devant elle, mais il répéta :

— Il faut me cacher, maman.

Elle se revit l'espace d'un instant dans la prison, à Toulouse, souffla :

— Tu n'aurais pas dû, Guillaume.

Il se précipita vers elle, la prit par les bras, mais elle se dégagea et le repoussa.

— Dis-moi la vérité, Guillaume, implora-t-elle, les yeux pleins de larmes.

Il crut alors à une faiblesse, ou à une clémence, murmura :

— Je ne savais pas qu'ils étaient comme ça. Je te jure : je ne le savais pas.

Elle eut comme un vertige devant cet aveu, cria :

— Mais qu'est-ce que tu as fait là, mon petit ? Mais pourquoi ?

Puis elle jeta, dans une sorte de rage :

— Sais-tu qu'ils m'ont arrêtée, emprisonnée ?

Elle avait failli dire « torturée », mais le mot n'avait pu franchir ses lèvres.

— Il faut m'aider, dit Guillaume, je t'en prie.

Elle se revit alors dans la prison de l'horreur, et ce fut en elle comme une immense déchirure. Elle sortit brusquement, referma violemment la porte derrière elle et s'enfuit dans la nuit.

Quand elle rentra, beaucoup plus tard, Adrien, heureusement, dormait. Elle se coucha sans bruit, le corps douloureux, sachant déjà qu'elle ne trouverait pas le sommeil. Et, en effet, Guillaume se dressa toute la nuit devant elle, et toute la nuit elle réfléchit à ce qu'elle devait faire. Car il fallait se décider vite, très vite, avant qu'Adrien ne fût rétabli. Garder Guillaume ? Ce n'était pas possible. Il ne pourrait pas vivre tout le restant de sa vie enfermé. Et d'ailleurs, si Adrien le découvrait, il serait capable de le tuer. Alors ? Le chasser ? C'était l'envoyer à la mort. Mais une mère pouvait-elle envoyer son enfant à la mort ? Mon Dieu, avait-elle vraiment mérité une telle épreuve après ce qu'elle avait subi ? Ce fut une nuit interminable qui la laissa sans forces et désemparée au lever du jour. Adrien, quant à lui, allait mieux et voulait reprendre le travail. Elle l'en dissuada à grand-peine, prétextant un changement brusque de temps qui risquait de le faire rechuter. Dès qu'elle put s'échapper, elle porta du pain, du fromage et du vin dans la bergerie, mais elle referma la porte aussitôt et repartit dans sa cuisine.

La matinée passa beaucoup trop vite à son gré. Plus l'échéance approchait, et plus la conscience de la situation où elle se trouvait l'alarmait. Que fallait-il faire? Qui pouvait l'aider? Elle se sentait seule, terriblement seule malgré la présence d'Adrien blotti près du feu. Ils mangèrent en silence et il comprit que quelque chose n'allait pas. Il posa deux ou trois questions, mais elle y répondit à peine, se plaignant d'un mal de tête. Après le repas, comme il était parti se coucher, elle porta à manger à Guillaume et s'attarda davantage. Celui-ci, assis dans le foin, se leva à son entrée. Le fait de le voir enfin dans la lumière, de redécouvrir ses yeux, son nez, sa bouche, son regard aujourd'hui plein d'humilité, la bouleversa tellement qu'elle faillit le prendre dans ses bras. Mais la pensée d'Adrien la contraignit à quitter la bergerie sans un mot, sans l'ombre d'un sourire.

L'après-midi, elle resta longtemps immobile près du feu, plongée dans ses tourments, puis elle partit chez Geneviève et en revint une demi-heure plus tard. La pluie s'étant mise à tomber, elle ne sortit pas les brebis, mais s'occupa dans la maison à des travaux de raccommodage avant de préparer le repas. Adrien, fatigué et fiévreux, se coucha tôt. Elle attendit la tombée de la nuit et, après avoir vérifié qu'il dormait, elle s'en fut dans la bergerie, deux paquets dans les mains.

Refermant soigneusement la porte derrière elle, elle alluma la lumière, s'approcha du foin. Guillaume, debout, regardait les deux paquets recouverts de papier journal avec étonnement. Elle les ouvrit, en évitant de lever les yeux sur lui, puis elle dit d'une voix qui tremblait un peu :

— C'est de l'argent et des habits propres.

Il eut comme un sursaut, demanda :

— Pourquoi ? Que veux-tu en faire ?

Elle soupira.

— Il faut partir, mon petit, dit-elle, il ne faut pas rester ici.

— Mais où veux-tu que j'aille ? Tu veux donc me faire tuer ?

Elle ferma les yeux.

— Il faut essayer d'aller en Algérie, chez Nicole et Charles. Je leur écrirai.

Il y eut un bref silence, le temps pour lui de réaliser qu'elle avait vraiment pris une décision. Alors il tendit la main, se saisit de l'argent et des vêtements, recula un peu, puis les lâcha aussitôt, comme s'ils le brûlaient.

— Tu ne peux pas me chasser, toi. Surtout pas toi.

Et, comme elle secouait la tête sans répondre :

— Rappelle-toi ce que j'ai fait pour François.

Il est vivant, François, il va revenir, j'en suis sûr.

— Je sais, Guillaume, mais tu ne peux pas rester ici.

D'un coup, sans qu'elle s'y attendît, il se précipita vers elle, l'enserra dans ses bras, violemment. D'abord elle demeura hostile, lointaine, puis elle le serra elle aussi, embrassant ses tempes et ses cheveux, jusqu'à ce que la douleur dans son dos et sa poitrine lui fasse souvenir de Toulouse et de sa prison.

— Tu me fais mal, dit-elle.

Il la lâcha, recula d'un pas.

— Qu'y a-t-il ? demanda-t-il.

Elle ne répondit pas, détourna la tête. De longues secondes passèrent. Il comprit alors de quelles blessures elle souffrait, et ce fut comme s'il recevait un coup. Il chancela, hésita, puis il ramassa les paquets, prit l'argent, sortit les habits propres et s'habilla lentement. Elle s'éloigna de quelques pas, en évitant de le regarder. Quand il fut prêt, il s'approcha de nouveau.

— Si tout va bien, il faudra écrire, dit-elle.

Et elle ajouta :

— Ton père ne sait rien.

— Alors on ne se reverra plus ? demanda-t-il.

— Je ne sais pas, dit-elle.

— Laisse-moi t'embrasser au moins une dernière fois, alors.

— Non, Guillaume, il ne faut pas.

Et elle répéta d'une voix éteinte :

— Il ne faut pas, comprends-tu?

Il hocha la tête, ses épaules s'affaissèrent, il prit une profonde inspiration et sortit brusquement. Dès que la porte claqua, elle se laissa tomber dans la paille et demeura ainsi longtemps, sans bouger, anéantie. Et ce fut seulement une demi-heure plus tard, lorsqu'elle fut certaine qu'il était loin, qu'elle ne le rejoindrait jamais, qu'il était parti pour toujours, qu'elle se mit à courir derrière lui en l'appelant dans la nuit.

12.

L'an nouveau avait fait miroiter les collines. Janvier avait paru se figer dans le métal bleu des nuits de neige et ne jamais finir. Février s'était épuisé à polir le gel rose des matins jusqu'à l'arrivée du vent d'ouest. Déjà, sous un ciel de porcelaine, les bourrasques de mars balayaient les froidures et la terre s'ouvrait aux promesses du printemps.

Pour Adrien, qui était resté deux mois confiné près de l'âtre, il n'était pas question d'attendre plus longtemps. A peine le temps eut-il « cassé », qu'il attela les bœufs pour les labours, et Philomène se retrouva plus seule encore, torturée par l'idée du danger que courait Guillaume, et cela par sa faute. Elle y pensait d'autant plus qu'Adrien ne cessait de parler du retour probable de François, faisait des projets, s'étonnant presque qu'il ne fût pas encore là, comme si la guerre était déjà finie. Elle était obligée de tempérer un peu son impatience, redoutant l'arrivée d'une mauvaise nouvelle, et chaque fois qu'il prononçait « François », elle entendait « Guillaume », ne parvenait pas à fuir le remords qui la harcelait jour et nuit.

Un matin de la mi-mai, un visiteur s'annonça alors qu'elle était en train de moudre du café.

— Holà! il y a quelqu'un? cria celui-ci en cognant à la porte.

Elle sursauta en apercevant un jeune inconnu, maigre et barbu, avec de petits yeux enfouis au fond de leurs orbites. Il la dévisageait, ne se décidait pas à parler, et elle eut peur.

— Vous êtes madame Fabre? demanda-t-il enfin.

Elle hocha la tête.

— Je m'appelle Auguste, reprit le jeune homme, Auguste Rigal, et je viens de la part de François; il va bien, ne vous faites pas de souci.

Elle ferma les yeux, poussa un long soupir, puis :

— Asseyez-vous, dit-elle en lui désignant une chaise.

Elle demeura debout tandis qu'il s'installait.

— Voulez-vous boire un verre?

— Ce n'est pas de refus, madame, j'en aurai besoin pour finir d'arriver.

Elle lui donna un verre, versa du vin, reposa la bouteille, ne put cacher son impatience :

— Alors vous étiez avec François? demanda-t-elle.

— Pas tout à fait. Moi je travaillais dans une

ferme voisine, chez les Grüber, à dix kilomètres de Linz, en Autriche. Enfin... en Allemagne, quoi.

— Et lui ?

— Lui, il était chez les Junkermann, deux vieux qui ont perdu tous leurs enfants à la guerre. Il a essayé plusieurs fois de s'évader, mais chaque fois il a été repris.

Il hésita, s'éclaircit la voix, ajouta :

— La dernière fois, ils ont menacé de le mettre à Mauthausen : c'est un camp pour les déportés, pas loin de Linz. Alors il a préféré se tenir tranquille en attendant que tout ça se termine. Moi, j'ai eu plus de chance.

Il y eut un long silence, puis Philomène murmura :

— Merci.

— Mais de rien, madame, je lui avais promis de faire le détour si je réussissais. Eh bien voilà ! C'est fait.

— Vous allez bien rester manger, mon mari serait si content de vous entendre parler de François.

— C'est que je ne peux pas, madame, il me tarde tellement d'arriver.

— Et où allez-vous ?

— A Rodez.

— Ça nous ferait tellement plaisir, insista-t-elle.

— Je ne peux vraiment pas, dit le soldat en

se levant, je suis désolé mais je voudrais bien être arrivé avant ce soir.

Philomène hocha la tête.

— Vous ne pouvez rien me dire de plus? demanda-t-elle.

— Au sujet de François?

— Oui.

— Il va revenir, madame, j'en suis sûr.

Et il ajouta, dans un sourire:

— Ah, oui! Il m'a dit de vous faire la bise. Vous permettez?

Ils s'embrassèrent et Philomène, fermant les yeux, crut un instant étreindre son propre fils.

Dès que le soldat fut parti, elle se mit en route, d'abord lentement, puis de plus en plus vite, dans les rafales du vent d'ouest qui caressait sa peau. Derrière les murs de lauzes, les alouettes s'envolaient à son approche, tourbillonnaient un instant et s'abattaient un peu plus loin comme une grêle sur les pelouses reverdies par les pluies. Quand elle déboucha sur le plateau, vingt minutes plus tard, le vent faillit l'emporter. Elle aperçut Adrien et les bœufs à cent mètres, se mit à courir, mais il ne la vit pas, car il lui tournait le dos. A l'instant où il l'entendit, elle arrivait à sa hauteur. Il sursauta, arrêta les bœufs, lâcha les manchons de la charrue:

— Un camarade de François est venu, dit-elle. Il est toujours là-bas, mais il va bien.

Elle le vit pâlir.

— C'est vrai? demanda-t-il.

282

Elle sourit. Il s'approcha, la prit dans ses bras, demanda d'une voix hésitante :

— Qui c'était ce garçon ?

— Un nommé Rigal, de Rodez.

Et elle raconta ce qu'il lui avait dit, enjoliva même un peu son récit, termina en disant :

— Il va bientôt arriver, il gardera la terre, se mariera, et nous ne serons plus seuls.

C'était là des mots qui lui allaient droit au cœur, elle le savait. Se détachant d'elle, il sourit, ses cheveux dans le vent, un éclair de jeunesse dans les yeux.

— Aide-moi à aller au bout du sillon, dit-il.

Elle se plaça devant les bœufs, toucha le joug de l'aiguillon, et la terre s'ouvrit en larges lèvres luisantes. Une fois à l'extrémité du champ, il releva le soc, laissa les bêtes à leur humeur. Ils s'assirent un moment sur des pierres, protégés du vent par trois genévriers.

— Je crois qu'il aimera tout ça, dit Adrien en montrant le champ de la main, et peut-être encore plus qu'avant.

Philomène approuva, souriante, puis :

— J'ai vu Sylvette Alibert la semaine dernière, dit-elle, elle m'a demandé si on avait des nouvelles.

— C'est une bonne petite, dit Adrien, elle fera une femme parfaite pour celui qui l'épousera.

Ils se regardèrent, comprirent qu'ils avaient

tous les deux fait le même projet pour François et se mirent à rire.

Quand les cloches sonnèrent, le 8 mai, il sembla à Philomène avoir remonté le temps jusqu'à ce jour de novembre 1918 où s'était terminée une autre guerre, si lointaine et pourtant si proche. Elle se rendit sur la place du village en compagnie d'Adrien qui avait évoqué la veille, après avoir écouté la T.S.F., un retour possible de Guillaume. Elle en avait été étonnée, mais avait eu l'impression que cette idée, dans l'euphorie de la victoire et la fin des malheurs, ne lui déplaisait pas vraiment. Elle avait une nouvelle fois hésité à lui dire la vérité, mais Adrien paraissait si heureux, si confiant, qu'elle n'avait pas osé. Et puis elle s'était dit qu'il valait mieux attendre, car elle recevrait peut-être bientôt une lettre d'Algérie, et dans ce cas Adrien ne saurait rien de ce qui s'était passé entre-temps.

Ce jour-là, sur la place, à la pensée qu'elle n'aurait peut-être rien à lui avouer, elle se sentait délivrée et goûtait la tiédeur mielleuse de ce début mai. Le vent du sud apportait des parfums délicats, si étroitement mêlés qu'on n'en discernait pas la provenance. Tout le village se trouvait là réuni. Il faisait beau, des jeunes filles chantaient entre les tables sur tréteaux sorties pour l'occasion par Geneviève. Bien décidée à se fondre dans la joie collective, à tout oublier de la guerre, Philomène joignait sa voix à celles qui réclamaient des lampions de fête et un bal. Simbille, proclamé maire par acclamations depuis l'arrestation de Delmas, déclara qu'il se chargeait de tout.

Il y mit tant de zèle qu'on commença à danser vers cinq heures, tandis que dans les verres coulaient à flots le vin et la limonade. Philomène se laissa entraîner par Adrien dans la danse et ne s'arrêta qu'une heure plus tard, à l'arrivée d'André et de Marie. Alors elle emmena tout son monde dans sa maison où, heureuse de ces retrouvailles, elle prépara rapidement le repas du soir en compagnie de ses deux filles. Celui-ci fut joyeux, mais bref, car la musique des accordéons appelait à la danse. Philomène s'y rendit avec Louise qui l'avait aidée à desservir et à faire la vaisselle. Elles s'assirent un peu à l'écart, sur deux chaises prêtées par Geneviève, et regardèrent danser les gens du village à la lumière des lampions.

— Tu devrais y aller aussi, dit Philomène après de longues minutes de silence.

— Tu sais bien que je n'aime pas ça.

Elle regarda sa fille, demanda :

— Qu'y a-t-il, tu es malade ?

Louise ne répondit pas tout de suite. Elle soupira, puis :

— Tu sais, dit-elle, je ne crois pas que je passerai le concours de l'école normale.

Philomène sentit une onde désagréable courir sur sa peau.

— Et pourquoi donc? demanda-t-elle en s'efforçant de dissimuler sa déception.

— Je voudrais tellement aller jusqu'au baccalauréat, souffla Louise.

Philomène ferma les yeux, laissa échapper un soupir de soulagement. Elle avait craint le pire, mais c'était au contraire le meilleur que lui apportait sa fille. Et, de plus, en ce jour de fête et de paix.

— Après le baccalauréat, que fait-on? demanda-t-elle en feignant l'inquiétude.

— Après le baccalauréat? Eh bien, on peut passer des concours, ou alors aller dans une université.

— Pour devenir professeur?

— Par exemple.

— Et ça te plairait, à toi, de devenir professeur?

Louise tourna la tête vers Philomène et, les yeux brillants, répondit :

— Oh oui! Je voudrais tellement!

Puis, avec un sourire un peu triste.

— Mais ce n'est pas possible.

— Comment donc, ce n'est pas possible?

— Marie et André vont quitter Souillac. Ils veulent s'établir à leur compte.

— Et alors?

— Mais je ne pourrai pas rester là-bas, maman.

286

Philomène demeura un moment silencieuse. Puis, souriante, elle prit Louise par les épaules, demanda :

— N'ai-je pas toujours trouvé une solution ?

— Si, toujours.

— Eh bien, j'en trouverai une autre.

Et, comme elle apercevait quelques larmes sur la joue de sa fille.

— Tu ne me crois pas ?

— Oh, si, mais j'ai tellement honte !

— Honte ! s'indigna Philomène, mais de quoi donc ?

— De te demander toujours plus.

— Allons donc ! dit Philomène, est-ce un jour à prononcer de telles sottises ?

Louise baissa la tête, sécha ses yeux. Philomène la fit lever.

— Viens danser, ma fille, dit-elle. Aujourd'hui, c'est fête, et demain tu iras à l'université.

Elle trébucha, faillit tomber.

— C'est l'émotion, dit-elle en riant. Tu sais pourquoi ?

Louise secoua la tête.

— Parce que c'est la première fois que je vais danser avec un futur professeur.

Elles se mirent à valser en riant aux éclats.

En cette fin juin, le soleil embrasait la combe où les vagues d'air brûlant s'engouffraient les unes après les autres sans parvenir à franchir la barrière des collines. Pas la moindre caresse de brise, pas la moindre ombre où s'asseoir pour boire l'eau fraîche à la régalade. Malgré leur chapeau de paille à larges bords, Adrien et Philomène, qui portaient les pâteaux de foin vers la meule située au centre de la combe, suaient à grosses gouttes, courbés par l'effort. Cela faisait une semaine qu'Adrien avait fauché, mais, si les andains avaient séché en deux jours, un orage avait éclaté avant que l'on ait pu rentrer le foin, et il avait fallu de nouveau laisser le soleil faire son œuvre.

A cinq heures, ce soir-là, la chaleur était si accablante qu'elle oscillait en ruisseaux argentés jusqu'aux chênes aux feuilles brûlées. Les cigales crissaient à fleur de terre, mais ni Philomène ni Adrien ne les entendaient plus, tellement ils étaient fatigués. Il leur fallut plus d'une demi-heure avant d'achever de bâtir la meule, et ce fut seulement à ce moment-là qu'ils s'accordèrent le repos mérité entre la borie et le bois au-dessus duquel Julien était mort, ce jour où la rosée s'était teintée de sang. Philomène ne put s'empêcher de songer à lui, mais elle le fit sans honte : la mort de Julien lui épargnait désormais le moindre remords.

Adrien se tourna vers elle, lui tendit la gourde.

— Toi aussi tu penses à lui ?

Elle sourit sans répondre.

— Je le détestais tellement, au début, dit-il, et il ne le méritait pas.

— Non, dit Philomène, il ne le méritait pas.

— Tu étais bien placée pour le savoir, toi.

Elle eut peur, mais en le regardant elle comprit qu'il plaisantait. Elle haussa les épaules, appuya sa tête contre le mur, ferma les yeux un instant.

— Regarde là-haut, dit Adrien, entre les deux chênes de la lisière, je crois qu'il y a quelqu'un.

Elle rouvrit les yeux, demanda :

— Qui ça peut être, à cette heure ?

A peine avait-elle posé sa question que, mus par la même pensée, ils se levaient sans quitter le coteau du regard.

— Est-ce que tu crois que c'est lui ? souffla-t-elle.

Adrien ne répondit pas. Elle regarda de nouveau vers la silhouette, là-haut, qui longeait le bois et disparaissait par moments derrière les genévriers.

— Dis, Adrien, fit-elle, est-ce que tu crois que c'est notre fils ?

Puis, aussitôt, en criant presque :

— C'est lui ! Je suis sûre que c'est lui !

Adrien gardait le silence. La silhouette familière s'était arrêtée. Ils appelèrent, agitèrent leurs mains, puis leurs chapeaux de paille.

— Il nous a vus, murmura-t-elle.

Après une brève hésitation, la silhouette

289

commença à courir vers eux qui, pétrifiés, ne bougeaient pas.

— Est-ce possible ? murmurait Philomène.

A mi-pente, François ralentit, puis il repartit de plus belle vers la combe qu'il traversa en moins de deux minutes. Arrivé à deux pas de ses parents, il s'arrêta de nouveau :

— Oui, c'est bien moi, dit-il.

Comme Philomène lui ouvrait les bras, il se précipita contre elle, y demeura un long moment, sans un mot. Puis il embrassa Adrien, de la même manière, tandis qu'elle répétait :

— Est-ce possible ? Mon Dieu, est-ce possible ?

Quand ils se séparèrent, Adrien demanda :

— Tu as peut-être faim ?

— Un peu, dit François.

— Alors, rentrons.

Philomène observait son fils : il n'avait pas vraiment changé, mais ses traits s'étaient affirmés. « Il est parti enfant et il nous revient homme », songea-t-elle. Elle lui prit le bras, tandis qu'Adrien marchait à sa gauche. François, lui, regardait de tous les côtés comme si ses yeux n'arrivaient pas à lui restituer tout ce qu'il attendait de ces moments précieux, et il murmurait :

— C'était long, tellement long.

Adrien et Philomène se taisaient, savourant ces minutes si longtemps espérées, mais ils avaient hâte d'être chez eux pour écouter François. Pourtant, dans la maison, il ne parla pas tout de suite. Il fit le tour des pièces, s'arrêta devant chaque meuble, chaque objet, puis il se rendit dans la grange, dans la bergerie, comme s'il lui fallait se réhabituer à ce monde quitté depuis cinq ans. Enfin, il s'assit à table face à ses parents impatients et, tout en mangeant, commença à raconter ce qui lui était arrivé, d'abord par bribes, péniblement, puis de plus en plus vite, d'une voix monocorde, sans lever les yeux sur eux. Ainsi, Adrien et Philomène apprirent comment, à Bordeaux, il avait erré longtemps avant de prendre contact avec des jeunes qui, comme lui, voulaient gagner l'Angleterre. Mais l'un d'entre eux travaillait pour les Allemands, et les autres étaient bien trop naïfs pour s'en rendre compte. Arrêté sur le bateau avant même qu'il n'appareille, il avait été interrogé dans les locaux de la Gestapo, puis emprisonné pendant une semaine avant d'être emmené à Paris, en camion. Là, il avait été encore interrogé à plusieurs reprises et puis, un soir, un milicien était venu le chercher et il avait cru qu'on allait le fusiller. Mais non, l'homme l'avait conduit dans une sorte de camp d'où il était parti pour l'Allemagne, quelques jours plus tard. Au terme de douze jours de voyage dans un wagon en compagnie de jeunes gens, il était arrivé à Salzbourg, après avoir traversé le Wurtemberg et la Bavière. Vingt-quatre heures après, il partait en camion avec une vingtaine de compagnons pour une destination inconnue; ce devait être Linz, en Autriche.

Au fur et à mesure que François parlait, Adrien et Philomène se rendaient compte qu'il ne disait pas tout. Ainsi de ses interrogatoires dans les prisons, de sa vie pendant le voyage, de la manière dont il était traité par les Allemands. Mais ils ne l'interrompaient pas, devinant qu'il avait vu des choses indicibles, vécu des moments dont il préférait ne pas se souvenir.

— Ensuite, dit-il, j'ai voyagé pendant tout un après-midi avec deux camarades dans une voiture blindée. On était entouré de bois de sapins, de collines vertes. Du haut des monts, on apercevait les Alpes tyroliennes dans le fond, au-dessus des forêts et puis, en bas, dans la vallée, un long et fin ruban bleu : le Danube.

Il s'éclaircit la voix.

— J'ai été placé dans une grande propriété, de l'autre côté du Danube, sur la route de Enns, chez un vieux couple : Hans et Frida Junkermann. La ferme se trouvait au milieu de terres grasses et verdoyantes, dans une vallée coincée entre des collines couvertes de sapins. Leurs trois fils étaient morts à la guerre. On ne manquait pas de travail, mais il y avait un matériel important : un tracteur, une faucheuse, une moissonneuse-lieuse, et dans la maison il y avait l'eau courante et tout le confort.

— Et les cultures ? demanda Adrien.

— Du seigle, du maïs, des betteraves, des

pommes de terre; et en plus il fallait s'occuper de soixante vaches laitières.

— Ils étaient gentils? demanda Philomène.

— Très gentils. Ils avaient même fini par me considérer un peu comme leur fils.

Il sembla à Philomène déceler dans sa voix une sorte de regret qu'elle ne comprit pas, mais il ne s'en aperçut point.

— Je me suis enfui à deux reprises, dit-il, mais j'ai été arrêté avant Munich.

Il hésita, but un demi-verre de vin, reprit:

— De la vallée, on voyait une sorte de château fort avec des tours, des créneaux, son donjon mirador... Ils appelaient ça Mauthausen. C'était un camp de prisonniers. Quand ils m'ont repris, la dernière fois, ils ont menacé de m'y envoyer. Alors j'ai préféré me faire oublier et attendre.

Le silence tomba, dura une ou deux minutes, puis le visage de François changea brusquement:

— Heureusement, d'ailleurs, parce que j'y suis monté quand tout a été fini... Jamais je n'aurais cru que des choses pareilles puissent exister.

Il se tut, soupira.

— C'était un camp d'où on ne ressortait jamais. Il y avait de tout monde, surtout des juifs, mais aussi des résistants, des truands, des trafiquants arrêtés en France. En arrivant, on a trouvé de véritables fantômes... des squelettes ambulants. Ils nous ont fait voir des charniers, des fours où les nazis brûlaient même des enfants.

— Mon Dieu ! dit Philomène, est-ce possible ?

Tête baissée, François regardait ses mains, rassemblait les miettes éparses près de son assiette.

— Si vous saviez, murmura-t-il, si vous saviez...

Puis il s'arrêta, prostré, laissant Adrien et Philomène imaginer les pires atrocités. Le silence dura. Philomène apporta le fromage et Adrien comprit qu'à son tour il devait raconter : c'était le seul moyen de faire oublier à François tout ce qu'il avait vu. Il expliqua comment on avait vécu au village ces années de guerre. Il parla de Pétain, de Laval, des tickets de rationnement, des enquêtes agricoles, de Julien Combarelle, de la Résistance, et François, en l'écoutant, parut se détendre un peu. Philomène donna des nouvelles de tous les membres de la famille, de Michel né pendant l'absence de François, de Marie, de Louise, d'André, mais elle passa sous silence son emprisonnement à Toulouse. D'ailleurs Adrien n'en avait pas parlé non plus. Elle ne savait pas exactement pourquoi, mais il lui semblait qu'il n'était pas temps, que François en avait assez entendu pour son retour. Adrien versa un peu d'eau-de-vie dans les verres. Elle desservit, fit la vaisselle dans la cuisine pendant que les deux hommes continuaient à discuter. Quand elle revint, comme il était plus de minuit, elle demanda :

— Tu n'es pas fatigué ?

— Si, dit-il. Mais pourquoi ne me parlez-vous pas de Guillaume ? Vous n'avez donc pas de nouvelles ?

Philomène sentit Adrien hésiter. Elle secoua la tête en murmurant :

— Non, pas encore.

— Je suis sûr qu'il s'en est sorti, dit François, enfin... j'espère.

Elle se dirigea vers la chambre pour faire le lit, l'invita à la suivre.

— Nous aussi nous espérons, dit-elle, et nous l'attendons chaque jour.

La T.S.F. ne parlait plus que d'épuration, de De Gaulle, de Thorez, des communistes, des élections à venir, de la punition à infliger à ceux qui avaient travaillé avec les nazis. Songeant au danger couru par Guillaume, Philomène ne vivait plus. Dès le passage du facteur, elle se rendait chez Geneviève, en revenait désespérée, ne se sentait plus la force de porter son secret. Elle était sur le point de se confier à François quand une lettre de Nicole arriva enfin, un matin d'août. Elle était courte mais suffisamment explicite pour la délivrer de ses hantises : « Chers tous, écrivait Nicole, ne vous inquiétez pas, il est là, bien vivant. Tout va bien. Nous vous embrassons très fort. » Philomène mit plusieurs minutes à mesurer le bonheur qui lui était donné, et elle resta chez Geneviève pour le partager avec elle.

A midi, quand Adrien et François rentrèrent des champs, elle les accueillit sur le seuil, tout sourire.

— Guillaume est vivant, dit-elle, il est en Algérie.

Et elle répéta, montrant sa lettre à Adrien :

— Il est vivant, il est vivant.

Elle lut un soulagement dans ses yeux. Puis, tandis qu'il l'embrassait, il murmura :

— En Algérie ? Et que fait-il en Algérie ?

— Quelle importance ! fit-elle, du moment qu'il est vivant.

— Oui, approuva François, quelle importance ! Et puis on le saura bien un jour.

Adrien consentit à sourire. Il sembla à Philomène qu'il était rassuré, et elle fut persuadée qu'il avait craint autant qu'elle un malheur. Au cours du repas, il demanda que toute la famille se réunisse le dimanche suivant pour fêter les retrouvailles et la bonne nouvelle. Cependant, Philomène décela dans son comportement une impatience qui ne lui était pas habituelle et elle s'en inquiéta les jours suivants, en se demandant s'il n'avait pas quelque projet en tête.

Le dimanche venu, le repas commença d'excellente manière, après que François se fut extasié devant la corpulence du petit Michel qui, selon lui, ressemblait beaucoup à Marie. Tout en mangeant, il dut répondre à beaucoup de questions, mais il parla surtout de l'agriculture allemande, de ses terres grasses, de son matériel, de la propreté remarquable des maisons et des cours, et il évita de parler des prisons et du camp de Mauthausen. André, après avoir expliqué comment il avait vécu dans son maquis, annonça qu'il allait s'installer à son compte à Martel, mais pas avant le début de l'année à venir, pour laisser le temps à ses patrons de lui trouver un remplaçant.

— Ils garderont Louise jusqu'à la fin de l'année scolaire, ne vous faites pas de souci, dit Marie, je leur en ai déjà parlé.

Les regards de Philomène et de Louise se croisèrent.

— Après, Louise ira à Cahors, dit Philomène.

Adrien, surpris, l'interrogea des yeux.

— Oui, dit Philomène, moi aussi j'ai une bonne nouvelle : elle veut continuer jusqu'au baccalauréat, même peut-être après, si tout va bien.

— C'est une excellente idée, dit Marie, approuvée aussi par les hommes.

— Bon, fit Adrien, eh bien puisque nous en sommes à parler d'avenir, nous allons régler nos affaires une bonne fois pour toutes.

Philomène comprit qu'il avait projeté ce repas et attendu ce moment depuis le jour où la lettre de Nicole était arrivée. Elle ne se sentit pas le cœur d'intervenir, et d'ailleurs pour éviter quel incident ? Elle ne savait rien de ce qu'il allait dire. Adrien considéra ses enfants les uns après les autres, reprit :

— Alors voilà : François restera avec nous et la terre lui reviendra à notre mort. A ce moment-là, il vous donnera votre part, les filles, et à toi, Louise, déduction faite de la charge de tes études. Nous sommes d'accord comme ça ?

Philomène attendit une question qui ne tarda point.

— Et Guillaume ? demanda François.

Adrien ne parut pas du tout surpris. Il reprit, d'une voix glacée :

— Guillaume n'a plus aucun droit vis-à-vis de nous ni vis-à-vis de vous. Et surtout pas celui de venir réclamer quoi que ce soit.

— Quand même, intervint Marie, on voudrait bien savoir...

— Quoi donc ? coupa Adrien.

— Au moins ce qu'il a fait, et pourquoi il se trouve en Algérie, dit François.

« Va-t-il leur dire ? se demanda Philomène, et que connaît-il vraiment de la vie de son fils ? »

— Une terre, ça se défend, fit-il, et lui il n'a pas su.

Il ajouta, plus bas :

— S'il est en Algérie, c'est parce qu'il ne peut plus revenir. Vous auriez honte de lui. Il n'en sera plus jamais question dans cette maison.

298

Un lourd silence tomba. Adrien finit son verre, puis il sortit. Philomène essaya de ranimer la conversation, mais le charme était rompu. Les mots prononcés par Adrien restaient présents à l'esprit de tous, et ni François, ni Louise, ni Marie ne parvenaient à y croire. L'après-midi s'étira ainsi dans un climat de tristesse, puis les filles et André repartirent après avoir dit au revoir à Adrien qui réparait des outils dans la grange. Philomène demeura seule avec François, face à lui, de part et d'autre de la table.

— Je sais maintenant à qui je dois de ne pas être allé dans un camp, murmura-t-il.

Philomène hocha la tête, expliqua :

— Il m'avait écrit de Paris. Je savais avec qui il travaillait. C'est moi qui lui ai parlé de ton arrestation... ton père n'en a jamais rien su.

— Mais alors, pourquoi aujourd'hui...

— On lui a dit un jour sur la place, après une dispute, ce que faisait Guillaume là-bas... Tout se sait, tu comprends... Il n'a jamais plus prononcé son nom.

Elle hésita à poursuivre, mais elle avait besoin de se confier après avoir si longtemps lutté seule.

— Il est revenu ici pour se cacher. On le poursuivait, tu comprends ?

François lui prit une main par-dessus la table.

— Ton père était malade : il n'en a rien su

non plus. Mais je ne pouvais pas garder Guillaume.

Sa voix devint pathétique, comme si elle cherchait à se justifier.

— Ce n'était pas possible. S'il l'avait trouvé, ou quelqu'un du village, il y aurait eu un malheur. Je lui ai donné de l'argent pour qu'il puisse aller en Algérie.

Elle ajouta d'une voix lasse :

— Alors il est parti et j'ai tremblé chaque jour. Si on me l'avait tué, je ne me le serais jamais pardonné.

Il y eut un long silence, puis François lui sourit.

— C'est fini, à présent, c'est bien fini tout ça.

Et, la forçant à le regarder :

— Il faut oublier, puisque tout s'est bien terminé. Dis-moi plutôt ce qui te ferait plaisir, maintenant.

Philomène soupira, son visage se détendit.

— Ce qui me ferait plaisir, dit-elle, c'est que tu nous amènes une bonne petite dans cette grande maison et que vous la remplissiez d'enfants.

QUATRIÈME PARTIE

L'AUTOMNE D'UNE VIE

13

Les ordonnances de 1945 avaient nationalisé les charbonnages, le gaz, l'électricité, et les grandes banques de dépôt. Dans le même temps, la S.N.C.F. et Renault étaient passés sous le contrôle de l'État, les prix avaient quadruplé et il avait fallu rétablir les tickets de rationnement. Laval et Pétain avaient été condamnés à mort, mais si le premier avait été exécuté, le second avait été gracié par de Gaulle. En octobre, le pays avait voté contre le retour de la Troisième République. Les anciens partis, qui constituaient la majorité de l'Assemblée, privaient de toute influence les formations issues de la Résistance. Le général de Gaulle avait été élu à l'unanimité président du gouvernement provisoire de la République puis, hostile à la Constitution votée par l'Assemblée, il s'était retiré au début de l'année 1946.

Moins d'un an après la victoire, les partis politiques avaient repris leurs intrigues d'avant la guerre, l'Assemblée était redevenue ingouvernable, et les Français de nouveau divisés. C'était aussi le cas chez les Fabre où François ne comprenait pas pourquoi son père regrettait tellement le départ du général. Leurs discussions n'en finissaient jamais, ce qui désespérait Philomène, toujours aussi rebelle à la politique. Ce qui l'avait surtout frappée, elle, pendant les mois qui avaient suivi la Libération, c'était les photos et les articles de journaux concernant les camps de concentration. Elle avait alors mesuré à quels périls François avait échappé, et cela ne lui faisait qu'apprécier davantage sa présence quotidienne...

Ce matin de juin, elle s'attarda un instant devant la glace de son armoire où, d'ordinaire, elle se coiffait machinalement, enroulant ses longs cheveux en chignon sur sa nuque. Et tout à coup ils lui apparurent tels qu'ils étaient vraiment : d'une blancheur parfaite. Or elle n'avait jamais vraiment songé à son âge, car elle n'avait pas vu le temps passer.

— Cinquante-six ans ! murmura-t-elle.

Bien que grand-mère, elle se sentait jeune, et sans doute son esprit l'était-il. Mais les événements des années précédentes avaient fait vieillir son corps, et cette évidence la toucha profondément. Pourtant, comment en aurait-il pu être autrement ? C'était dans l'ordre des choses ; les années passaient, le monde et les gens changeaient, et il ne fallait plus s'étonner de rien : ne venait-on pas de proposer à Adrien l'embauche gratuite d'un ou deux prisonniers allemands ! Un seul regard avait suffi pour savoir qu'ils pensaient la même chose : un homme devait vivre chez lui, près des siens, et non dans un pays étranger sous la contrainte. Ils avaient assez souffert, eux, de l'absence de François qui avait beaucoup de mal à se réhabituer à la vie du village. Il parlait souvent du confort et de la propreté de la ferme au bord du Danube, et il avait même bricolé un système pour amener l'eau de la citerne à l'évier à l'aide d'un petit moteur. Il prétendait qu'on négligeait à tort les truffières, assurait qu'il fallait aider les chênes à faire éclore les moisissures en plaçant sous leur couvert de larges pierres capables de retenir l'eau de pluie qui dissolvait le calcaire. Adrien haussait les épaules. Pour lui, la truffe demeurait l'un des privilèges des grands propriétaires qui n'étaient pas suffisamment courageux pour faire pousser du blé. Au reste, quand François incitait son père à acheter une moissonneuse-lieuse, celui-ci s'y refusait en répondant que les gerbes des machines n'étaient pas convenablement liées et que la ficelle de sisal lui paraissait être une meilleure solution.

Philomène essayait d'aplanir les problèmes entre les deux hommes, mais elle se rendait bien compte que François n'était plus le même. Ses références permanentes à la ferme des Junkermann agaçaient Adrien. Elle tentait d'y remédier, de parler à son mari, le soir, une fois couchés, lui démontrait combien ils avaient eu de la chance de le voir revenir, qu'il fallait le comprendre : il l'écoutait, promettait de faire des concessions, mais ne s'y décidait pas. Un soir, pourtant, comme François venait d'annoncer son désir de se marier avec Sylvette Alibert, une brunette qui l'avait attendu sagement pendant de longues années, Adrien s'y résolut.

— Bon, dit-il, ta mère et moi nous avons réfléchi à la situation. Pour les truffes, tu feras ce que tu voudras et toutes les ventes seront pour toi. Je t'aiderai tant que je le pourrai.

Il s'éclaircit la voix, ajouta :

— Tu auras aussi la moitié des ventes des canards et des oies.

François parut d'abord surpris, puis :

— Merci, dit-il, mais puisque je vais me marier, nous pourrions aussi parler du logement.

— Pourquoi ? La maison n'est pas assez grande ? Avant, c'était un château, ici.

— Justement, dit François, puisqu'il y a de la place, je voudrais bien faire quelques travaux, en haut, dans deux ou trois pièces.

Il reprit, après une légère hésitation :

— Comme ça, on ne se gênerait pas.

Adrien, déconcerté, se tourna vers Philomène dont le regard l'implora d'accepter. Il parut faire un effort sur lui-même, décida :

— C'est d'accord. Je t'aiderai, et vous pourrez habiter là-haut.

Philomène demanda :

— Vous mangerez bien avec nous, tout de même ?

François hocha la tête.

— Bien sûr, maman, et tu verras : Sylvette est gentille et courageuse, tu ne seras pas déçue.

— Je sais, fit-elle, je la connais mieux que tu ne le crois. Elle est souvent venue me demander des nouvelles pendant que tu étais en Allemagne.

A partir de ce soir-là, les nuages qui s'étaient amoncelés au-dessus d'eux se dispersèrent, et Philomène attendit avec impatience le jour où la femme de François viendrait s'installer dans la grande maison.

Louise avait passé le brevet fin juin, puis elle était revenue satisfaite pour les vacances à Quayrac, un peu triste quand même de quitter la maison de monsieur et madame Faure qui l'avaient si bien accueillie. Le début de juillet de cette année 1946 avait des douceurs inhabituelles en raison des brumes et des pluies tièdes qui avaient retardé les fenaisons et retarderaient sans doute les moissons. Ce matin-là, flottaient dans l'air des parfums d'herbes réchauffées par les premiers rayons du soleil, et le vent du sud en déposait délicatement les effluves devant les seuils et les fenêtres ouverts. Adrien et François étaient partis faucher, Louise avait emmené le

307

troupeau. Philomène, elle, préparait en chantonnant un ragoût de pommes de terre et de salsifis, quand le facteur entra. Il lui donna une lettre, accepta le verre de vin habituel, lui parla du temps et du retard des foins. Elle patienta, sachant qu'il s'agissait bien de la lettre espérée, car elle portait le cachet de Cahors. Une fois seule, il lui fallut à peine dix secondes pour ouvrir l'enveloppe. Oui, Louise était bien reçue, mais encore avec mention Bien. Philomène s'assit, le temps de savourer ce précieux moment, relisant plusieurs fois la lettre de Cahors. Puis, comme il n'était que dix heures, elle décida d'aller à la rencontre de Louise, qui, depuis quelques jours, commençait à s'impatienter.

En chemin, dans cette matinée radieuse, une profonde sérénité l'envahit. Des grives et des merles se chamaillaient dans les haies, des lézards disparaissaient à l'intérieur des murs de lauzes qui fumaient doucement et, au fond du silence, très loin, des sonnailles tintaient comme du cristal. Il lui sembla qu'elle avait quelqu'un à remercier, peut-être ce Dieu qu'elle avait délaissé depuis des mois au plus fort du sentiment d'injustice dont elle avait souffert. Elle s'assit à l'entrée d'une garenne, sur un lit de mousse. Là, elle ferma les yeux et, la tête tournée vers le soleil, elle laissa la chaleur se poser sur sa peau. Elle demeura ainsi de longues minutes, réconciliée définitivement avec ce monde qui était le sien, incapable de penser à autre chose qu'au bien-être de son corps.

Elle repartit un quart d'heure plus tard et rejoignit bientôt Louise sur le coteau de Maslafon. Ayant entendu aboyer le chien, celle-ci venait à sa rencontre. Elle comprit tout de suite, en apercevant le sourire de Philomène, qu'elle lui portait une bonne nouvelle. Elle lut, très vite, serra un instant la feuille sur sa poitrine, embrassa sa mère, puis toutes deux s'assirent sans parler. Qu'auraient-elles dit qu'elles ne savaient déjà? Il y avait longtemps qu'une profonde complicité les unissait. Là-bas, de temps en temps, les brebis tournaient la tête vers elles, puis recommençaient à brouter l'herbe rase. La mère et la fille ne prononcèrent pas un mot jusqu'au moment de repartir. Elles rentrèrent lentement, heureuses, poussant distraitement les brebis devant elles, certaines de ne jamais oublier ce matin où le bleu du ciel avait coulé sur elles comme une source fraîche.

François et Sylvette se marièrent en octobre, après les vendanges. On se réjouit d'autant plus, au village, que les mariages devenaient rares. La commune avait en effet perdu plus de cinquante habitants depuis la fin de la guerre de 1914, car la terre revenait aux aînés et les autres enfants s'en allaient dans les villes. De plus, l'attrait d'un salaire fixe et de l'indépendance amenait les jeunes à rejoindre les usines des vallées, mais également les artisans mis en difficulté par cet exode rural. Ce mariage fut donc l'occasion de réjouissances un peu nostalgiques, et l'on dansa, comme le voulait la coutume, à la musique des accordéons jusqu'au lever du jour.

Sylvette, une jeune fille aux traits ronds et aux yeux vifs, se révéla rapidement une bru comme tous les parents pouvaient en rêver, mais elle ne tarda pas à affirmer sa présence, sans toutefois se départir de son humeur égale et enjouée. Si elle accepta les repas en commun, elle défendit l'autonomie de son couple chaque fois qu'elle en eut l'occasion. Son père lui ayant donné en dot une grèze et une pièce de terre sur un coteau où le seigle poussait bien, elle demanda par l'intermédiaire de François que le produit des ventes entre dans le domaine de leurs ressources propres. Cependant, comme elle partageait les mêmes idées que son mari, la cohabitation devint délicate. Le silence régna bientôt sur les repas, non pas vraiment hostile, mais plutôt désolé. Et ce fut Philomène, comme à son habitude, qui dut servir de trait d'union entre le jeune couple et Adrien.

Un dimanche après-midi où celui-ci avait emmené le troupeau, elle resta seule avec Sylvette et François dans la salle à manger. Ce dernier, qui avait attendu ce moment, lança :

— Dis-le-lui que c'est maintenant qu'il faut acheter des terres et du matériel, que dans trois ans il sera trop tard. Tu le sais, toi, que c'est une question de vie ou de mort : si nous ne nous adaptons pas, nous disparaîtrons.

Philomène trouva ces propos excessifs. N'avait-on pas vécu jusqu'à ce jour sans gros problèmes ? Bien sûr, il y avait maintenant deux ménages dans la maison, mais pourquoi tout changer, et si vite ?

— Ecoute, François, dit-elle, rien ne presse. Ton père s'habituera à tes idées, mais il faut lui laisser le temps.

Sylvette, silencieuse, écoutait. Si elle était trop bien élevée pour intervenir dans les conversations entre ses beaux-parents et son mari, elle discutait souvent des problèmes avec lui.

— Quand il aura réalisé, assura François avec amertume, il n'y aura plus de terres à vendre, et le train sera parti sans nous.

— Il y aura toujours des terres à vendre, François, puisque tout le monde veut aller en ville.

— Mais enfin, tu ne comprends pas que tout change, qu'il n'y aura bientôt plus de place pour les petits ? Il faut acheter de la terre et du matériel, je te dis.

— Avec quel argent, François ? Les études de ta sœur...

— Les études de Louise n'ont rien à voir là-dedans. Il faut emprunter !

Philomène soupira, murmura :

— Ton père n'empruntera jamais, tu le sais bien, il aurait trop honte.

— Honte de quoi?

— De devoir de l'argent à quelqu'un.

François parut accablé.

— Mais l'argent ne vaut plus rien! fit-il. Celui que les gens entassent dans leur armoire perd toute sa valeur en quelques mois.

— Nous n'avons jamais entassé les sous, François.

— Eh bien justement! si nous n'en avons pas, c'est une bonne raison pour en emprunter.

Philomène ne répondit pas. Il reprit, un ton plus bas.

— Enfin, quand même, il n'est pas seul au monde; on est là, nous!

Il ajouta, après une hésitation:

— Et il a presque soixante ans.

— Pas soixante, cinquante-cinq ans, rectifia Philomène.

Il eut un geste las, comme si, soudain, il se rendait compte que ses efforts ne servaient à rien.

— Tu sais, reprit Philomène, je crois que tu te trompes de terre et de région. Ici, ça ne sera jamais comme dans les vallées où la terre est grasse et où elle n'est pas mesurée.

— C'est pour cette raison qu'il faut en acheter davantage.

— Mais il n'y a que des bois et des rochers.

— Les bois, ça se défriche ! Il faut s'en donner les moyens.

La force de François, sa jeunesse et son énergie stupéfièrent Philomène qui le sentit prêt à tout. Elle comprit que si Adrien ne cédait rien, ils pouvaient en arriver à la rupture.

— Sois patient, dit-elle, nous n'avions rien, comprends-tu ? Et lui comme moi, nous étions placés chez les autres pour pouvoir manger.

— Est-ce une raison pour vouloir empêcher les enfants de vivre mieux ?

Elle ferma les yeux, attendit un moment avant de répondre, puis :

— Tu peux tout me dire, mon petit, mais pas ça. Toute ma vie je me suis battue pour vous, et je continue.

Il sourit, posa sa main sur la sienne.

— Ce n'est pas toi qui es en cause, tu le sais bien, et jamais on ne te reprochera rien, ni Sylvette ni moi.

— Vous ne pouvez pas vous montrer plus patients ? fit-elle avec une sorte de désarroi.

François soupira, demanda :

— Ne penses-tu pas que des machines l'aideraient à garder les quelques forces qui lui restent ? Il est perclus de douleurs et ses blessures de guerre ne le laissent jamais en paix. Alors ? Tu l'as vu, aux dernières moissons ? C'est à peine s'il pouvait se baisser pour lier les gerbes.

Philomène hocha la tête. A cet argument-là,

elle n'avait pas de réponse. Il était évident que les forces d'Adrien déclinaient, qu'il aurait dû moins travailler. Elle demeura un long moment pensive, murmura :

— Je vais essayer de le convaincre, mais promettez-moi de ne pas brusquer les choses.

— C'est promis, dit François.

Et, avec un sourire complice :

— Tu as toujours obtenu de lui tout ce que tu voulais.

Elle haussa les épaules, mais lui rendit son sourire.

14.

Philomène mena son combat tout l'hiver, mais sans véritable succès. Plus le temps passait, et plus le fossé se creusait entre Adrien et François. Au printemps, après que Ramadier eut « démissionné » les ministres communistes, que de Gaulle eut créé le Rassemblement du peuple français, ils s'opposèrent même en parlant politique. François, en effet, n'aimait pas beaucoup le général qui figurait un héroïsme dont il était exclu, alors qu'Adrien se souvenait d'avoir mené le même combat. Quant à Philomène, si elle n'en disait rien, elle ne l'avait pas oublié non plus, elle qui avait voté pour la première fois de sa vie lors des municipales de 1945. Mais elle ne parvenait pas davantage à s'intéresser aux discours des politiciens.

Début mai, une lettre de Guillaume arriva un matin. Il s'était engagé dans la Légion et partait pour l'Indochine. Malgré la surprise et l'impression qu'elle ne le reverrait pas avant longtemps,

315

elle se sentit définitivement rassurée sur le sort de son fils. Elle comprit qu'Adrien en était également soulagé, quand il soupira :

— Enfin ! au moins là où il est, la prison n'est pas honteuse.

D'Algérie, Nicole confirma la nouvelle huit jours plus tard, en affirmant qu'elle regrettait le départ de Guillaume qui les avait si bien aidés dans le travail des vignes et des vergers. Selon elle, il s'était cru obligé de partir à cause des bruits divers qui couraient sur son compte, mais dont elle se moquait éperdument. Elle avait d'ailleurs fait tout ce qu'elle avait pu pour le retenir, hélas sans réussite. A croire que tous les hommes du Quercy avaient la manie des voyages. En tout cas, ce départ ne lui laissait que des regrets, ainsi qu'à Charles dont Guillaume était devenu l'ami.

Philomène rangea la lettre rêveusement dans son armoire, heureuse que Nicole n'eût rien soupçonné des activités de Guillaume pendant la guerre, puis elle s'efforça d'oublier tout cela pour ne songer qu'à la tâche à laquelle elle consacrait ses journées : rapprocher son fils et son mari. Cependant, l'été, d'une chaleur accablante, ajouta encore à la nervosité des deux hommes. Loin de diminuer, la chaleur crût en septembre. Dès l'aube, des masses d'air saturées que nulle brise ne balayait jamais se gorgeaient de soleil et pesaient sur le causse ébloui. Le temps paraissait s'être arrêté. Si l'on était péniblement parvenu au terme des moissons, les battages avaient été exténuants. Un matin, vers onze heures, Adrien avait même dû quitter le travail, victime d'un malaise. Se refusant à l'idée de ne pas accomplir sa part d'ouvrage, il s'était relevé deux heures plus tard, après une courte sieste. Philomène, inquiète pour sa santé, était aussi préoccupée pour Marie qui, après une grossesse difficile, devait accoucher d'un jour à l'autre à Martel. Louise y était d'ailleurs partie une semaine auparavant, pour l'aider et s'occuper de la maison.

C'est André qui vint annoncer la nouvelle, le 15 au soir, et quelle nouvelle ! Marie avait donné le jour à des jumeaux, Juliette et Victor, au cours d'un long accouchement dont la sage-femme prétendait qu'elle aurait du mal à se remettre. Philomène voulut se rendre aussitôt près d'elle. Elle repartit avec André, laissant sa maison aux bons soins de Sylvette.

Cependant, malgré le pronostic pessimiste de la sage-femme, Marie se rétablit plus vite que prévu et, au bout de huit jours, Philomène put revenir à Quayrac où l'attendaient les vendanges. La fin du mois de septembre la trouva épuisée, d'autant qu'elle dut aussi préparer les affaires de Louise pour la rentrée et l'emmener, comme l'année précédente, au lycée Gambetta de Cahors. Là, elle ne put résister au besoin de raconter à Louise ce qu'elle avait vécu, en ces lieux, avec Marie. Mais le fait de pouvoir en rire lui redonna courage : elle allait reprendre le combat interrompu quelque temps et convaincre Adrien d'écouter François. D'ailleurs celui-ci avait parfaitement raison. Il fallait croire en l'avenir, ne pas avoir peur de prendre des risques. Après l'échec de Marie, les longues années de doute, c'était aussi ce que démontraient les succès de Louise.

Octobre avait enfin éteint le feu de cet interminable été. On attendait encore la pluie, mais le vent avait heureusement tourné et la laissait espérer. En arrivant à Quayrac, Philomène y trouva le petit Michel qu'elle avait accepté de garder le temps que Marie se rétablît tout à fait. Dès les premiers jours, malgré sa fatigue, la présence de l'enfant lui fut précieuse. Elle redécouvrit alors des gestes et des sensations oubliés, s'habitua très vite à l'écouter, à lui parler ; à son contact il lui sembla même qu'elle rajeunissait. Elle l'emmenait par la main lorsqu'elle sortait le troupeau, se revoyait au même âge, tenant la main de sa mère sur les chemins mal tracés, lui posant des questions que la pauvre femme, souvent trop fatiguée, feignait de ne pas entendre. Elle asseyait l'enfant près d'elle, mais il ne restait pas en place, courait après les papillons, tombait, se relevait, cherchait à agripper la laine des brebis, tirait sur les poils du chien, et elle devait le suivre pas à pas, de peur qu'il ne se fît du mal.

— Laisse-moi, mémé, disait-il, je suis grand.

« Cinq ans et demi, déjà », songeait-elle, et elle repartait s'asseoir au pied d'un genévrier, reprenait son tricot, surveillait le petit du coin de l'œil en cherchant à se remémorer ce qui avait bien pu se passer durant ces années où elle ne l'avait pas vu grandir. Alors les événements se succédaient dans son esprit, le fil de sa vie se dénouait, et elle en arrivait toujours, en fin de compte, à ce conflit latent entre Adrien et François qu'il fallait résoudre au plus tôt.

Elle avait plusieurs fois essayé d'aborder le sujet avec Adrien, mais il semblait faire en sorte de ne pas demeurer seul avec elle. Elle crut à une occasion favorable, ce jour du début octobre où Simbille vint le trouver pour arrêter la liste en vue des élections municipales :

— C'est fini pour moi, répondit Adrien, c'est la place des jeunes maintenant; il faut demander à François : il sera candidat, lui.

Simbille insista, mais Adrien n'en démordit pas. A la fin, même, il se fâcha, demandant à Simbille si par hasard son fils n'était pas éligible.

— Qu'est-ce que tu vas chercher ? rétorqua le maire. Ton fils est comme toi, il se fait tirer l'oreille, c'est tout.

Adrien parut surpris mais ne revint pas sur sa décision. Philomène en profita pour intervenir, le soir, au moment d'aller se coucher, alors que Sylvette et François étaient déjà montés. Assise au cantou face à Adrien, elle le sentait préoccupé.

— J'ai idée que les enfants ne se plaisent pas beaucoup avec nous, dit-elle.

Il ne répondit pas tout de suite, mais ne sembla pas étonné. Il regardait les braises, légèrement penché vers l'avant, le tisonnier à la main.

— Il faudrait peut-être les écouter davantage, tu sais, sinon la vie deviendra impossible pour tous.

Il soupira, se redressa :

— Alors tu es de leur côté, fit-il, le visage fermé, et d'une voix qu'elle n'aima point.

— De leur côté ? murmura-t-elle, stupéfaite.

— Oui, de leur côté, contre moi, reprit-il en haussant le ton. Eh bien, il faut tout leur donner, comme ça nous ne serons plus maîtres chez nous. C'est ce que tu veux ?

Elle hésita, souffla d'une voix où il y avait plus de lassitude que de révolte :

— Il ne s'agit pas de ça, tu le sais bien.

— Ah oui ! et de quoi alors ?

— Il s'agit d'écouter un peu plus François car il travaille autant que nous.

Ébranlé, il demanda d'une voix sourde :

— Et il nous restera quoi ? Un bout de jardin et des dettes ?

— Mais non, nous aurons toujours de quoi vivre.

Et elle ajouta après un silence, comprenant qu'elle ne pourrait pas le convaincre :

— J'ai peur qu'un jour ils nous quittent.

— Tiens donc, qu'ils nous quittent ! Et pour aller où ?

Elle sentit qu'il y avait pensé aussi et qu'il gardait en lui la même crainte, même s'il s'en défendait.

— Pour aller travailler en ville, comme tant d'autres, répondit-elle tout bas.

Il y eut un instant de silence, qu'il rompit après un long soupir :

— Et la pension de la petite, y penses-tu ?

— Ça ne durera pas.

— Peut-être, mais pour le moment il faut payer.

Le silence retomba. Elle réfléchit, puis elle demanda, élevant brusquement la voix :

— Mais enfin tout ça ne te ressemble pas ! Qu'est-ce que tu lui reproches ?

— Je lui reproche de perdre la tête, de se croire toujours en Allemagne, dans une vallée bien verte, là où tout est plus simple ; là où il n'y a pas de cailloux, mais de la terre à ne plus savoir qu'en faire.

A ces mots, le visage de Philomène se détendit un peu. Elle sourit, murmura :

— Il y a des cailloux qui portent bonheur.

Il se redressa brusquement, rencontra son regard, lui rendit son sourire.

— Tu as raison, dit-il, allons nous coucher, va. Ça vaudra mieux.

Il se leva tandis qu'elle recouvrait les braises. Il lui sembla alors que rien n'était perdu, qu'avec encore un peu de temps elle parviendrait à le convaincre.

Une quinzaine de jours passèrent. On s'occupa des noix et des labours d'automne sans incident, jusqu'à ce samedi après-midi où Gaston Simbille invita ses amis à un apéritif à l'auberge. Quand Adrien apprit qu'il s'agissait de fêter l'acquisition d'un tracteur, il refusa de s'y rendre, mais François, lui, accepta l'invitation avec plaisir. Philomène, venue aider Geneviève, examina longuement le tracteur, un Massey bleu aux lignes puissantes et aux roues gigantesques, qui se trouvait à l'entrée, face à la porte. Assemblés près de lui, les hommes ne se décidaient pas à entrer.

— 800 000 francs, disait Simbille, mais il faut voir le travail ! Je laboure en deux heures une pièce de terre qui me prenait une journée.

Philomène observait François qui semblait comme un enfant fasciné par un jouet. Quand leurs regards se croisèrent, elle lut dans le sien une telle amertume qu'elle n'eut pas le courage de rester plus longtemps. Elle sortit par-derrière et s'enfuit chez elle.

Un peu plus tard, dans la salle à manger, elle

l'implora de ne pas parler du tracteur ni de la démonstration de labour prévue pour le lendemain matin. Comme il ne répondait pas, elle prévint Sylvette qui s'isola avec son mari et revint vers elle, après cinq minutes, en souriant. Cependant, dès qu'Adrien rentra, Philomène alluma quand même la radio pour éviter la moindre discussion.

Le répit fut hélas de courte durée : dès le lendemain à midi, en apercevant François de retour du champ où Simbille avait essayé son tracteur, elle comprit qu'il était déterminé à l'épreuve de force. Elle n'eut même pas la possibilité de l'en dissuader, car il arriva en retard et s'assit aussitôt sans un regard pour elle ou pour sa femme. Il mangea sa soupe de pain sans un mot, mais ce fut au moment où Philomène apportait la poule farcie qu'il lança brusquement :

— Je me suis servi du tracteur de Simbille, ce matin. C'est exactement ce qu'il nous faudrait.

Adrien ne répondit pas. Il découpa la poule, repoussa le plat au milieu de la table.

— Servez-vous, dit-il à Sylvette d'une voix calme.

La jeune femme se servit, puis Philomène et enfin François. Quand ce fut fait, Adrien prit le plat et se servit à son tour. Comme le silence durait, Philomène fit passer les pommes de terre, puis Adrien commença de manger lentement, le regard fixé sur la tourte de pain, devant lui. François, lui, attendait, observant son père d'un air exaspéré. Philomène lui fit signe de manger, mais il avait atteint l'extrême limite de ce que, à ses yeux, il avait le devoir de supporter.

— Si nous n'achetons pas de tracteur, dit-il, s'adressant ouvertement à son père, tu ne vivras pas dix ans de plus.

Adrien parut ne pas entendre.

— On dirait que je te demande un peu de ta vie, reprit François en haussant la voix ; c'est pourtant un peu de vie supplémentaire que je voudrais te donner ; tu peux le comprendre, ça ?

Il avait crié en prononçant les derniers mots.

— Arrête, François, je t'en prie, dit Sylvette.

Philomène, elle, avait renoncé. Elle savait que toute tentative était désormais inutile. Adrien poussa un long soupir, posa sa fourchette et, se redressant tout à coup, jeta avec mépris :

— Je n'ai pas fait de marché noir, moi, c'est pour ça que je ne peux pas acheter de tracteur.

Il y eut un bref silence, puis François déclara après une hésitation :

— Ce qu'a fait Simbille ou non pendant la guerre, cela ne me regarde pas. Ce qui m'intéresse, c'est le tracteur.

— Un tracteur coûte 800 000 francs, à ce que je crois savoir.

— Si on n'a pas d'argent, rien n'empêche d'emprunter.

Comme si ce mot prononcé dans sa maison le

frappait d'ignominie, Adrien se leva en cognant du poing sur la table :

— Je ne veux pas devoir d'argent à quelqu'un ! s'emporta-t-il, et même si je pouvais acheter un tracteur, je ne le ferais pas, parce que les machines c'est seulement bon pour les fainéants et compagnie. Moi, j'ai toujours travaillé avec mes bras, et je n'en suis pas mort. On dirait que rien n'a existé avant les tracteurs, que jamais personne n'a fait pousser du blé. Veux-tu que je te dise, petit ? Aujourd'hui les gens sont devenus des partisans du moindre effort. Et toi le premier, que tu le veuilles ou non. D'ailleurs qu'en ferais-tu de ton tracteur ? Tu te crois où ? Ici, c'est le causse, ce n'est pas la vallée, et quand tu auras labouré tes trois pièces de terre, que tu t'en seras servi pendant deux ou trois jours, il te restera seulement à le mettre à la remise.

— C'est pour cette raison qu'il faut aussi acheter des terres, dit François sans se troubler, c'est une question d'amortissement et de rendement.

Le calme et l'assurance de son fils stupéfièrent Adrien qui s'assit de nouveau. Toute colère évanouie, il déclara soudain, ouvrant ses larges mains crevassées par des années et des années de travail.

— Le rendement, petit, c'est ça !

François hocha la tête d'un air accablé, mais se tut. Philomène chercha à attirer son regard, y parvint, mais elle y lut presque une hostilité à son égard. A cet instant, comme le silence de François lui rendait sa fureur, Adrien ajouta :

— On dirait que tu te crois encore en Allemagne ! Si c'était si bien que cela, là-bas, il fallait...

Il se tut brusquement, comprenant qu'il était allé trop loin, mais le mal était fait. Dans le silence revenu, Philomène ferma les yeux, Sylvette se mordit les lèvres et François, d'un coup, parut se détendre. « Voilà, songea Philomène, c'est fini. » Avant même que François n'ouvrît la bouche, elle savait ce qu'il allait dire. Celui-ci, blême, se laissa aller en arrière, regarda un moment ses mains :

— C'est bon, dit-il.

Puis, après un soupir, s'adressant à Philomène et non pas à Adrien :

— Je ne veux pas me fâcher avec vous... Je ne l'ai jamais voulu... Mais nous allons partir, Sylvette et moi... Sans doute le 1er janvier... Ça vous laissera le temps de vous retourner.

— François ! supplia Philomène.

Mais que dire, à cette heure ? Elle observa Sylvette qui pleurait vraiment, puis, sévèrement, Adrien. Celui-ci s'était remis à manger. Ou plutôt essayait. Il murmura, d'une voix changée :

— C'est ça, quand ça va mal, on s'en va ! Si j'avais réagi comme ça, moi !

François se tassa davantage sur sa chaise, puis il s'essuya la bouche et, sans un regard pour personne, il se leva et sortit. Sylvette, à son tour, quitta la table et se réfugia dans la cuisine. Philomène s'apprêtait aux reproches quand Adrien releva la tête. Ce qu'elle lut dans ses yeux l'en empêcha, car il s'agissait d'un appel au secours, plein de détresse et d'humilité. Elle sortit elle aussi, chercha François. Il s'était assis devant la bergerie, les coudes appuyés sur ses genoux, ne bougeait pas. Philomène s'approcha, posa une main sur son épaule.

— Tu ne feras pas une bêtise pareille, quand même. Tu sais comment il est, c'est dans sa nature de dire parfois des choses qui dépassent sa pensée.

— Justement, cette fois c'est trop.

Elle fit comme si elle n'avait pas entendu, reprit :

— C'était lui le plus malheureux quand tu étais prisonnier ; il attendait le facteur, il parlait sans cesse de toi. Allons, mon petit, ce n'est rien, cela ne compte pas.

François releva la tête, eut un sourire un peu triste.

— Qu'est-ce qui compte, alors ?

Elle répondit, reprenant espoir :

— C'est que tu sois là, près de moi, et que tu y restes jusqu'à ce que je sois morte.

— Si je reste, ça finira mal.

Elle soupira, s'assit près de lui, sur le banc de pierre.

— Il ne faut pas lui en vouloir, dit-elle, mais plutôt essayer de le comprendre.

— Tu es toujours de son côté.

Elle lui prit les mains.

— Lui, il me dit : « Tu es toujours du côté de François. »

— Ah oui ! il dit ça !

Elle hocha la tête sans répondre.

— Et pourtant tu lui donnes raison.

— Non, François, pas quand il parle comme tout à l'heure.

— Mais si tu ne lui donnes pas raison, tu le comprends.

Elle hésita, souffla :

— Un peu...

— Tu vois ? fit-il d'une voix amère.

Elle eut comme une plainte :

— Tu ne peux pas partir, François, tu ne peux pas faire ça.

Il y eut un long silence, elle songea à Guillaume qu'elle avait aussi supplié de rester, et toujours à cause de l'intransigeance d'Adrien. Et puis elle pensa à Étienne et à son père, naguère. Il lui sembla alors qu'entre un père et un fils il ne pouvait pas en être autrement. Sa mère ne disait-elle pas que deux hommes dans la même maison, c'est déjà un de trop ? Elle soupira profondément, ferma les yeux, cherchant des mots auxquels elle ne croyait plus.

— On reviendra souvent, dit-il, tous les dimanches si tu veux.

— François ! fit-elle en se levant et en le retenant par le bras.

Mais il se dégagea doucement, murmura :

— Je te promets que je ne me fâcherai pas
avec lui, que je ne dirai rien d'irrémédiable.

— Si tu t'en vas, dit-elle...

Mais il ne lui laissa pas le temps de terminer,
demanda :

— Et moi ? Et Sylvette ? Nous aussi nous
avons une vie. Tu y penses ?

— Je ne pense qu'à ça, François.

— Alors dans ce cas, laisse-nous partir, fit-il
d'une voix douce, presque implorante.

Elle se laissa tomber sur le banc de pierre, le
retint encore un instant par la main, et leurs
regards se croisèrent. Elle essaya de sourire,
puis :

— Puisses-tu être heureux comme tu le
mérites, mon petit, dit-elle en dénouant ses
doigts.

Un mois passa, un ciel de schiste remplaça le
bleu velouté de l'automne et bientôt des pail-
lettes de gel s'incrustèrent dans l'herbe rase, les
chênes et les genévriers. L'année s'achevait
dans une paralysie des hommes et du causse,
sous un ciel maintenant miroitant qui annonçait
la neige. Malgré ses efforts, Philomène n'avait
pu fléchir François. Quant à Adrien, il fuyait la
maison, sans doute prêt à céder, elle le sentait,

329

mais trop tard. Les mots prononcés par les uns et les autres avaient ouvert des blessures trop profondes. Même André et Marie, appelés par Philomène en renfort, même Louise dont la douceur et le calme faisaient plaisir à voir, n'avaient pu briser la détermination de François. Sa décision était sans appel. Il avait trouvé une place de menuisier dans une usine de Figeac, il avait donné sa parole, Sylvette était contente d'aller vivre en ville, tout était dit.

Durant les fêtes de Noël, chacun s'efforça de rire et de plaisanter comme si de rien n'était. Seul Adrien, muet, figé, paraissait ne voir ni entendre personne. Dans les jours qui suivirent, François et Sylvette emportèrent quelques meubles et des vêtements. Vint l'heure de la séparation, la veille du premier de l'an, juste après le repas. Les uns et les autres demeurèrent alors assis autour de la grande table, incapables de se lever.

— Nous allons partir, dit François au bout d'un moment, d'une voix qui tremblait un peu.

Nul ne fit écho à ses paroles. Philomène le regardait avec une sorte de sourire forcé, essayant de ne pas ajouter de tristesse à la gravité du moment. Elle quitta la table la première et s'approcha de François qui, l'imitant aussitôt, la remercia d'un regard.

— Au revoir, mon petit, dit-elle.

Ils s'embrassèrent, mais elle évita de le retenir contre elle aussi longtemps qu'elle le souhaitait. Sylvette embrassa Philomène à son tour, puis François passa de l'autre côté de la table, hésita un peu devant son père qui restait assis.

— Alors... au revoir, dit-il.

Adrien se leva enfin, pâle, légèrement voûté, et il sembla à Philomène qu'il avait vieilli de dix ans. François lui tendit une main qu'il parut ne pas voir.

— Je... fit Adrien... Enfin, petit, tu sais...

Il avait du mal à parler, les mots trouvaient à peine un passage entre ses mâchoires crispées.

— Enfin... je ne sais pas très bien dire les choses, moi. Mais ce n'est pas ce que je voulais, tu comprends ?

Et il répéta, comme s'il avait peur de ne pas être entendu, avec une voix qui s'éteignit dans un souffle :

— Il faut me croire, petit, c'est pas ce que je voulais.

Ils s'étreignirent maladroitement, très vite.

— Je sais, dit François, mais il ne faut pas être malheureux : ce n'est la faute de personne. On n'a pas eu la même vie, et puis tout va trop vite aujourd'hui.

Adrien hocha la tête un long moment, appuyé des deux mains sur la table, puis il embrassa Sylvette.

— Au revoir, fit-il en s'efforçant de reprendre une voix normale.

Quand Sylvette et François sortirent, Philomène et Louise les suivirent. Quelques flocons de neige tourbillonnaient dans l'air glacial et ne se posaient nulle part. Comme il avait été convenu que ce serait le père Alibert qui amènerait le jeune couple à Figeac, Philomène déclara :

— Je vous accompagne jusque là-bas.

Louise rentra après un dernier au revoir, puis Philomène, Sylvette et François se mirent en route. Il leur fallut moins de cinq minutes pour arriver chez les Alibert. Philomène n'entra pas. Depuis que ceux-ci avaient appris le départ de leur fille, ils en voulaient un peu aux Fabre. Elle ne put s'empêcher d'embrasser une nouvelle fois Sylvette et François.

— Tu sais, il a bon fond, dit-elle, revenant brusquement à Adrien, il ne faut pas lui en vouloir.

François hocha la tête.

— Ne nous laissez pas sans nouvelles, ajouta-t-elle.

Elle s'en retourna très vite, aveuglée par les flocons qui tombaient plus serrés et commençaient à laquer le chemin d'une couche blanche. Quand elle entra, Louise était dans la cuisine et Adrien se trouvait au cantou, les mains au-dessus du foyer. Il lui parut si fragile, tout à coup, qu'elle vint s'asseoir face à lui, se composa un sourire et dit avec une gaieté feinte dans la voix :

— Avec tout ce travail qui nous attend, nous allons rajeunir, tu ne crois pas ?

Il se redressa lentement mais ne répondit pas. Le regard de Philomène descendit vers le foyer qui déclinait. Les mots prononcés par sa mère lui revinrent en mémoire : « Éteindre les braises, c'est jeter la mort sur quelqu'un. » Elle se demanda si on pouvait aussi jeter la mort sur une maison. Frissonnant brusquement, elle se leva, s'empara de deux grandes bûches qu'elle déposa savamment sur le feu et, rassurée, soupira, tandis qu'elles s'enflammaient.

15.

La neige de cet hiver-là fondit, puis elle
revint, fondit encore. Une année passa, puis un
printemps qui charria dès avril des soupirs de
brise tiède. Sur les tapis jaunes des fleurs de pis-
senlits affluèrent les abeilles et les papillons.
Une pointe de froid contraria un moment les flo-
raisons, mais elles reprirent deux jours plus tard,
plus éclatantes encore.

Cet après-midi-là, en emmenant le troupeau
dans les combes pour la première fois de
l'année, il semblait à Philomène avoir la tête
pleine de ces nuages qui passaient tout là-haut
sans jamais s'arrêter, comme ces jours enfuis
qu'elle avait vainement tenté de retenir. Car il y
en avait eu d'heureux, de merveilleux, même.
Ainsi celui où elle avait reçu une lettre de Saigon dans laquelle Guillaume annonçait son
mariage avec une Indochinoise appelée May, et
dont il joignait la photographie : un beau visage
rond, des pommettes mates et saillantes, un nez

335

légèrement épaté, un front haut et des yeux de velours. La surprise passée, elle avait partagé cette joie avec Adrien sans aucune arrière-pensée. Car il n'était plus temps, pour lui comme pour elle, de reprocher quoi que ce fût à ses enfants, mais simplement celui de se réjouir de tout ce qui venait d'eux.

Depuis cette lettre, Philomène avait essayé d'imaginer l'enfant qui naîtrait peut-être un jour de cette union. Adrien lui avait demandé quelle était la religion des gens de là-bas, et elle avait répondu :

— Quelle importance ?

Il avait haussé les épaules. Bien sûr, quelle importance ? En fait, il éprouvait, comme elle, une grande satisfaction de savoir leur fils rallié à une vie qui, pour n'être pas banale, n'en était pas moins semblable à celle de tous les hommes de son âge. Et c'était bien là l'essentiel, si l'on songeait à ce qui s'était passé il n'y avait pas si longtemps.

Louise leur avait aussi apporté toutes les satisfactions souhaitées. Après avoir franchi les obstacles un à un, elle passait la deuxième partie du baccalauréat dans moins de deux mois. C'était maintenant une grande jeune fille un peu fragile, au regard et au visage d'une extrême douceur. François et Sylvette, eux, revenaient régulièrement à Quayrac, au moins deux fois par mois, et ils n'hésitaient pas à aider aux travaux des champs. François se montrait par ailleurs content de son existence à Figeac, de son travail à l'usine où le patron lui avait promis une place de contremaître avant la fin de l'année. Sylvette attendait un enfant pour ce mois d'avril, et Philomène espérait chaque jour la bonne nouvelle. Quant à André et Marie, c'est à peine s'ils parvenaient à répondre aux demandes des clients de plus en plus nombreux. Et comme ils étaient débordés, ils envoyaient les enfants chez leurs grands-parents à l'occasion de chacune des vacances scolaires. A Toulouse, chez Mélanie qui venait moins souvent, tout allait pour le mieux : Bernard travaillait avec son père qui lui laissait de plus en plus d'initiatives, car il prendrait bientôt la succession. Il avait été convenu avec Mélanie qu'en cas du succès de Louise au baccalauréat, celle-ci logerait chez elle jusqu'à la fin de ses études.

A Quayrac, Adrien et Philomène, seuls sur la propriété, avaient dû renoncer au seigle et s'en tenaient au blé, aux agneaux, aux canards et aux oies. En outre, comme pris de remords, Adrien s'était davantage occupé des truffes et avait dressé un chien qui ne quittait jamais ses jambes. La vente des agneaux et du blé leur permettait de vivre sans soucis, même s'ils n'avaient pas la possibilité de « gâter » leurs petits-enfants comme ils l'auraient souhaité. « Bientôt soixante ans », songeait parfois Philomène qui sentait ses forces décliner, bien qu'elle possédât encore une énergie supérieure à celle d'Adrien. Loin de les éloigner, leur solitude les avait rapprochés, et surtout dans ces moments où ses blessures de guerre, la fatigue, les rigueurs de l'hiver obligeaient Adrien à se coucher. Elle le soignait alors avec un zèle dont l'un et l'autre s'amusaient. Ils parlaient peu entre eux, se comprenaient par des regards. La neige du temps s'était aussi posée sur les cheveux d'Adrien, lui donnant un air de fragilité accentué par un amaigrissement régulier qui inquiétait parfois Philomène...

Les aboiements du chien berger la tirèrent de ses songes. Elle arrivait dans la combe. Elle s'assit tout en bas, à sa place habituelle, près de la borie, sortit son tricot et, après un coup d'œil vers les brebis, elle en revint à ses pensées, de Louise à François, de Marie à Guillaume, vers tous ceux qui peuplaient son univers familier. Mais elle ne demeura pas longtemps seule. Moins de dix minutes plus tard, le chien aboya de nouveau et détala vers le coteau. Intriguée, elle se leva et vit apparaître François souriant. Elle comprit tout de suite le sens de ce sourire, demanda avant même de l'embrasser :

— Alors ?

— Un garçon.

— Un garçon ! Et comment s'appelle-t-il ?

— Pierre.

— Sylvette, comment va-t-elle ?

— Elle va bien. C'est arrivé dans la nuit, à la maternité.

338

— Comment ça, à la maternité ? Elle n'a pas accouché chez elle ?

— Non, ça ne se fait plus en ville.

— Ah bon ! Enfin, l'essentiel est que tout se soit bien passé.

Ils rirent, heureux de cet événement tant attendu, puis elle demanda :

— Et ton père, tu l'as vu ?

— Oui, il s'occupait des agneaux, il est très content.

— Je pense qu'il doit être content ! Dis-moi vite à qui il ressemble, ce petit.

— A lui.

— Tu le lui as dit, au moins ?

François hocha la tête, toussa pour s'éclaircir la voix.

— Oui, je le lui ai dit.

— A la bonne heure ! dit Philomène, je suis sûre qu'il en est fier. Si tu veux, on viendra le voir dimanche.

— Tu crois qu'il acceptera ? demanda François.

— Mais bien sûr ! Tu verras, je le lui demanderai quand nous rentrerons... Dans moins d'une heure, d'ailleurs, parce que c'est la première sortie et qu'en cette saison le vent fraîchit vite. Tiens, assieds-toi un peu, va.

— Pas trop longtemps, hein ?

— Non, sois tranquille, mais pour une fois que je t'ai pour moi toute seule...

Ils devisèrent longtemps, ravis de ces retrouvailles, en une si heureuse circonstance. François parla de son travail, de leur vie avec Sylvette dans le petit logement de la route de Rodez, et elle songea vaguement qu'elle était passée par là, en 1944, dans un camion qui l'emmenait vers la prison. Elle chassa très vite ce souvenir et regretta que le soleil décline si vite à l'horizon. Elle envoya le chien pour faire tourner les brebis, puis ils repartirent vers la maison, accompagnés par la brise du soir.

— Il doit nous attendre, dit-elle, tout en écoutant les sonnailles pour vérifier s'il ne manquait pas de brebis, tu ne crois pas ?

Il ne répondit pas tout de suite. Ils dépassèrent un boqueteau de ronces cerné par les genévriers, puis il dit sans la regarder :

— Tu sais, le deuxième prénom de Pierre, c'est Adrien.

Le printemps avait fait place à l'été dont les nuits ruisselaient de l'odeur capiteuse des foins. Philomène et Adrien avaient travaillé tout le jour à écarter l'herbe coupée la veille pour qu'elle sèche au soleil. En cette soirée de juin, rompus de fatigue, ils mangeaient seuls en écoutant Édith Piaf chanter « La vie en rose » à la radio. Ils préféraient de beaucoup la musique aux nouvelles du pays qui les déconcertaient de plus en plus : les gouvernements changeaient tous les trois mois ou presque, les problèmes scolaires opposaient les radicaux aux républicains populaires désireux d'aider les écoles religieuses, les socialistes étaient divisés sur la défense des colonies, et notamment de l'Indochine où sévissait un certain Hô Chi Minh, que le speaker présentait comme un dangereux révolutionnaire assoiffé d'argent et de puissance. Tout cela inquiétait Philomène et Adrien qui pensaient à Guillaume...

Ce soir-là, la nuit n'était pas encore tombée quand on frappa à la porte. Comme le chien n'avait pas aboyé, Philomène pensa tout de suite qu'il connaissait le visiteur. Or ce ne fut pas un visiteur qui se montra, mais trois : Simbille, Émile Valette, le forgeron, et sa femme Mireille. Philomène, intriguée, les fit asseoir. Adrien leur versa un verre de vin, et l'on parla un moment du temps et des foins à rentrer. Puis il y eut un long silence, que rompit le maire après un soupir :

— Figurez-vous, dit-il en prenant un air offensé et en s'adressant à Philomène et à Adrien, que ces deux-là ont décidé de partir.

— De partir ? fit Adrien, incrédule.

— De partir, répéta le maire.

— Et pourquoi ? demanda Philomène.

Émile Valette, qui paraissait pris en faute, murmura :

— Comme si vous ne le saviez pas.

Et, après un regard vers sa femme aussi mal à l'aise que lui :

341

— Quand les bœufs de labours ont remplacé les chevaux, on a continué à travailler parce que les gens ont gardé leur charrette, mais maintenant, avec toutes ces automobiles, que va-t-on devenir ?

— Tu exagères, dit Simbille, nous sommes encore quelques-uns à posséder une charrette et un cheval.

— Et alors, s'indigna le forgeron, tu crois vraiment que je peux vivre, moi, avec une quinzaine de clients ? Sans compter qu'il y en aura de plus en plus, des automobiles, tout le monde le sait.

Philomène, consternée, cherchait à comprendre. C'était pourtant vrai que depuis quelque temps, peut-être même depuis quelques années, le tintement clair de la forge ne retentissait plus aussi souvent. Bouleversée, elle demanda :

— Mais où iriez-vous si vous partiez ?

Mireille leva sur elle ses yeux clairs et francs.

— Émile n'a que cinquante ans. Il est adroit de ses mains, il trouvera de l'embauche dans une usine. D'ailleurs, Robert doit s'en charger.

— Alors vous iriez à Cahors ? Vous quitteriez le village ?

— Il faudra bien, ma pauvre, dit Mireille.

— Vous avez la terre, vous, ajouta Émile, mais nous, sans le travail, que nous reste-t-il ?

Un long silence succéda à cette question destinée à demeurer sans réponse Philomène découvrait tout à coup qu'un mouvement irréversible s'était mis en marche à l'insu de tous.

Elle se révolta :

— Partir, ça va pour la jeunesse, et encore l'avenir nous le dira, mais vous ?

— Comment, nous ? s'exclama Émile, on est jeune à cinquante ans, tout de même !

— Et la maison ? Qu'en ferez-vous ? demanda Adrien.

Émile et Mireille prirent un air embarrassé, se tournèrent vers le maire qui répondit à leur place :

— Ils ont déjà trouvé un acheteur.

— Ah, bon ! dit Adrien. Et c'est un forgeron, je suppose.

— Non. C'est l'un des deux Anglais parachutés pendant la guerre, celui qui était « radio ».

— Mieux vaut celui-là qu'un inconnu, dit Adrien après un instant de réflexion ; au moins on le connaît, mais je ne vois pas ce qu'il va pouvoir faire chez nous.

Simbille parut gêné. Il expliqua après un soupir :

— Il ne va pas habiter ici. Il veut acheter simplement pour venir en vacances.

— En vacances ? fit Adrien.

— Oui, en vacances.

Le silence s'installa, bientôt troublé par des chiens aboyant au loin, dans la nuit qui tombait en un murmure de velours déplié. Quand ils se

343

turent, le crissement des grillons témoigna de la vie qui continuait à fleur de terre, dans l'obscurité.

— Enfin, nom de Dieu, tonna Adrien, dans nos campagnes il y aura toujours des chevaux ! Les automobiles c'est bon pour les gens des villes, mais pas, pour nous.

— C'est bon aussi pour Alibert, dit Émile, il vient d'en acheter une.

Il ajouta, après une hésitation, devant la mine stupéfaite d'Adrien.

— C'est d'ailleurs ce qui nous a décidé à partir.

— Ce que vous dites n'est pas raisonnable, intervint Philomène. Tout le monde n'achètera pas une automobile, et surtout ici.

— C'est ce que je leur répète depuis une semaine, fit le maire, mais ils ne veulent rien entendre.

— Attendez un peu, au moins, plaida Philomène, les gens en auront vite assez de la ville, et ils reviendront.

— Vous croyez ? demanda Mireille avec une sorte d'espoir malheureux.

— Pardi ! s'exclama le maire, on a beau dire, mais c'est une drôle de vie qu'ils mènent là-bas : ils ne sont pas près de danser autour d'un feu de Saint-Jean !

Tout le monde sourit, et Philomène rêva un moment aux feux de son enfance, aux danses, aux chants et aux rondes en compagnie d'Adrien. Leurs regards se croisèrent et ils se sourirent. Même s'ils subsistaient, ces fameux feux de joie avaient un peu perdu de leur lustre, mais quelle importance ! La plus longue journée de juin se prolongeait toujours dans la nuit au milieu des rires et des chants, n'était-ce pas là l'essentiel ? Elle en revint au présent en entendant Émile murmurer :

— Si vous croyez qu'on peut attendre un peu, eh bien, on va essayer. Pas vrai, Mireille ?

Aux larmes de joie suspendues au bord des cils de la femme d'Émile, Philomène comprit quel déchirement c'était pour elle de quitter le village. Elle ne la trouva que plus pathétique et la plaignit davantage encore.

— Il ne faut pas désespérer, dit-elle, et il faut s'entraider. Si vous avez besoin de quoi que ce soit, nous sommes là.

— Dès demain, je t'amènerai le cheval, dit Adrien, il faut lui changer les fers.

Émile, très ému, hocha la tête, remercia. On entendit alors sur la place une voix de femme qui chantait doucement.

Baccalauréat. Ce mot magique et mystérieux hantait Philomène, vivait en elle le jour comme la nuit. L'avait-elle espérée, cette reconnaissance d'un savoir prestigieux qui, par l'intermédiaire de Marie, la récompensait de tous ses efforts ! Pour fêter l'événement, elle invita toute

345

la famille le deuxième dimanche de juillet, et l'on déboucha du vin vieux et du champagne. Louise, en bout de table, commenta son succès et parla de ses projets qui devenaient du même coup ceux de la famille entière. Présente pour l'occasion, Mélanie se réjouit de l'accueillir à Toulouse où elle pourrait travailler dans les meilleures conditions.

Ce fut donc une merveilleuse journée, agrémentée de surcroît par la présence de tous les petits-enfants. Philomène ne cessa de penser au long chemin parcouru depuis ce temps où elle était servante chez maître Delaval, en éprouva une émotion un peu semblable à celle ressentie dans la librairie de Cahors, mais d'une intensité supérieure encore. Elle garda de cette journée une impression de plénitude qui dura pendant de longs jours, jusqu'aux Rogations que le curé Lestrade (le remplaçant du curé Gimel décédé après une vieillesse douloureuse) avait rétablies. Alors le charme se dissipa, Émile Valette et sa femme annonçant le soir même qu'ils quittaient le village dans quarante-huit heures. Dès qu'elle en fut avertie, Philomène se précipita chez eux, mais elle comprit qu'il n'y avait plus rien à faire. Émile et Mireille, complètement désespérés, n'avaient caché leur décision définitive à leurs amis que pour ne pas être tentés d'y renoncer. Il fallait qu'ils partent. Il n'y avait pas d'autre solution. Adrien accueillit la nouvelle sans surprise : il avait rencontré Émile la veille du 15 août, et celui-ci n'avait pas osé le regarder en face.

— Que veux-tu ? dit-il, on ne peut pas les attacher. C'est leur droit, il faut bien vivre.

Elle ne répondit pas, mais il lui sembla qu'il y avait en lui, ce jour-là, une sorte de renoncement dont elle le croyait incapable. Émile et Mireille ne vinrent même pas faire leurs adieux, car ils éprouvaient sans doute trop de honte. Ils s'en allèrent au petit jour, alors que nul n'était encore levé, dans la lueur duveteuse des matins d'été, et la forge se tut.

Fin août, Adrien rencontra sur la place l'Anglais qui venait d'acheter leur maison. C'était un homme de grande prestance, aux yeux clairs, au menton énergique, qu'Adrien reconnut d'ailleurs aisément : il l'avait rencontré plusieurs fois avec Julien Combarelle pendant la Résistance. Il l'invita à manger, un soir, et Philomène fut heureuse de partager l'amitié avec cet homme venu de loin pour mener un combat identique au leur. Ils parlèrent longuement de Combarelle, de Pierre mort en déportation, de l'arrivée inattendue des Allemands à Gramat. A cet instant, Philomène ressentit comme un malaise. Alors qu'elle croyait avoir oublié, des mots, des images et des sensations lui revinrent à l'esprit. Elle s'excusa, sortit un moment dans la nuit. Ce fut bref mais violent, au point qu'elle crut avoir été transportée dans sa cellule de Toulouse. Puis elle inspira profondément, laissa couler hors d'elle l'humeur douloureuse provoquée par le souvenir, se sentit mieux. Elle rentra au moment où l'Anglais expliquait à Adrien qu'il comptait venir au village une ou deux fois par an, au moment des vacances. Il espérait bien chaque fois réunir autour de sa table ceux qu'il avait connus pendant la guerre et qui vivaient encore. Cependant, en démontant la forge et l'échafaudage en bois dans lequel on enfermait les chevaux pour les ferrer, loin de donner un regain de vie au village, il lui vola son âme.

Il fallut plus d'un mois à Philomène pour s'habituer au silence de la forge. On était alors dans les derniers jours de septembre. Des collines coulaient étrangement des douceurs de sources. Au-dessus des boursouflures des coteaux, le ciel, maculé de taches d'un jaune paille, s'embrasait au contact du soleil couchant. L'été ne se décidait pas à basculer vers l'automne, le vent ne fraîchissait même pas. C'est alors que la plus surprenante des nouvelles arriva à la ferme. Et elle venait d'Indochine : Guillaume écrivait qu'il était père depuis le mois de juillet d'un petit garçon prénommé Aurélien. Mais l'enfant souffrait d'une malformation des jambes et des hanches qui nécessitait une opération chirurgicale en France. Guillaume avait déjà pris contact avec Mélanie, à Toulouse, qui s'occupait de tout. Son enfant et sa femme, qui voyageaient par bateau, arriveraient dans trois semaines. Comme il n'était pas question pour lui de revenir (et surtout pas au village), il demandait à Adrien et Philomène de garder May et Aurélien le temps de la convalescence, et il envoyait de l'argent.

Le moment de stupeur passé, Philomène s'inquiéta de la réaction d'Adrien, mais celui-ci, après une courte réflexion, réagit beaucoup mieux qu'elle ne l'espérait.

— Tu rendras l'argent à sa femme, dit-il, on n'a pas besoin de ça pour s'occuper de notre petit-fils, et tu iras à Toulouse le chercher.

— Tu sais, répondit-elle, je crois que Mélanie l'amènera elle-même.

A partir de ce jour, il ne cessa de poser des questions sur la façon dont vivaient les gens de là-bas, sur la gravité de l'état de l'enfant, le temps que durerait la convalescence. Philomène n'avait pas réponse à tout, loin de là, mais elle sentait bien qu'il n'en avait pas besoin : le plaisir d'en parler lui suffisait. Au reste, elle-même avait du mal à croire qu'une Indochinoise allait habiter dans sa maison en compagnie d'un bébé qui serait son petit-fils. Comme la vie était étrange ! Elle compta les jours qui la séparaient de cette rencontre et décida de se rendre à Toulouse, chez Mélanie, au moment de l'opération. Adrien n'y fit pas obstacle. Aussi se retrouva-t-elle un matin d'octobre dans le train qui roulait vers cette grande ville où Abel, autrefois, était parti à la recherche de Mélanie qui attendait un enfant. Elle aima cette idée que les enfants gouvernaient sa vie, et sans doute même celle du monde.

Un mois plus tard, Mélanie ramena May et Aurélien à Quayrac où tout était prêt pour les accueillir. L'opération s'était bien passée, mais l'enfant avait encore besoin de soins attentifs : c'était un petit être maigre, aux yeux typés et aux cheveux noirs et raides, qui manifestait pourtant une vigueur étonnante, de jour comme de nuit. May, elle, parlait très peu, gardait toujours les yeux baissés et montrait à son égard une patience infinie. Les premiers jours, Adrien parut décontenancé par cette femme étrangère, vêtue d'une longue robe de soie, qui était censée être la femme de son fils. Aurélien aussi l'étonna : il était si différent de ses autres petits-enfants et ressemblait si peu à Guillaume ! Adrien gagna toutefois sa confiance et prit l'habitude de le bercer, le soir, avant d'aller se coucher, tandis que May parlait tout bas à Philomène de son pays, des rizières et des paillotes, du grand fleuve Jaune et des pagodes sous les palmiers. Mais elle parlait aussi de Guillaume, May, et Philomène lui en savait gré. Elle racontait leur rencontre à Saigon, leur mariage, leur vie paisible dans la rue Calmette, jusqu'à ce qu'il parte de plus en plus souvent dans le Nord, pour des expéditions qui duraient longtemps. Philomène posait des questions sur les dangers qu'il courait, mais la jeune femme ne paraissait pas vraiment inquiète : selon elle, le Viêt-minh n'avait aucune chance de gagner. Elle était d'un caractère gai et insouciant, possédait l'optimisme viscéral de ses origines, et Philomène comprenait difficilement pourquoi elle souriait en parlant de la guerre.

Au village, son apparition suscita la curiosité de tous les habitants, mais elle s'estompa peu à peu, quand on eut pris l'habitude d'apercevoir la jeune femme sur la place ou le long des chemins promenant son enfant. Cependant, l'arrivée du froid, à la fin du mois d'octobre, la contraignit à demeurer à l'intérieur. Dès lors, elle sembla se faner et perdit son sourire. Aussi, même s'il avait été convenu qu'elle passerait la Noël à Quayrac, fallut-il avancer son départ. May fut reconnaissante à Philomène de sa complicité, se livra davantage, lui parla de ses parents, paysans pauvres de la plaine des Joncs, de son enfance dans un petit village appelé Tao-Vinh, de son adolescence pendant laquelle elle avait été placée à Saigon, chez de riches marchands français : les Dulac. Elle servait alors de nurse aux enfants, mais aidait aussi au ménage et à la cuisine. Elle avait quatre sœurs et trois frères ; ceux-ci s'étaient tous les trois engagés dans la lutte contre Hô Chi Minh, mais déjà l'aîné était mort...

Trois jours avant son départ, Philomène lui

demanda s'il ne lui était pas possible de laisser Aurélien en France jusqu'à complète guérison.

— Et Guillaume? dit May. Si vous saviez, madame Philomène, comme il est fou de son fils! Il faut comprendre, n'est-ce pas?

Bien sûr, elle comprenait. Mais elle ne put s'empêcher, le matin du départ, de faire promettre à May de revenir s'il arrivait un jour un malheur à Guillaume.

— Et ma famille? fit timidement la jeune femme.

— Simplement de temps en temps, pour voir le petit, insista Philomène.

May promit du bout des lèvres et monta dans le train.

Sur le chemin du retour, Philomène se demanda comment elle allait pouvoir supporter sa solitude, après de si longs jours passés dans la compagnie délicieuse de May et d'Aurélien. L'hiver annoncé par le vent du nord dont les rafales clouaient sur place, haut dans le ciel, les corbeaux impuissants lui parut tout à coup redoutable.

16.

Si Adrien et Philomène allumaient chaque soir la radio c'était beaucoup plus pour écouter les nouvelles d'Indochine que celles du pays. En effet, depuis le désastre de Cao Bang, les événements devenaient là-bas de plus en plus dramatiques. A Paris, après les dernières élections législatives, le pouvoir politique était trop faible pour imposer l'envoi du contingent en Indochine. Aussi était-ce avec beaucoup d'espoir que Philomène et Adrien avaient accueilli l'annonce des dispositions de la loi Queuille qui avait instauré le système des apparentements. Grâce à la nouvelle répartition des sièges, une impressionnante majorité centriste composée de socialistes, de M.R.P., de membres du parti radical et du mouvement des indépendants allait sans doute enfin pouvoir gouverner. Et cela seul intéressait Adrien et Philomène, car depuis le départ de May et d'Aurélien ils ne cessaient de s'inquiéter pour Guillaume dont les nouvelles se faisaient rares. May le voyait de moins en moins souvent, et elle écrivait peu, en tout cas beaucoup moins que ne le souhaitaient ses beaux-parents lointains.

Au village, cet été-là, l'épidémie de fièvre aphteuse qui se propageait dans les vallées provoqua une véritable panique. Même si l'on n'avait pas de vaches, en effet, les bœufs de labour et les brebis risquaient tout autant d'être touchés. Il fallut répandre du crésyl pendant plus de trois semaines et garder les bêtes enfermées, ce qui poserait à coup sûr un problème de fourrage en hiver. Un cas fut signalé du côté de Martel dans le courant du mois d'août, et l'un des bœufs de Simbille fut retrouvé mort dans l'étable à la fin du même mois. Mais le vétérinaire fut formel : il ne s'agissait pas de la fièvre aphteuse. On vit cependant fleurir sur la porte des bergeries les « tsouonnencos », ces branches de noyers que l'on cueillait dans le temps à la Saint-Jean pour protéger le bétail des maléfices. Philomène sacrifia à cet usage, malgré les railleries d'Adrien :

— Toutes ces bondieuseries ! Elle s'en fout bien, la « cocotte », de tes « tsouonnencos » !

Elle haussa les épaules, laissa les branches bien en vue au-dessus de la porte de la bergerie, et il ne les fit pas disparaître.

Une grande peur erra dans toutes les fermes du causse durant cet été terrible, puis septembre arriva, avec ses orages qui rafraîchirent l'atmosphère et dissipèrent quelque peu le danger. On l'oublia définitivement quand le vent se leva enfin, les derniers jours du mois, et souffla de l'ouest. A ce moment-là, Philomène dut partir chez Marie, à Martel, qui donna le jour à une petite fille prénommée Catherine. Elle y demeura une semaine, le temps que Marie se rétablît, puis elle rentra à Quayrac où Adrien, seul, avait commis quelques imprudences. Le lendemain de son retour, il se coucha, et elle dut faire venir le docteur qui diagnostiqua une nouvelle pneumonie. Elle s'en voulut de l'avoir laissé seul, s'effraya de l'entendre délirer, tousser, s'étouffer, avec une fièvre qui restait stationnaire malgré les médicaments. Elle se promit de ne plus repartir, se jugeant responsable de sa maladie. En fait, le mal était beaucoup plus profond et datait des hivers lointains de la guerre.

— Que voulez-vous, dit le docteur un soir à Philomène, il n'est plus très jeune et il a dû être gazé dans les tranchées.

Et, comme elle se désolait :

— Mais n'ayez pas trop de crainte : votre mari est solide comme les rochers du causse ; il s'en sortira cette fois encore.

Elle le veilla, lui posa régulièrement les cataplasmes, le fit manger, ne le quitta pas une seconde. Quand il fut tiré de ce mauvais pas, un soir où elle lui portait le bouillon, il lui demanda de s'asseoir près d'elle, sur le lit.

— C'est passé, dit-il, mais tu sais, je crois bien que la prochaine fois...

Elle feignit de se mettre en colère :

— A-t-on idée de penser à ça ! Et moi, alors, qu'est-ce que je deviendrais ?

Il eut un sourire forcé, murmura :

— Promets-moi de ne jamais vendre de terres.

— Je ne veux rien promettre et je ne veux plus t'entendre parler ainsi. Tu es guéri, à cette heure, et nous allons reprendre le travail comme avant.

Il lui sembla qu'il lui était reconnaissant de ces paroles. Mais elle n'oublia plus ce regard d'enfant triste que, pendant quelques jours, la maladie avait allumé dans ses yeux.

Octobre s'épuisa en ondées tièdes et langoureuses. Après les fêtes de la Toussaint, comme si le ciel avait déversé toutes ses douceurs, le temps se mit au froid et un peu de rosée blanche nimba les chênes et les genévriers. Ce matin-là, Adrien coupait du bois pour l'hiver sur le coteau de Maslafon. Philomène, elle, gavait ses canards, quand elle entendit appeler dans la cour. Il s'agissait d'une voix qu'elle ne réussit pas à identifier. Elle se leva, aperçut deux gendarmes devant le seuil, sursauta. Néanmoins, pas vraiment inquiète, elle s'approcha à pas lents, s'essuyant les mains à son tablier.

— Madame Fabre? demanda le brigadier, un gros homme rouge et aux yeux minuscules.

Elle hocha la tête, se demandant ce que les gendarmes faisaient chez elle, en ce matin superbe, où l'air resplendissait comme du verre.

— Votre mari n'est pas là?

— Il est à Maslafon, il coupe du bois.

— Ah, bon, dit le brigadier en se dandinant d'un pied sur l'autre, tandis que son collègue, un jeune homme grand et maigre, fronçait les sourcils sans la regarder.

Elle en conçut une sorte de malaise, demanda :

— C'est donc lui que vous voulez voir?

— C'est-à-dire, madame, c'est lui que j'aurais préféré voir, mais puisque vous êtes là...

Il avala sa salive, s'éclaircit la voix :

— C'est au sujet de votre fils, n'est-ce pas.

— François? Et qu'a-t-il fait?

Le brigadier regarda sa feuille, s'étonna :

— C'est François qu'il s'appelle?

— J'ai un autre fils, Guillaume, répondit-elle, mais il est en Indochine.

Le brigadier murmura, après une hésitation :

— Il est mort, madame.

Quel était soudain ce silence autour d'elle et pourquoi ces deux hommes en uniforme la dévisageaient-ils de la sorte? Elle demanda :

— Qu'est-ce que vous me dites là?

— Il est mort, madame, répéta le brigadier en baissant la tête.

— Mais qu'est-ce que vous me dites là? Et qui vous a appris une chose pareille?

Elle lui arracha sa feuille d'une main, et de l'autre lui agrippa le bras.

— Non, dit-elle, ce n'est pas vrai, pas Guillaume.

Le brigadier se dégagea doucement.

— Allons, madame, soyez courageuse, c'est difficile aussi pour nous, vous savez.

Elle recula d'un pas.

— Excusez-moi, dit-elle.

Et, comme elle chancelait :

— Venez vous asseoir, fit-il.

Il l'entraîna vers la maison. Elle ouvrit la porte, les fit entrer, se laissa tomber sur une chaise. Après Abel, son frère, voilà que la guerre lui prenait son fils. Pourquoi? Y avait-il seulement une réponse à cette question? Et pourquoi ne pleurait-elle pas? Le brigadier toussota. Cette femme sans larmes devant lui, son beau visage régulier, ses cheveux blancs soigneusement tirés en arrière, tout cela l'impressionnait et le mettait mal à l'aise.

— Il est mort en héros, madame, dit-il. Ça s'est passé le 30 octobre dans les parages de Son La, sur les hauts plateaux, près de la frontière du Laos. Le sergent Guillaume Fabre... enfin votre fils, a retenu seul pendant deux heures un bataillon Viêt-minh et a permis à son unité de se replier en bon ordre...

Et, comme elle n'avait pas l'air de comprendre vraiment :

— Un héros, dit-il, un héros, madame.

Une première larme coula sur la joue de Philomène.

— Guillaume, souffla-t-elle.

Elle ferma les yeux, fit un effort sur elle-même.

— Nous allons vous laisser, dit le brigadier au bout d'un moment.

Elle parut seulement s'apercevoir de sa présence.

— Oui, dit-elle, bien sûr.

— Vous êtes certaine que nous pouvons partir ?

— Oui, murmura-t-elle, merci.

Ils lui tendirent la main et elle la serra machinalement, puis, comme elle esquissait le geste de se lever, le brigadier l'arrêta.

— Laissez, madame, ne vous donnez pas la peine.

Elle attendit que la porte fût refermée pour prendre sa tête dans ses mains. Une seule idée l'habitait : après Abel, Guillaume... Et Adrien qui aurait pu mourir lui aussi ! Et François ! A qui payait-on ce tribut ? Au nom de quelle loi ? Pourquoi celui que l'on priait dans les églises acceptait-il qu'il y eût des guerres ? Elle ne comprenait pas, il lui semblait qu'elle était impuissante à se battre contre un destin insaisissable, elle qui s'était toujours dressée contre le

359

malheur, qui n'avait jamais renoncé. Une vague glacée déferla, l'engloutit.

— Mon petit, balbutia-t-elle.

Elle demeura prostrée pendant de longues minutes, puis elle sortit. L'air frais lui fit du bien. Elle respira à fond, observa les écharpes roses que le soleil n'avait pas encore embrasées et qui s'étiraient nonchalamment vers les crêtes blafardes, puis elle se mit en route vers Maslafon, étrangère maintenant au monde environnant, le regard rivé aux pierres du chemin.

En arrivant, elle fut incapable de se rappeler les minutes passées, sembla s'éveiller en entendant des coups de hache contre les troncs. Alors elle pressa le pas et s'arrêta seulement à dix pas d'Adrien. Relevant à moitié le torse pour cogner, il l'aperçut, les cheveux défaits, les yeux brillants, le dévisageant avec une sorte de stupeur. Elle s'approcha, posa ses mains sur les siennes, elles-mêmes croisées sur le manche de la hache. Un sanglot l'étouffa.

— Notre Guillaume est mort, dit-elle. Les gendarmes sont venus.

Il eut un affaissement brusque du torse et des épaules, la regarda durement, lâcha son outil, recula, puis il se mit à marcher droit devant lui sans qu'elle songeât à le retenir au passage. Elle lui tournait le dos, les yeux mi-clos. De longues secondes passèrent, puis elle se retourna. Il se trouvait à vingt pas d'elle, immobile, les bras légèrement écartés, la tête dodelinante, sans un mot, sans un cri. Elle le rejoignit, le prit par le bras, l'obligea à s'asseoir près d'elle sur une pierre plate qui servait de banc, entre trois genévriers. Elle eut un regard rapide vers lui, comprit combien il souffrait en voyant trembler son menton. Alors elle se mit à lui parler doucement, cherchant dans ce malheur les mots susceptibles de bercer sa douleur : Guillaume avait sauvé une unité entière, il était mort en héros, il s'était racheté, aujourd'hui ils pouvaient être fiers de lui. Adrien hochait la tête, regardait la terre à ses pieds, murmurait :

— Quand même, Guillaume, quand même.

Comme il semblait vieux et meurtri ! Elle en fut effrayée, recommença à lui parler, mais elle ne sut s'il l'entendait.

— Il faut rentrer à présent, dit-elle, viens donc !

Mais il refusa de se lever et elle ne put résister à la nouvelle vague de tristesse qui monta jusqu'à ses yeux. Elle se laissa aller contre son épaule, ne bougea plus, respirant à petits coups. Là-haut, un épervier aux ailes de faux commença à décrire ses cercles circonspects au-dessus de ces deux vieux qui se tenaient la main, assis l'un près de l'autre, immobiles comme des troncs aux branches coupées.

Marie, François et Louise se regroupèrent auprès de leurs parents pour les aider à surmonter l'épreuve. Ce fut aussi le cas de leurs amis, mais Philomène constata à cette occasion combien ils étaient devenus peu nombreux. Que restait-il aujourd'hui du village d'avant-guerre ? Quelques jeunes, mais surtout des adultes qui avaient passé la quarantaine, et des vieux. Les enfants, eux, étaient rares : l'école, où Mlle Loubière, qui avait remplacé Julien Combarelle, n'était elle-même plus très jeune, en accueillait seulement une douzaine. Où étaient-ils donc passés, tous ceux qui semaient la joie dans les ruelles avec leurs accordéons ? Philomène s'avisa brusquement du fait qu'ils étaient partis dans les villes à la recherche de revenus stables et de liberté, laissant aux aînés les charges de la succession. Et ils n'étaient pas les seuls à avoir quitté le village. Des anciens, demeuraient simplement Geneviève ; Léon Pouch et sa femme ; Fernand Delpy, le maçon qui ne s'était pas marié pour veiller sur sa vieille mère ; les familles Bouyssou, Alibert, et Simbille ; le curé Lestrade et la maîtresse d'école. Autour de Quayrac, dans les anciennes métairies de maître Delaval, une quinzaine de petits propriétaires survivaient sans grands moyens et avec peu de terres, mais pour combien de temps ?

Philomène eut l'impression, cet hiver-là, d'assister aux bouleversements d'un monde qu'elle ne reconnaîtrait bientôt plus. Cependant, même si les maisons désertes et le petit nombre d'élèves de l'école lui donnaient chaque fois un coup au cœur, elle ne se laissa pas aller. Elle fit front, s'évertua à penser à la mort de Guillaume comme à un sacrifice glorieux qui le réconciliait avec sa famille et, pour sortir définitivement de l'impasse, elle écrivit à May en lui demandant de les rejoindre avec son enfant. Dès lors, comme si la décision de sa belle-fille allait de soi, elle poussa Adrien à entreprendre des travaux afin de rendre la maison plus attrayante.

— Il faut qu'elle se sente bien ici, lui dit-elle, comme cela elle ne repartira pas, et nous aurons le petit près de nous.

— Crois-tu vraiment qu'elle pourra vivre ici ? demanda-t-il.

— Nous y vivons bien, nous, et d'ailleurs on s'habitue à tout. Que veux-tu qu'elle fasse, là-bas ?

— Je suppose qu'elle travaille à Saigon.

— Elle ne travaillait plus depuis qu'ils s'étaient mariés. Je te dis qu'elle viendra.

Comme Adrien restait sceptique, elle renvoya une deuxième lettre, plus longue et plus insistante que la première, et elle ne cessa dès lors d'en parler. Au cours de leurs fréquentes visites, Marie et François, même s'ils n'y croyaient guère, prenaient soin de ne pas la décourager. Quant à Louise, elle était devenue sa complice et elles passaient des heures et des heures en confidences pendant les vacances scolaires. Philomène aimait surtout parler des études et des professeurs. Elle ne cessait de lui prodiguer des recommandations pour le temps proche où elle aurait en charge des enfants. Et c'était toujours les mêmes mots, la même révolte contre la guerre. Un jour de décembre, alors qu'elles se trouvaient seules dans la salle à manger et qu'elles évoquaient le souvenir de Guillaume et d'Abel, elle lui dit avec gravité :

— Toi, ma fille, dont le métier sera d'éduquer les enfants, tu leur répéteras que la guerre est la chose la plus stupide qui soit, que rien ne peut la justifier, qu'ils doivent la refuser et mobiliser toute leur énergie pour qu'il n'y en ait plus jamais.

— Mais oui, maman, je te le promets.

— Tu le diras surtout aux filles qui deviendront mères plus tard. Tu verras, c'est elles qui le comprendront le mieux. Et un jour, pour défendre la vie de leurs enfants, elles seront capables de tout, un peu comme cette brebis que j'ai vue se battre contre un sanglier pour défendre son agneau.

— Tu m'as raconté cette histoire plus de dix fois, je m'en souviens, tu sais.

— Tu leur diras, reprit Philomène comme si elle n'entendait plus sa fille, que toute chose vivante est sacrée, même une chenille, même une sauterelle. Parce que, vois-tu, nous ne sommes pas sur terre par hasard, ni nous, ni les chenilles, ni cette mouche qui tourne sur notre tête. Nous sommes sur terre pour apprendre. Et plus nous vivons longtemps, plus nous apprenons, comprends-tu ?

Louise sourit, hocha la tête. Philomène hésita, poursuivit :

— A Toulouse, tu sais...

— Non, maman, je t'en prie, l'arrêta Louise.

— N'aie pas peur, fillette, écoute-moi.

Elle baissa le ton, sa voix ne fut plus qu'un mince filet entre ses lèvres :

— Si je n'ai pas parlé et si j'ai pu survivre malgré tout, ce n'est pas parce que je suis plus courageuse qu'une autre. Oh, non ! C'est beaucoup plus simple que cela. C'est grâce à Abel et pour être sûre de pouvoir le rejoindre un jour. Si j'avais accepté la victoire de ceux qui torturent et qui tuent, je l'aurais perdu à jamais, tu comprends ? Je leur aurais donné raison. Et ça, même à demi morte, je n'aurais pas pu le faire, j'aurais plutôt choisi de le rejoindre tout de suite.

— Arrête, je t'en prie, murmura Louise.

Philomène se leva, s'approcha de sa fille, lui prit les mains.

— Il ne faut pas être triste, dit-elle, jamais. Abel le savait bien, lui, que vivre, c'est apprendre, aimer, rire ; mais pour cela il faut être capable d'oublier le malheur.

Le printemps alluma dans les bois de chênes des pétillements d'écorce et de feuilles. Les abeilles reprirent leurs rondes besogneuses sous le soleil fauve des après-midi. Ce fut au cours de l'un d'entre eux, plus tendre encore et plus lumineux que les précédents, que Philomène et Adrien allèrent chercher May et Aurélien à Souillac. La lettre était arrivée un mois plus tôt, et, depuis, ils avaient trompé leur impatience en achevant les travaux entrepris dans les chambres et la cuisine. Le seul regret de Philomène était de ne pas disposer de l'eau courante au robinet : il fallait attendre encore deux ou trois ans, et l'installation bricolée par François, de la citerne à l'évier, ne marchait pas très bien, surtout l'hiver. Enfin ! au moins vivait-on désormais sur un parquet neuf et entre des murs fraîchement repeints. Mais que cette maison était grande ! Philomène, qui s'en désolait quelquefois à cause des difficultés d'entretien, regrettait de ne pas habiter l'une de ces petites demeures qui avaient autrefois abrité son enfance. Mais elle ne s'en ouvrait guère à Adrien, sachant combien il en aurait été malheureux. Elle se consolait en songeant que cette grande maison lui permettait au moins d'accueillir ses enfants et ses petits-enfants, même ceux qui venaient de loin, presque du bout du monde, comme May aujourd'hui.

Elle la retrouva amaigrie et très fatiguée. Par contre, à deux ans maintenant, Aurélien lui parut complètement remis de son opération. Sous des cheveux raides et noirs, deux yeux pleins de vie la détaillèrent tandis qu'elle montait dans la charrette. Philomène fit asseoir May sur la banquette à côté d'Adrien, elle-même prenant place à l'arrière sur des sacs de jute, l'enfant dans ses bras. Il remuait en tous sens sa tête ronde, intrigué par les bruits de la ville, puis par ceux des oiseaux dans les haies, quand la charrette fut sortie de Souillac. De temps en temps, May se retournait, souriait, mais ne parlait pas. Une fois au village, il fallut d'ailleurs à Philomène et Adrien beaucoup de patience pour obtenir des confidences. A force d'insister, elle se livra un peu, non sur les circonstances de la mort de Guillaume, mais plutôt sur sa vie. Ils comprirent qu'elle avait eu beaucoup de difficultés à échapper au patron d'un restaurant où elle avait trouvé du travail, et que c'était pour le fuir qu'elle avait décidé de quitter Saigon. Elle paraissait presque autant bouleversée par cette histoire que par la disparition de Guillaume, et elle n'avait plus la même vision optimiste du devenir de son pays.

Cependant, les beaux jours et la vie en plein air lui rendirent courage. D'ailleurs, ce printemps-là fut tout en couleurs et en parfums. La brise des matins jouait entre les chênes et les genévriers, le soleil séchait les rosées avec la douceur d'une langue de chat, et les merles lançaient leurs trilles vers le ciel irisé çà et là de traînes rosées. Pour May, le travail des champs n'était pas une découverte. Elle aida Philomène

367

à semer les pommes de terre dans les sillons tracés par Adrien, parut même s'amuser à l'ouvrage. Elle participa au sarclage des semis, à l'agnelage, apprit à conduire le troupeau et à faire manœuvrer le chien. Tout semblait se passer admirablement, et Philomène mit du temps à comprendre que sous son apparence tranquille et parfois rieuse, May, en réalité, s'ennuyait. Trop soumise par nature et par habitude, elle ne se plaignait de rien, mais elle ne cacha point la vérité, au début de l'été, le jour où Philomène lui demanda :

— Vous vous plaisez ici, c'est bien sûr ?

— Vous êtes gentille, madame Philomène.

— Mais vous préféreriez vivre ailleurs, n'est-ce pas ?

— Peut-être dans une ville grande, madame Philomène. Depuis toute jeune fille, j'ai perdu l'habitude de vivre avec la terre et les arbres.

Le sourire angélique qui découvrait les dents de nacre de May toucha Philomène. Elle soupira, sourit à son tour :

— Toulouse, peut-être, dit-elle.

— Oui, Toulouse c'est moyen vivre contente. Très contente.

— Eh bien, nous allons en parler à Mélanie, je suis sûre qu'elle pourra faire quelque chose.

— Oh oui, madame Mélanie très bonne et très gentille, dit May, ravie de cette perspective.

Adrien comprit difficilement pourquoi sa belle-fille désirait les quitter et, sans le lui montrer, il lui en voulut un peu. Comme Philomène, il savait qu'ils auraient beaucoup de peine à s'habituer à l'absence d'Aurélien dont le sourire éclairait leurs journées.

— Nous le verrons souvent, lui dit Philomène, sûrement chaque fois que Mélanie viendra. On ne peut quand même pas contraindre cette petite à vivre ici si elle s'en trouve malheureuse !

— Non, dit-il. Bien sûr que non.

Mélanie ne fit aucune difficulté. Sa maison était assez grande, et elle ne manquait pas de travail. Elle vint chercher May et Aurélien un dimanche, et celle-ci remercia ses beaux-parents avec des larmes dans les yeux. Une fois qu'ils furent partis, dans la solitude et le silence retrouvés, assis de part et d'autre de la table, Philomène et Adrien demeurèrent un long moment sans parler.

— Eh bien, voilà, dit enfin Adrien, examinant ses deux mains ouvertes devant lui.

— Bientôt ce sera les vacances, fit-elle, et la maison sera de nouveau pleine d'enfants. Tu sais bien qu'à ces moments-là tu les trouves toujours un peu nombreux.

Il hocha la tête, demanda :

— Combien en avons-nous, au juste ? J'en perds le compte.

— Six ! Et ce n'est sans doute pas fini.

— Six ! répéta-t-il. Et quel âge a l'aîné ?

— Dix ans.

Il soupira, puis, se levant brusquement pour sortir :

— Si seulement ils vivaient là, dit-il, on aurait au moins l'impression de travailler pour eux.

17

L'été qui suivit fut d'une rare sécheresse. L'air brasilla sur les collines dès le lever du soleil. La lumière du jour coula en fleuves incandescents de la source aveuglante du ciel. Le causse se consuma jusqu'à la mi-septembre, faisant craquer ses os de calcaire poli, et les chênes se teintèrent d'un bronze rosé qui vira aux roux bien avant l'heure. Les citernes se vidèrent, les rares points d'eau des combes s'asséchèrent dès la mi-août, et l'on craignit le pire pour les bêtes. Pas un nuage ne se posa sur les bois grésillants. Pas un souffle de brise ne se leva. Il n'y eut qu'un silence terrifiant, des nuits aux odeurs de soufre, des matins de canicule précoce où la poussière des chemins, à peine attendrie par la nuit, éclatait par plaques en soulevant de minces filets de fumée ocre. Et puis le four. Gigantesque. Accablant. Qui brûlait l'air lui-même avec des soupirs de soufflet de forge.

Au village, on se ferma dans la pénombre des

maisons, et l'on n'en sortit guère. Les foins furent presque totalement perdus, les blés de même. On ne pensait plus qu'à l'eau et aux bêtes que l'on emmenait dans les combes seulement à la tombée de la nuit, au risque de les perdre. Adrien envisagea même de conduire le troupeau jusqu'à la Dordogne et de rentrer avant le lever du jour : il avait entendu raconter par le père Delaval que les gens du causse y avaient été contraints une fois au siècle dernier. Mais ce ne fut heureusement pas nécessaire. La pluie daigna enfin tomber à la mi-septembre et la catastrophe fut évitée de justesse. On put alors s'occuper des labours d'automne et espérer en la prochaine récolte.

L'hiver ne fut pas trop rigoureux, et pourtant Adrien eut une nouvelle pneumonie qui le laissa sans force. Il mit du temps à se remettre, perdit toute son énergie, se replia sur lui-même. Malgré l'insistance de Simbille, il refusa de se représenter aux élections municipales du printemps. La politique ne l'intéressait plus, et c'était à peine s'il se tenait au courant par la radio. Il ne croyait plus à rien, et surtout pas à l'expérience Pinay, le « Poincaré du pauvre », lancée par la toute nouvelle majorité gouvernementale. D'ailleurs, les petits exploitants n'avaient pu s'intégrer dans le système de crédit et d'industrialisation mis en œuvre après la guerre. Et ceux qui avaient mis le doigt dans l'engrenage voyaient leurs charges croître plus vite que leurs ressources. Alors ? Où était la solution ? Le Centre national des jeunes agriculteurs, prenant le relais de la Fédération nationale des syndicats d'exploitation agricole jugée trop à droite depuis 1950, essayait bien de catalyser les mécontentements paysans en organisant des manifestations, mais pour quel résultat ?

Depuis janvier, Simbille était venu plus d'une fois inviter Adrien à assister aux réunions tenues par les responsables syndicaux dans la salle du conseil, mais celui-ci avait toujours refusé en disant :

— Tu sais bien qu'ils ne tiennent pas le même langage que nous. Eux, ils vivent dans la vallée, ils ont des terres grasses, des vaches, du maïs, du tabac, des betteraves. Ils n'ont jamais vu des pierres de leur vie.

— Mais ce n'est pas une raison, rétorquait Simbille, ils nous défendent aussi.

— Même s'ils nous défendent, de toute façon, c'est fini pour nous. Parce que tu comprends, Gaston, ici, le rendement et l'amortissement dont ils nous rebattent les oreilles, c'est le rocher qui nous les mange.

Et il ajoutait, chaque fois, avec un geste de lassitude :

— Et puis, ce n'est pas à plus de soixante ans que je vais me lancer dans la bataille. Il n'y a personne pour reprendre mes terres, et je n'ai plus qu'une envie : qu'on me laisse tranquille.

Philomène, qui assistait à ces conversations,

était attristée par le renoncement manifesté par Adrien. Si cela n'avait tenu qu'à elle, elle se serait facilement déplacée, sinon pour discuter, du moins pour écouter et en faire son profit. Elle se sentait capable, en effet, de se battre pour le village, pour que d'autres après elle puissent vivre de la terre en ces lieux, même si c'était plus difficile qu'ailleurs. Il lui semblait que le mouvement amorcé dans les campagnes depuis que l'investissement tendait à remplacer l'épargne allait s'accentuer dans les années à venir. C'était contre cette industrialisation de l'agriculture qu'il fallait se battre. Car elle en était persuadée : tout cela déboucherait sur la disparition des petits exploitants, et cette perspective lui paraissait inacceptable.

Heureusement, pour la distraire de ses préoccupations, elle avait Louise et ses petits-enfants. La première, qui venait d'achever ses études d'histoire et de géographie, attendait une nomination pour la rentrée prochaine, son diplôme de professeur en poche. Elle était revenue à Quayrac à la fin du mois de juin, et elle avait aussitôt aidé ses parents à rentrer les foins. Elle n'était d'ailleurs pas arrivée seule, ayant amené avec elle Aurélien. Avec les jumeaux de Marie, ils étaient trois enfants qui faisaient résonner la maison de cris de joie, pour le plus grand plaisir de Philomène qui les prenait tour à tour sur ses genoux. Ils jouaient avec ses cheveux en demandant :

— Pourquoi sont-ils blancs, tes cheveux, mémé ?

— Parce que je suis sortie sous la neige, répondait-elle.

Elle connaissait bien les jumeaux qu'elle gardait souvent, aux vacances. Juliette était blonde et ronde, Victor brun, maigre et fragile. « Drôles de jumeaux », songeait-elle en les emmenant garder le troupeau sur les coteaux criblés de sauterelles et de grillons. Et c'était mille poursuites, mille batailles avec Aurélien, des rires clairs, des courses éperdues dans la lumière de l'été, des heures de vrai bonheur rythmées par les sonnailles. Toute sa vie se trouvait là, elle le savait. Même Adrien participait à cette rieuse effervescence. Il suffisait que la maison se remplît d'enfants pour qu'il retrouvât son énergie, comme s'ils avaient le pouvoir de lui transfuser un regain de jeunesse. Philomène s'en réjouissait. Elle savait qu'il était toujours heureux de leur donner tout ce qu'il n'avait jamais connu, lui, enfant sans père et solitaire, et que cette revanche sur la vie ensoleillait ses journées de grand-père.

Louise, qui avait reçu son affectation pour le lycée Joffre de Montpellier, était partie à la mi-septembre, pleine d'espoir et de passion. Philomène l'avait conduite à la gare de Souillac, et ce court voyage, côte à côte sur la charrette, les avait réunies dans la sérénité que procure le but atteint après de longues années d'efforts. Sur le quai, avant le départ, quand elles s'étaient embrassées, il n'y avait eu nulle tristesse. L'une et l'autre avaient souhaité ce moment. C'était celui de la réussite. Il ne pouvait être que joyeux. Philomène était certaine de ne jamais l'oublier, pas plus qu'elle n'avait oublié ses retrouvailles avec Adrien, sur ce même quai inondé de soleil.

Septembre s'était achevé sous des orages qui avaient embrasé le ciel pendant plusieurs jours et noyé sous un déluge les dernières langueurs de l'été. La nuit tombait plus tôt, laissant présager de prochaines veillées solitaires. Chaque soir Philomène ouvrait la radio, écoutait chanter Tino Rossi, Gloria Lasso, Maurice Chevalier dont la chanson « Un gamin de Paris » la faisait songer à Guillaume.

Il y eut une embellie début octobre, qui coïncida avec une visite de François et des siens. Mais ce ne fut pas une visite ordinaire, loin de là. Il arriva dans une « quatre-chevaux » vert pâle achetée depuis peu, ce qui surprit Adrien et Philomène habitués à ne voir dans la cour que la C 6 de Marie et d'André. Cependant, ils n'étaient pas au bout de leur surprise. A peine commencèrent-ils à manger que François dévoila la vraie raison de sa venue à Quayrac :

— Je projette de m'installer à mon compte, dit-il en s'adressant à Adrien. Il y a longtemps que je sais fabriquer des meubles sans l'aide de personne et je crois que je me ferai une clientèle facilement.

Il y eut un long silence que troubla seulement le petit Pierre en laissant tomber sa fourchette. Adrien s'éclaircit la voix, puis :

— Je vois que ça ne te réussit pas trop mal de travailler à l'usine, et il vaudrait peut-être mieux ne pas tenter le diable.

— C'est vrai, reprit François, mais j'ai la possibilité d'emprunter à taux réduit pour acheter les machines et le local. Sylvette ferait la comptabilité, s'occuperait du courrier et des factures.

— Eh bien, puisque tu as déjà décidé, fit Adrien.

Philomène dévisageait Sylvette avec étonnement.

— Tu as donc appris la comptabilité ? demanda-t-elle.

— Oui, répondit Sylvette, je m'y suis mise depuis deux ans.

Elle se méprit sur le regard de Philomène, chercha à se disculper :

— Depuis que Pierre allait à l'école, je m'ennuyais un peu.

— Mais c'est très bien, ma fille, dit Philomène qui trouvait remarquable qu'une jeune femme voulût travailler plutôt que de rester chez elle.

— Et ton patron, qu'en dit-il ? demanda brusquement Adrien à François.

— Mon patron ? Il cherche à me retenir et me propose une augmentation.

— Alors, fit Adrien, cela ne te suffit pas ?

Philomène se leva pour aller chercher le poulet rôti et les pommes de terre dans la cuisine, puis elle s'assit de nouveau, tandis que Sylvette servait le petit Pierre.

— Moi, je crois que tu as raison, François, dit-elle.

Adrien ne réagit pas tout de suite. Il se servit, coupa ses pommes de terre. Alors Philomène ajouta :

— Ton père pense au pire et il ne voudrait pas que tu perdes ce que tu as gagné, mais je sais qu'il est de mon avis. Et s'il le faut, on vous aidera.

Elle lut une lueur de soulagement dans les yeux de son fils, et chez Sylvette comme une envie de l'embrasser. François avala une bouchée, but un peu de vin, reprit d'une voix moins assurée :

— Le problème est bien là : nous avons besoin de vous.

Et, comme s'il craignait d'être mal jugé :

— Oh ! ce n'est pas de l'argent que je vous demande. Vous savez bien que je ne serais jamais venu pour ça.

— Et quoi donc, alors ? demanda Adrien.

— Il nous faudrait votre caution. Ce sont les

banques qui l'exigent. Cela signifie que si nous ne pouvons pas rembourser les crédits, c'est vous qui devrez le faire à notre place.

Il ajouta d'une voix à peine audible :

— Autant dire vendre les terres.

Le regard de Philomène chercha celui d'Adrien, le trouva. Et ce qu'il y lut était sans équivoque. Plus que d'un défi, il s'agissait d'une résolution dans laquelle elle s'engageait tout entière. Il prit le temps de la réflexion, répondit :

— Tu auras notre caution.

— Merci, dit François. Vous verrez, vous n'aurez pas à le regretter.

— Oui, merci beaucoup, dit Sylvette. C'était tellement important pour nous.

Il y eut un court silence, puis :

— Ne nous remerciez pas, dit Philomène, ce que l'on vous donne aujourd'hui, on vous le devait depuis longtemps...

Le silence tomba de nouveau, chacun songeant à cette difficile période au terme de laquelle François était parti. Lorsque le moment d'émotion fut dissipé, ils parlèrent de la fabrication moderne des meubles, de la clientèle possible, du nombre d'ouvriers à embaucher ; alors Adrien et Philomène comprirent que François avait pensé à tout. Le repas se termina dans la bonne humeur, puis François emmena tout le monde dans la « quatre-chevaux » pour une promenade sur la route de Montvalent.

Quand Philomène et Adrien se retrouvèrent seuls, le soir venu, il répondit en souriant, comme elle le remerciait d'avoir donné satisfaction à François :

— De toute façon, il y a belle lurette que je ne suis plus maître chez moi.

— Que tu es bête ! fit-elle en haussant les épaules, mais en riant elle aussi.

Et elle songea, heureuse, qu'ils n'avaient sans doute jamais été si près l'un de l'autre.

Vint le temps des labours et des premières fraîcheurs. On sentait l'hiver proche à une certaine dureté de l'air et aux premières rafales d'un vent de nord-ouest. Aidé par Philomène, Adrien avait répandu du fumier, labouré, hersé, semé le blé, puis hersé de nouveau la grande pièce du plateau. Les palombes, qui avaient commencé de passer pour la Saint-Luc, s'étaient enfuies depuis peu. Novembre était là, baigné des brumes matinales à la chevelure d'argent. Comme on ne sortait plus les brebis, Philomène trouvait le temps long, assise au cantou à son ouvrage de tricot. Cet après-midi-là, elle décida d'aller à la rencontre d'Adrien qui chargeait du bois dans la combe de Combressol. Elle prit sa pèlerine et s'en fut lentement, perdue dans ses pensées pour François, pour Marie, mais aussi pour tous ceux qui composaient son univers familier. Adrien, lui, semblait avoir passé aisément le cap des labours, et son état de santé ne paraissait pas s'être aggravé. Certes, l'arrivée de l'hiver faisait craindre à Philomène qu'il ne prît froid, mais elle se disait que, une fois le bois rentré, ils passeraient le plus clair de leurs journées au coin du feu, dans la chaleur paisible de la salle à manger.

Elle monta bien à l'abri des bois jusqu'au sommet du coteau, puis elle déboucha en plein vent, sur la grèze, tout contre le ciel. Des alouettes prirent leur essor devant ses pieds et se laissèrent emporter par les bourrasques. Elle marcha plus vite, droit vers le bois qui, là-bas, s'inclinait vers la combe. Une fois parvenue à la lisière, elle regarda vers le vallon, en bas, découvrit la charrette et les bœufs immobiles, chercha Adrien vainement. Il devait se trouver sous les arbres, un peu plus loin. Cependant, une sorte d'appréhension lui fit d'instinct hâter le pas, et elle descendit de plus en plus vite avant de s'arrêter à mi-versant. Rien ne bougeait dans le bois, hormis les feuilles brunes des chênes. Son cœur s'emballa brusquement. Elle se mit à courir, arriva en bas le souffle court. Là, elle voulut appeler, mais aucun son ne sortit de sa gorge. A son approche, les bœufs tournèrent vers elle leurs grands yeux paisibles. Où était Adrien ? C'était trop bête d'avoir peur ainsi. Elle fit le tour de la charrette, ne trouva rien.

— Où es-tu ? cria-t-elle.

Elle réalisa brusquement qu'il n'y avait aucun

bruit autour d'elle, si ce n'était le halètement du vent dans les branches. A hauteur du tas de bois, elle le vit tout à coup, allongé sur le dos, face au ciel, un maigre tronc en travers de la poitrine. Elle se précipita, lui souleva la tête, l'appuya sur ses genoux, supplia :

— Parle-moi, parle-moi, dis !

Elle remarqua comme un sourire sur ses lèvres closes, et dans ses yeux une lueur de surprise, peut-être même de sérénité. C'est à ce signe qu'elle comprit qu'il était mort. Elle se pencha sur lui tout en le serrant dans ses bras.

— Parle-moi, répéta-t-elle, dis-moi quelque chose.

Elle se redressa, l'observa, releva de sa main droite les cheveux épars sur le front.

— Pourquoi ? dit-elle encore avec un bref sanglot.

Elle ferma les yeux, rêva durant quelques secondes au petit garçon qui lui donnait du « millassou », lorsqu'elle gardait les brebis du maître, puis à l'adolescent qui la défendait contre le rouquin. Elle n'éprouvait pas vraiment de douleur, mais plutôt l'impression d'un vide étrange autour d'elle, d'une sorte de distance qu'il lui fallait combler pour ne pas le perdre. Elle le revit le jour où elle l'avait rencontré, sauvage et fragile à la fois. « Un armotier, avait dit Sidonie. Il parle avec les âmes des morts. » Elle n'en avait pas cru un mot, et elle n'avait pu oublier ses yeux noirs et ses fossettes aux joues.

Cette image, si lointaine et pourtant si proche, la dévasta. Elle rouvrit les yeux, le secoua un peu, comme pour le réveiller. Mais il garda la même expression calme, paraissant ne s'intéresser qu'à la course des nuages au-dessus des chênes.

— Oh, non, dit-elle.

Puis elle ne le vit plus, une brume tiède s'étant posée sur ses yeux. Elle se souvint du soldat qui était revenu de la guerre couvert de poux et qui avait pleuré en serrant son fils dans ses bras, puis de celui qu'elle avait retrouvé, brisé, à l'hôpital de Soissons, et elle mesura combien leurs vies étaient liées. Était-ce possible de continuer sans lui désormais?

— Pourquoi m'as-tu laissée seule? dit-elle encore.

Puis, caressant ses lèvres closes du bout des doigts:

— Mais qu'est-ce que je vais devenir?

De longues minutes passèrent. Elle ne bougeait plus, n'arrivait pas à détacher de lui son regard. Elle se mit à lui parler doucement, comme elle l'eût fait pour un enfant.

— Il ne faut pas t'éloigner de la maison, le temps passera vite, tu verras. Si tu restes près de nous, tu ne languiras pas trop. Tu m'entends? Dis, tu m'entends?

Il lui sembla qu'il souriait. Alors elle continua de lui parler avec l'impression de le protéger, de l'accompagner sur cette route mystérieuse qu'il avait prise sans elle, mais où elle le rejoindrait bientôt.

Beaucoup plus tard, le beuglement des bœufs lui fit prendre conscience de l'endroit où elle se trouvait. Elle essaya de se lever, mais elle se sentit comme rivée au sol. Elle repoussa la tête d'Adrien qui vint reposer sur la mousse, épaisse à cet endroit. Elle se leva, eut peur tout à coup de ce corps inerte et de ce visage déserté. Cependant, elle s'agenouilla, le prit sous les épaules pour le tirer vers la charrette.

— Viens, dit-elle, viens.

Elle dut s'y reprendre trois fois avant de parvenir à le hisser contre les troncs soigneusement empilés, l'y adossa, eut un vertige, s'affaissa lentement. Dix minutes passèrent, puis le cri d'un corbeau embourbé dans le vent la fit sursauter. Elle se redressa, eut un nouvel élan vers Adrien, repoussa les cheveux blancs qui recouvraient son front, l'embrassa, puis, les yeux noyés, elle se plaça devant les bœufs et les fit avancer.

Elle s'arrêta souvent en chemin, revenant en arrière pour vérifier s'il n'avait pas glissé, pour lui parler encore. Elle mit plus d'une heure avant d'arriver au village où elle se dirigea vers le café. Quand Geneviève la vit, elle comprit tout de suite ce qui s'était passé. Elle la fit asseoir, s'efforça de la réconforter, puis elle alerta les voisins. Ceux-ci furent vite là. Alibert et Simbille ramenèrent la charrette, tandis que

Philomène marchait à leurs côtés, au bras de Geneviève. Ils transportèrent Adrien dans la chambre où Geneviève, à la demande de Philomène, le revêtit de son unique costume de velours noir. Puis elle s'inquiéta de ses enfants.

— Simbille a téléphoné, dit Geneviève ; ils vont arriver.

Philomène hocha la tête, consentit à s'installer dans le fauteuil. Elle entendit sonner le glas au clocher, demanda à Geneviève si elle avait trouvé le buis béni.

— Tout est prêt, répondit celle-ci, essaye de te reposer.

L'attente commença. Fermant les yeux, Philomène partit à la rencontre de celui qui partageait sa vie depuis l'âge de huit ans, et qui l'attendait au bout du chemin, souriant, un morceau de « millassou » dans les mains.

Marie et François arrivèrent dans la nuit, Louise et Mélanie le lendemain. Ils prirent place à côté de Philomène pour accueillir les hommes et les femmes du voisinage venus « faire la visite » traditionnelle. Après avoir esquissé le signe de la croix sur le défunt, ils s'asseyaient quelques minutes, se faisaient raconter les dernières heures de celui qui avait quitté ce monde. Philomène parlait d'une voix égale, pleine de douceur, jetant de temps en temps un regard vers son compagnon. Elle avait dépassé le seuil du chagrin, était entrée dans l'univers des souvenirs, d'où elle n'apercevait pas encore la chaise vide des prochains jours.

— Nous étions de la même classe, disaient les uns.

— Je l'ai connu du temps de Delaval, disaient les autres.

Tous faisaient son éloge et Philomène remerciait de la tête en se forçant à sourire. Elle ne restait seule avec ses enfants que pendant les veillées. Alors, elle parlait et parlait interminablement de son mari avec une tendresse qui les bouleversait. Elle racontait leur vie au château chez le maître, leurs gardes solitaires sur les coteaux déserts, ses retours de permission, ce jour où il lui avait donné les deux petits cailloux bleus qu'elle conservait précieusement dans son armoire, pliés dans un mouchoir à carreaux. Elle ne se rendait pas compte qu'elle ajoutait ainsi à la peine de Marie, de Louise et de François, alors qu'elle souhaitait seulement leur faire partager les moments précieux de sa vie. Elle souffrait sans doute moins qu'eux, car elle ne doutait pas de le rejoindre bientôt pour une autre vie. Où ? Sur quel domaine inconnu ? Elle ne l'entrevoyait pas clairement, mais une voix lui soufflait qu'elle le retrouverait un jour. Ce n'était pas là chose avouable, elle le savait, mais cela lui suffisait pour passer ces heures difficiles sans céder au désespoir.

— Ne pleure pas, petite, dit-elle à Louise, le

dernier soir avant l'enterrement, tu le rendrais malheureux.

Cette nuit-là, elle consentit à se coucher mais ne dormit guère. Le lendemain, levée de bonne heure, elle fit sa toilette, s'habilla, aida Geneviève à préparer le repas de midi. Un peu plus tard, avant que le menuisier ne visse le couvercle, elle embrassa Adrien une dernière fois, arrangea ses cheveux, resserra la cravate mince et noire sous le col de la chemise blanche, puis elle sortit de sa poche un grand mouchoir qu'elle déplia lentement, glissa l'un des cailloux bleus entre les doigts raidis.

— Ne le perds pas, souffla-t-elle.

Pendant que le menuisier faisait son travail, elle demeura immobile, la tête légèrement inclinée sur le côté, sans une plainte. Au moment de partir, François et Marie la prirent par le bras. Au cours des deux jours passés dans la pénombre de la chambre, elle ne s'était pas rendu compte que le temps avait changé. L'éclat du ciel l'aveugla et la fit chanceler en sortant de la maison, puis, une fois encore, après la cérémonie religieuse. Sur le chemin du cimetière, abritée du vent du nord par le corbillard, elle regarda les sabots du cheval entre les roues avant, et cela lui fit souvenir d'un autre enterrement, il y avait bien longtemps, un jour où le défunt avait des cheveux de velours. Ainsi, après son père, après sa mère, c'était son époux qu'elle portait en terre. Elle pensa à Guillaume disparu lui aussi, à Abel, à Étienne, et il lui sembla que tous étaient proches d'elle.

Au cimetière, devant la fosse, elle leva la tête vers le ciel déserté que le pâle soleil de novembre rendait transparent. Des alouettes montèrent droit vers lui, parurent se fondre dans la lumière. A l'instant où les porteurs firent glisser la boîte dans le trou, Philomène fit un pas en avant.

— Adrien, gémit-elle.

Mais François et Marie parvinrent à la retenir. Elle ferma les yeux, attendit que tout fût terminé puis se laissa entraîner vers la porte du cimetière. Là, des hommes et des femmes habillés « en dimanche » l'embrassèrent en présentant leurs condoléances. Cela dura longtemps. Elle revint épuisée dans la grande maison pour le repas auquel avaient été invités les parents et les amis. Ceux-ci s'en allèrent les uns après les autres au cours de l'après-midi. Et, le soir, autour de la table, seuls restèrent Marie et André, Sylvette et François, Louise enfin, qui ne repartiraient que le lendemain.

A peine commença-t-on à manger la soupe que Marie déclara :

— Le mieux est que tu viennes habiter à Martel, avec moi, la maison est grande, tu sais...

Et, comme Philomène la dévisageait sans comprendre.

— Si tu préfères, tu peux aller à Figeac, Sylvette et François sont d'accord.

— Bien sûr, dit François, et tu loueras les terres et la maison. On trouvera sûrement quelqu'un.

Il y eut un long silence durant lequel le regard de Philomène se posa sur chacun de ses enfants.

— Mais qu'est-ce que vous dites ? murmura-t-elle.

— Tu ne vas pas rester toute seule ici, non ? dit François.

— Mais c'est chez moi, ici ! s'exclama Philomène.

Et elle ajouta, avec une ombre de contrariété dans la voix :

— Vous ne trouvez pas qu'il y en a assez qui partent ?

— Enfin, maman, commença Marie...

— Il n'y a pas d'enfin, ma fille, s'il me reste quelques années à vivre, c'est ici que je veux les passer.

— Et si tu es malade ? demanda Louise.

— Si je suis malade, je me soignerai.

— Comment feras-tu pour travailler les terres ?

— Je les louerai et je garderai juste ce qu'il me faut, avec les brebis.

— Mais nous ne pouvons pas te laisser seule, dit Marie.

— Ici, je ne suis pas seule, j'y ai toute ma vie. Je n'ai jamais voulu abandonner le village, ce n'est pas pour le faire aujourd'hui.

Elle sourit, reprit :

— Ici, il y a mon père, ma mère et mon mari, vous pouvez comprendre ça ?

Comme ni Louise, ni Marie, ni François ne répondaient, elle murmura :

— Alors, si vous pouvez comprendre, demain vous m'embrasserez comme si de rien n'était, et puis vous partirez. La seule chose que vous puissiez faire pour moi, c'est de revenir souvent et de m'amener vos enfants... Pour que votre père, aussi, puisse les voir.

CINQUIÈME PARTIE

LES BRAISES DU SOIR

18.

Novembre s'était envolé, un hiver sans neige lui avait succédé, et Philomène avait fait connaissance avec la vraie solitude dans une maison beaucoup trop grande pour elle. Elle s'était mise à parler à voix haute, s'adressant surtout à Adrien, mais aussi à son père, à sa mère, à ses enfants dont elle attendait impatiemment les visites.

Pour plus de compagnie, elle allumait la radio chaque soir en mangeant sa soupe de pain et son morceau de fromage. Elle connaissait par cœur les chansons à la mode : « Étoile des neiges » et « Ma cabane au Canada », et il lui arrivait de les fredonner en gardant les brebis. En lisant les livres prêtés par Marie, elle se rappelait son enfance, Julien Combarelle, l'école, Adrien, tout un monde dans lequel elle se réfugiait volontiers.

Ceux du village ne l'avaient pas abandonnée à son sort. Ils ne laissaient pas passer une journée sans venir la voir, lui achetaient des fromages de chèvre ou lui portaient quelques menus présents. Elle avait conclu un accord avec Simbille et Alibert : ils devaient faucher et rentrer son foin ; en échange, elle leur laissait l'usage de ses terres cultivables. Avec ses brebis, ses noix, ses truffes, ses canards et ses oies, elle pouvait vivre sans problèmes. Mais ne plus rentrer le foin, c'eût été sacrifier le troupeau. Or, de cela, il ne pouvait être question, car le son clair des sonnailles dans les matins bleus ou les soirs tombants ensoleillait ses jours depuis son enfance. On ne renonce pas ainsi à la musique de sa vie.

Au printemps, donc, elle avait repris le chemin des combes et des coteaux, un livre dans son panier. Elle lisait toujours avec la même émotion, recherchait dans les romans offerts par ses filles ses héros favoris : Félix et Mme de Mortsauf, ou encore Maria Chapdelaine et François Paradis. Elle avait découvert *Madame Bovary, Jacquou le Croquant, Thérèse Raquin, Le Rouge et le Noir, Les Hauts de Hurlevent, Le Mas Théotime,* et elle lisait et relisait comme si sa vie en dépendait, comme si elle pouvait enfin donner libre cours à cette passion longtemps interdite. Elle parlait à Adrien de ses lectures, lui faisait partager les secrets de ses personnages préférés dont elle se croyait par ailleurs familière. Et elle se surprenait à se sentir heureuse.

En juin, on avait fait le repas de la communion solennelle de Michel à Quayrac, dans la cour, sous le grand chêne. Même si l'on n'avait pas chanté en raison du deuil à respecter, les enfants avaient pu s'amuser et les parents discuter comme au temps des noces et des battages, quand toute la famille se trouvait là réunie. A la fin du même mois, Alibert et Simbille, respectant leur parole, avaient rentré les foins. Et puis l'été avait passé, lumineux, égayé par la présence de Louise et des petits-enfants. A l'automne, Philomène avait retrouvé ses livres et sa solitude, mais sans jamais désespérer. Après l'hiver revenait toujours le printemps, les agneaux naissaient, le causse s'embrasait, et la vie éclatait en couleurs et en parfums, comme ce nouveau matin de mai où Philomène s'apprêtait à partir avec son troupeau.

Elle sortit vivement de la bergerie en entendant une voiture s'arrêter dans la cour. François vint vers elle, le visage illuminé par un large sourire, l'embrassa en disant :

— J'ai une fille ! Elle est née à deux heures du matin.

— Et comment s'appelle-t-elle ?

— Martine.

— C'est très joli. Tu es content, hein !

— Si je suis content ! Elle a déjà des cheveux et un bel appétit.

— Viens, mon petit, nous allons trinquer à sa santé.

Ils rentrèrent. Philomène versa un peu d'eau-de-vie dans les verres et s'assit face à François. Chaque naissance était pour elle plus qu'une fête : un véritable enchantement. Elle s'enquit du poids de l'enfant, de sa taille, à qui elle ressemblait.

— Elle te ressemble, elle a les mêmes yeux, répondit-il.

— Est-ce bien vrai ? Ne dis-tu pas cela pour me faire plaisir ?

— Si. Justement.

Ils rirent, burent à petites gorgées, puis elle lui reprocha gentiment de ne pas lui avoir amené Pierre.

— Il a six ans maintenant, il ne doit pas manquer l'école, dit-il.

Ils parlèrent de ses affaires qui marchaient bien, de ses nombreux clients, de ses six employés, de la maison qu'il construisait à côté de la menuiserie. Elle se réjouit de sa réussite comme elle se réjouissait de l'aisance d'André et de Marie. Ils discutèrent aussi du fiancé de Louise, dont ils avaient fait la connaissance l'été précédent. Il s'appelait Philippe Sarade, était originaire de l'Hérault et professeur de mathématiques à Montpellier, dans le même lycée que Louise. Ses parents étaient viticulteurs. Philippe les avait amenés à Quayrac à la Noël afin de parler du mariage prévu pour septembre. Philomène avait dû insister auprès de Louise pour qu'elle se mariât à l'église, car Philippe et ses parents n'y tenaient pas : ils ne croyaient ni à Dieu ni à diable.

— J'espère qu'il fera tout de même un bon mari, soupira Philomène.

— Mais oui, dit François, d'ailleurs il a accepté de passer par l'église, et cela veut tout dire.

Ils parlèrent encore un moment, puis elle demanda à François quand elle pourrait voir sa petite-fille.

— Je te l'amènerai dès qu'elle sera sortie de la maternité, c'est promis.

Une fois qu'il fut parti, seule de nouveau dans la salle à manger, elle pensa à l'enfant qui venait de voir le jour. Cette permanence de la vie lui fit du bien. Ainsi, malgré les disparitions des êtres chers, le monde ne s'arrêtait pas de tourner, les enfants de naître, les saisons de se succéder. Elle décela dans cette constatation la présence d'une force bien plus puissante que la vieillesse ou la mort. Elle imagina alors Adrien éclairé par une autre lumière, réfugié en un lieu qui lui avait rendu sa jeunesse, et où il l'attendait patiemment, calme et souriant.

En juin, elle aida Simbille à rentrer les foins. Depuis quelques jours des orages tournaient sans jamais crever, une poussière blonde errait au-dessus des chênes et des coteaux, sous un ciel au bleu plombé. Afin de hâter les fenaisons, elle avait seule écarté le foin puis bâti la meule en attendant les hommes occupés ailleurs. Ensuite, épuisée, elle ne leur avait été d'aucun secours pour charger la charrette et engranger à la ferme. Le soir, incapable de manger, elle s'était couchée de bonne heure.

Le lendemain matin, quand elle se leva, l'orage menaçait toujours. A sept heures, il n'y avait pas la moindre brise et il semblait que ce fût le même air sans oxygène qui stagnait sur les collines. Dans les lointains, l'horizon safrané déroulait de longues écharpes noires. Devinant une probable canicule, Philomène décida de sortir le troupeau dont elle n'avait pu s'occuper la veille.

En chemin, elle se sentit très lasse, et il lui tarda d'arriver. Une fois parvenue dans la combe où elle avait ses habitudes, elle donna le « biaï » aux brebis, s'assit au milieu des menthes fraîches, ferma les yeux, s'efforça de calmer son cœur qui battait la chamade. Au moment où elle rouvrit les yeux, une douleur naquit dans ses bras puis, l'instant d'après, très haut dans sa poitrine, juste sous son cou. Un étourdissement simultané fit danser le coteau autour d'elle. Elle se coucha sur le côté, haletante, se demandant ce qui lui arrivait. « Un malaise, songea-t-elle, et c'est la première fois ; pas étonnant après la fatigue des foins, le manque d'oxygène et de sommeil. »

Elle essaya de se rassurer ainsi, mais la douleur, sans être insupportable, persista. Elle remua les bras, ouvrit la bouche pour mieux respirer. « Si je mourais, ici, songea-t-elle, qui viendrait me chercher ? » Cependant l'étourdissement se dissipait peu à peu. Elle roula sur le dos, croisa ses mains sur sa poitrine, et il lui sembla que la douleur diminuait.

— C'est fini, dit-elle à mi-voix, c'est fini.

Mais elle se sentait sans forces et elle préféra rester allongée, quelques minutes encore.

Il lui fallut plus d'une demi-heure pour reprendre complètement ses esprits. Elle revint alors chez elle à petits pas, s'arrêta souvent, mit beaucoup plus longtemps qu'à l'ordinaire et retrouva avec soulagement la pénombre de la salle à manger. Devait-elle faire venir un docteur au risque d'être contrainte au repos et de ne pouvoir accueillir ses petits-enfants ? A cette idée, elle eut un sursaut de révolte et elle se força au travail pour se prouver le peu d'importance de son malaise.

Précédés par Louise qui passait le mois de juillet à Quayrac, ils arrivèrent une semaine plus tard, amenés par Marie et François. Philomène retrouva pour son plus grand plaisir Juliette et Victor âgés de huit ans, et Pierre de deux ans leur cadet. Ce fut tout de suite mille émerveillements, mille questions toujours surprenantes pour elle :

— Mémé, comment s'appelle cet arbre, cette fleur ?

— Un noyer, un bouton-d'or, répondait-elle.

S'ils restaient près d'elle, dans la cuisine, elle leur disait :

— Allez dehors. Profitez du soleil.

Ils sortaient, puis ils revenaient dix minutes plus tard, d'autres questions sur les lèvres, dont elle feignait de s'étonner.

— Combien d'agneaux peut faire une brebis ? Quel âge a le bélier ?

D'autres fois, ils se disputaient, se battaient même, alors elle se précipitait en entendant les cris, embrassait, consolait. Elle s'inquiétait de leurs goûts pour les repas, les écoutait parler de la vie dans les villes ou les bourgs, s'amusait de leurs réflexions. Parfois aussi elle les emmenait au cimetière, sur la tombe d'Adrien, disait :

— Regarde, comme ils sont beaux !

Mais les enfants n'aimaient pas tellement ce lieu, et elle le sentait. Alors elle ne s'attardait pas et, pour les réconforter, elle leur donnait des tranches de pain avec de la confiture de groseilles ou de coings.

— Mangez, disait-elle, mangez, mes petits.

Mais les moments qu'elle préférait étaient ceux qui suivaient le repas du soir. Après une promenade sous les étoiles, elle s'asseyait au cantou avec ses trois petits-enfants, les prenait tour à tour sur ses genoux, s'amusait à leur parler patois, en venait naturellement à raconter son enfance, sa vie dans la métairie du maître, son école, ses jeux, les galettes cuites au four banal, la maison de Marguerite, une somme de souvenirs qui faisaient briller ses yeux. Les enfants buvaient ses paroles, l'interrogeaient, puis, peu à peu, s'endormaient. Elle les portait alors dans leur lit, se couchait elle aussi, prolongeant dans son sommeil l'impression d'un bonheur infini.

Le 20 juillet, au soir d'une journée particulièrement chaude au cours de laquelle elle avait accompagné ses petits-fils au fond des bois, elle sentit sur ses épaules une immense fatigue. Ils mangeaient en écoutant la radio, dont le speaker parlait de Mendès France, d'Edgar Faure, et surtout de Poujade, ce papetier du Lot qui menait un combat original au profit des commerçants et des artisans. Louise expliquait à Philomène, debout comme à son habitude, ce qu'elle en pensait, lorsque celle-ci s'affaissa lentement.

Quand elle reprit contact avec le monde extérieur, elle se trouvait dans son lit, et Geneviève lui souriait.

— J'ai téléphoné au docteur, dit-elle, il va passer.

— Mais non, protesta Philomène, ce n'est rien, c'est déjà fini.

— Allons, maman, soit raisonnable, dit Louise, tu ne peux pas rester comme ça. Avec des médicaments, tu seras vite guérie.

— Mais je ne suis pas malade !

— Eh bien, c'est ce que nous dira sans doute le docteur.

Ses petits-enfants vinrent embrasser Philomène qui les rassura d'un sourire. Elle voulut faire promettre à Louise de ne pas parler de l'incident à son frère et à sa sœur, mais celle-ci refusa : il fallait attendre l'avis du médecin.

Celui-ci arriva une heure plus tard et fut catégorique : Philomène avait une tension très faible et le cœur très fatigué. Il fallait l'hospitaliser quelques jours, le temps de procéder aux examens nécessaires. Elle se rebella, se mit en colère, et Louise dut faire appel à François et Marie. Ceux-ci arrivèrent le lendemain et lui tinrent le même langage : si elle ne se soignait pas, ils ne lui donneraient plus les enfants qui la fatiguaient trop. Elle eut beau supplier, tempêter, elle finit par céder. Pour recevoir de nouveau chez elle ses petits-enfants, elle eût accepté tous les sacrifices. Elle ne put s'empêcher d'en vouloir un peu à Marie et à François, mais, au fur et à mesure que les heures passèrent, sa confiance l'aida à retrouver son jugement. Ce n'était après tout qu'un mauvais moment à passer. Quand tout cela serait fini, il y aurait d'autres vacances, d'autres étés, et d'autres rires dans la grande maison.

Ce fut François qui l'emmena à l'hôpital de Saint-Céré, au début de l'après-midi. Elle reprit ainsi la route qu'elle avait suivie avec Adrien et le docteur, ce Noël où Louise avait eu des convulsions. Elle entrouvrit la fenêtre pour faire provision de parfums, frémit au souvenir de ce qu'elle avait vu, il y avait longtemps, dans la salle où se trouvait Louise, se consola en songeant que celle-ci en était sortie bien vivante. A Padirac, elle raconta à François l'équipée nocturne de la Résistance, la nuit du parachutage ; l'évocation de cette période de sa vie contribua à lui forger une énergie nouvelle et c'est sans appréhension qu'elle pénétra dans l'hôpital.

Tout changea dès qu'elle se sentit seule et, un peu plus tard, lorsqu'elle entra dans la salle commune où s'élevaient ces mêmes gémissements entendus à Soissons et à Toulouse. Elle se crut revenue au temps de la guerre, en ressentit les mêmes sensations, appela une infirmière vêtue de blanc qui passait dans l'allée centrale en poussant un chariot :

— Madame, s'il vous plaît.

L'infirmière s'arrêta de mauvaise grâce.

— Qu'est-ce que vous voulez ?

— Je ne peux pas rester là, madame, il faut téléphoner à mon fils, il viendra me chercher.

— Mais oui, je m'en occupe, dit l'infirmière.

— Merci, madame.

Elle se coucha, soulagée : on ne pouvait pas la laisser là, au milieu de ces malades qui geignaient, et François le comprendrait sûrement. Elle était vivante, elle ; elle ne ressemblait pas à ces femmes moribondes dont elle sentait le regard triste posé sur elle. Elle compta les minutes, puis les quarts d'heure, rêva à ses collines, à la combe de Maslafon, à ses brebis et au son clair des sonnailles, s'adressa mentalement à Adrien : « Regarde donc où on m'a mise ! Est-ce possible de voir une chose pareille ? »

L'après-midi s'acheva, mais François ne vint pas. Inquiète, elle se leva, sortit de la salle commune et demanda à la première infirmière qu'elle rencontra si on avait téléphoné.

— A qui ?

— A mon fils, François.

Celle-ci la dévisagea sans aménité.

— Mais oui, répondit-elle, voulez-vous bien aller vous recoucher !

Elle revint dans son lit un peu rassurée. Il faisait une chaleur insupportable qui exaspérait les odeurs fortes de la salle. Elle se coucha, ferma les yeux.

Un peu plus tard, arriva un médecin suivi par deux infirmières. C'était un vieil homme à lunettes et aux cheveux très courts. Il sollicita l'infirmière qui se trouvait à sa droite, une brune à chignon, et celle-ci lui tendit une fiche qu'il lut rapidement. Puis il porta sur Philomène un regard distrait en disant :

— On commencera les examens demain.

— Mais mon fils va venir, monsieur, demain je ne serai plus là.

— Oui, mais en attendant, il faut vous reposer.

Et, se tournant vers la même infirmière, le docteur ajouta :

— Faites-lui une piqûre.

Et il poursuivit sa visite sans plus s'intéresser à elle.

Alors le cœur de Philomène se serra pour de bon. Personne ne daignait l'écouter, elle n'était rien, sinon une malade parmi tant d'autres, dans un monde où les gens ne paraissaient même pas voir leurs voisins. Dès que le docteur se fut éloigné, elle s'adressa à sa voisine de droite, une femme âgée au regard transparent et d'une maigreur extrême.

— Ils ne veulent pas croire que mon fils va venir. Ils me prennent pour une folle !

La petite vieille haussa les épaules, mais ne répondit pas. « Mon Dieu, songea Philomène, mais où suis-je donc ? » Elle se réfugia un moment sous les draps, se raisonna en pensant qu'elle n'était pas là pour longtemps. Cinq minutes plus tard, une infirmière blonde, jeune et souriante apparut, s'assit au bord de son lit.

— Allez, donnez-moi donc votre bras, dit-elle.

— Que voulez-vous me faire ?

— Une petite piqûre qui vous fera dormir.

— On a dû vous dire que mon fils allait venir ?

— Écoutez, je crois plutôt qu'il viendra demain, car maintenant il fait nuit et les portes de l'hôpital sont fermées.

— Mais je ne pourrai pas dormir.

— Si, vous allez voir ! La piqûre va vous y aider.

405

Philomène retint un cri. Elle ne devait pas rester une minute de plus. Elle devait fuir, échapper à ce monde de morts-vivants, à cette nuit qui allait se refermer sur elle comme un linceul. Elle attendit cependant que l'infirmière eût achevé ses soins, ce qui lui prit un bon quart d'heure. C'est alors qu'une sorte de brume se posa sur ses yeux, qu'une lourdeur bienfaisante gagna ses membres, la rivant à son lit. Elle lutta un court instant, puis se laissa envelopper dans un voile noir et tiède qui finit par l'ensevelir.

Quand elle se réveilla, il faisait encore nuit, mais le jour n'était pas loin. Elle le devina au liséré pâle qui filtrait entre les volets. La conscience de la réalité lui revint brutalement. Fuir, il fallait fuir, et vite. Si on n'avait pas prévenu François, c'est qu'on la retenait de force. On voulait la rendre semblable à ces fantômes qu'elle devinait dans l'ombre et qui étaient aux portes de la mort. Elle se vêtit rapidement, longea l'allée centrale, se trouva sur le palier, descendit des escaliers, entendit des voix dans le hall, au rez-de-chaussée, qui bientôt s'éteignirent. Elle repartit, traversa le hall maintenant désert, poussa la porte à double battant et se retrouva dehors, dans l'aube bleue de l'été. Respirant bien à fond, un peu ivre d'espace, elle franchit rapidement les quelques mètres de la cour, arriva au portail qu'elle ouvrit sans la moindre hésitation. Le gardien eut à peine le temps de l'apercevoir, mais il n'eut aucun mal à la rattraper sur le boulevard. Elle résista un peu, puis elle le supplia de la laisser partir. Mais il la ramena de force dans le hall où il la confia à l'infirmière-chef. Une vive effervescence s'empara de l'hôpital. Les infirmières de l'étage, réprimandées par sa faute, la menacèrent de l'attacher dans son lit.

— Je vous promets de ne plus bouger, dit Philomène affolée, mais je vous en prie, appelez mon fils.

On lui fit une piqûre, puis on la laissa sous les regards hostiles des malades réveillés par l'agitation inhabituelle à cette heure.

Cependant, l'émoi provoqué par sa fugue suscita la réaction immédiate du médecin-chef qui téléphona au docteur de Gramat. Celui-ci prit à son tour contact avec François qui arriva vers onze heures. A midi, tout était réglé. François, touché par son désarroi, acceptait de la ramener chez elle à condition qu'elle observât scrupuleusement les recommandations des médecins : trois semaines de repos complet et des médicaments matin, midi et soir. Une alerte cardiaque, même légère, devait être prise au sérieux, surtout dans l'état de grande fatigue où se trouvait Philomène.

Quand la voiture eut quitté Saint-Céré, une fois sur le causse où blondissaient les éteules, elle eut l'impression que le soleil réchauffait enfin son sang engourdi depuis la veille par le froid de la mort.

Elle était restée couchée pendant les quinze premiers jours, puis elle s'était levée un peu, l'après-midi, sous le regard bienveillant de Louise. Celle-ci s'occupait de la maison, et c'était Michel qui gardait le troupeau. On avait repoussé le mariage à la fin septembre et décidé qu'il se ferait à l'auberge, chez Geneviève, qui engagerait la cuisinière de Montvalent. Ainsi Philomène pourrait sans fatigue profiter de cette journée.

Même si l'inactivité lui pesait, elle se raisonnait en pensant à l'hôpital de Saint-Céré où elle s'était juré de ne jamais revenir. En outre, la présence de Michel lui était précieuse. Il ne la quittait guère, sauf pour emmener les brebis sur les grèzes. Il lui posait des questions, l'écoutait sans jamais se lasser, et elle tissait avec lui des liens plus profonds qu'avec ses autres petits-enfants, attirés davantage par le grand air et les collines. Elle s'en défendait, s'en faisait le reproche, mais elle attendait impatiemment le moment où l'enfant s'assiérait près d'elle, comme pendant les premiers jours de son repos forcé, et dirait :

— Raconte-moi le montreur d'ours.

Elle racontait, revivait un peu de son enfance dans la métairie, reprenait le chemin dont elle connaissait toutes les pierres, toutes les lauzes écroulées, suivait sa mère qui se retournait, parfois, et souriait. Cela durait longtemps, longtemps, et l'enfant semblait percevoir la même émotion qu'elle, comme si lui aussi revivait une période enfuie de sa vie. Elle s'avisa un soir de son étrange ressemblance avec Abel au même âge et elle en fut troublée. Et puis, incapable de se l'expliquer, elle se contenta de jouir de ces moments qui lui restituaient sa jeunesse avec une netteté d'images et d'émotion que le temps semblait avoir épargnées.

Lorsqu'elle eut l'autorisation de sortir, elle emmena le troupeau dans les combes, en compagnie de son petit-fils. Elle y retrouva tous les parfums un moment oubliés, tous les bruits, toutes les couleurs dont elle avait été privée, et ce fut comme si la lumière du soleil éclaboussait sa vie. L'été lui-même paraissait se faire accueillant. Ce n'était pas vraiment la canicule ordinaire, mais une chaleur que des bouffées de bise tiédissaient vers cinq heures de l'après-midi, délivrant d'innombrables pollens qu'adoucissait le soir.

Dès le début septembre, le chaud des roux se répandit sur les collines, et les terres frémirent dans les petits matins. L'opulence sucrée de l'automne coula sur le causse avec des odeurs de paille et des langueurs touffues. Le temps s'arrêta, hésita entre le beau et la pluie, s'ouvrit à quelques ondées aux gouttes plombées, puis de nouveau s'illumina. Dès lors, les journées se succédèrent très vite jusqu'au mariage dont Philomène savait déjà qu'il graverait définitivement dans sa mémoire cet été de bonheur.

Dès l'aube, ce jour-là, elle s'apprêta en toute hâte, afin de s'occuper de Louise. C'était la dernière fois qu'elle habillait l'une de ses filles en blanc. Elle ne put s'empêcher de le faire remarquer à Louise avec un peu de tristesse.

— Maman, fit celle-ci, souris, fais-moi plaisir !

— Tu as raison, ma fille, aujourd'hui c'est fête.

Elle la conduisit à la mairie, puis à l'église, en se remémorant ces jours où elle avait suivi le même trajet en compagnie d'Adrien, de Marie et de François. Son cœur se serra, mais elle ne s'attarda pas à ces souvenirs. Tout le bonheur que Philomène avait souhaité pour son enfant, Louise le connaissait enfin. Il ne fallait pas aujourd'hui songer au passé ou aux disparus, mais seulement vivre ce présent et se réjouir avec les invités de ce qu'une telle fête fût encore possible au village.

Après l'église, ce fut comme de coutume les rires et les chants, les nappes blanches, la jarretière de la mariée, mais il n'y eut pas d'accordéons. Philippe avait apporté un appareil appelé « tourne-disque ». De celui-ci jaillissait une musique semblable à celle que l'on entendait chaque jour en allumant le poste. Fox, valses, tangos, javas, rumbas, mazurkas se succédèrent tout au long de l'après-midi, et Philomène ne fut pas la dernière à danser avec Philippe ou François. A un moment, elle osa même s'aventurer avec Marie dans une valse en chantant, comme tous les danseurs :

> *Étoile des neiges*
> *Mon cœur amoureux*
> *Est pris au piège*
> *De tes beaux yeux...*

Elle dut s'arrêter, à bout de souffle, fermant les yeux pour rejoindre par la pensée celui qui dansait autrefois avec elle et qui n'était plus là. Mais elle se réfugia aussitôt près de May et de Mélanie pour ne pas se laisser ensevelir par la vague de tristesse qui roulait vers elle.

Le soir, elle s'installa à table près de ses petits-enfants parmi lesquels Aurélien n'était pas le dernier à s'amuser. A les voir tous réunis, là, près d'elle, elle eut l'impression qu'elle avait leur âge et que tout lui était permis, à elle aussi. Elle but plus que de coutume et rit comme cela ne lui était pas arrivé depuis longtemps. A la fin du repas, elle refusa d'abord de chanter, puis elle céda à la demande de Louise. Quand sa voix claire commença « Le temps des cerises », une douce émotion tomba sur l'assemblée. Les yeux mi-clos, les mains croisées sur sa poitrine, ses cheveux blancs découvrant son front presque sans rides, elle paraissait chanter pour quelqu'un d'absent ou de lointain. A l'instant d'arriver au bout de sa chanson, là où la voix devait monter très haut, elle eut peur de ne pas en être capable, dut mobiliser toute son énergie :

> *Et le souvenir*
> *Que je garde au cœur.*

Elle s'assit, très pâle, dans le silence qui lui sembla durer indéfiniment, puis les applaudissements délivrèrent la petite assemblée de son émotion. May embrassa Philomène, et déjà elle souriait de nouveau, rencontrait le regard bouleversé de Louise qui la remerciait. Elle se dit que cette nuit de mariage lui appartenait. C'était la dernière, elle devait être la plus belle. Elle décida d'en goûter chacune de ses minutes comme on goûte le charme d'un jour qui s'achève, l'été, dans le chant des grillons et la douceur bleuâtre des étoiles enfin allumées.

19.

L'hiver projeta dans les nues ses oiseaux de passage et crayonna sur les collines des arbres à l'encre de Chine. A Noël, toute la famille se réunit à Quayrac pour le réveillon et Philomène garda Pierre pendant une semaine, avant de retrouver sa solitude. En janvier, elle chercha les truffes avec le chien dressé par Adrien, en trouva un demi-sac. Cela compenserait la perte d'argent due à l'abandon des canards et des oies, dont le gavage aurait exigé d'elle trop d'efforts. Au milieu du mois, le temps changea. Il ne faisait pas froid, au contraire. Les nuages ne cessaient de courir au-dessus des collines, poussés par un vent d'ouest qui n'était pas de saison. La mollesse de l'air ne disait rien qui vaille à Philomène. Un retard de l'hiver annonçait bien souvent des gelées de printemps. Et ce temps sans vigueur, presque tiède, dura jusqu'au dernier jour du mois. Ce soir-là, elle se coucha de

413

bonne heure et s'endormit au murmure régulier des gouttes de pluie contre le toit.

Le lendemain matin, ce fut le silence qui la réveilla. Un silence inquiétant, sans la moindre caresse de vent, sans le moindre pépiement d'oiseau ou le moindre aboiement de chien. Il lui sembla s'éveiller dans une crypte. En posant les pieds sur le parquet froid, elle eut peur, soudain, de cette sorte de solitude glacée qui lui donna l'impression d'être seule au monde. Elle frissonna, ouvrit la fenêtre, poussa les volets, reçut aussitôt l'éclat violent du gel dans ses yeux et la gifle du froid qui lui parut creuser des sillons sur ses joues et son front.

— Mon Dieu! fit-elle, en refermant précipitamment les volets.

Elle se rendit dans la salle à manger, alluma le feu, et décida d'aller aux nouvelles dès qu'elle aurait déjeuné. Elle savait déjà que ce froid polaire allait être catastrophique, et sans doute davantage encore que celui de 17 ou de 39. Elle mit à chauffer un bol de lait dans lequel elle émietta du pain, mangea près du cantou, puis elle s'habilla pour se rendre chez Geneviève.

Dès qu'elle fut dehors, le froid l'empoigna. Une main dure et glacée se posa sur sa bouche, l'empêchant de respirer. C'était celle du vent du nord qui avait balayé les nuages pendant la nuit. Tout était sous l'emprise du gel. Même les murs de lauzes étincelaient. Le ciel n'était plus qu'un immense lac pris par les glaces qui renvoyait l'image d'un monde de marbre blanc. Elle arriva tant bien que mal chez Geneviève qui referma prestement la porte derrière elle et la conduisit près de la cuisinière.

— Moins treize, dit-elle, si ça dure comme ça plus de quarante-huit heures, adieu les noyers !

Elles bavardèrent un moment, s'étonnant de ce brusque revirement du temps, se remémorant l'hiver de 39, mais surtout celui de 17, quand Adrien et Jacques se trouvaient au front.

— Ne nous plaignons pas, dit Geneviève, nous, au moins, nous sommes à l'abri, mais nos deux hommes, là-bas, dans les tranchées, te rends-tu compte de ce qu'ils ont enduré, les pauvres ?

Simbille entra brusquement.

— Je suis passé chez vous, j'étais inquiet que vous ne répondiez pas, dit-il à Philomène.

— Merci, Gaston, mais tout va bien, enfin, si l'on peut dire.

— Oui, si l'on peut dire.

La conversation rebondit avec l'arrivée d'Alibert et de Bouyssou venus eux aussi aux nouvelles. Tous étaient bien d'accord : si ce froid durait, il fallait s'attendre au pire.

Et cependant, non content de durer, le froid accentua sa prise, fortifié par l'arrivée de la neige le 9 au soir. Le vent hurla toute la nuit, faisant tournoyer les flocons comme des lucioles

415

blanches prises de folie, qui formèrent rapidement un tapis épais de vingt centimètres. Philomène, blottie sous son édredon de plumes, espérait que la neige adoucirait un peu la température. Hélas, ce ne fut pas le cas. Le lendemain matin, au lever du jour, il faisait moins seize, et le froid continua ainsi toute la semaine pour atteindre les moins vingt-deux la veille du mercredi des Cendres. Marie téléphonait tous les jours ; Geneviève, qui recevait les communications, la rassurait : tout allait bien, et l'on ne manquait ni de bois ni de quoi manger. Le mercredi, en se levant, par moins vingt-cinq, Philomène trouva une mésange et un rouge-gorge dans sa cheminée : pattes gelées, ils avaient basculé dans le conduit après avoir perdu l'équilibre. Elle essaya de les revigorer en les laissant quelques minutes près du feu, mais ils étaient bien morts dans leur chute. Dans la matinée, Gaston Simbille entra précipitamment et referma vite la porte derrière lui.

— Approchez-vous, Gaston, venez vous réchauffer et boire un peu d'eau-de-vie.

— C'est pas de refus. Si vous saviez ce que j'ai vu, hier au soir !

Philomène savait déjà de quoi il s'agissait.

— Ma pauvre, les noyers ont éclaté comme des pêches trop mûres.

Elle ne répondit pas, soupira.

— Je ne sais même pas si on pourra vendre le bois.

— Qu'allons-nous faire?

— On verra bien. En attendant, il ne faut pas se laisser aller. Ne sortez pas, hein!

— Il faut bien que je m'en occupe, des brebis, tout de même!

— Les brebis oui, mais ne dépassez pas la bergerie, soyez raisonnable.

Elle le fut, attendit patiemment la venue de François, le samedi suivant, quand le temps eut cassé et la pluie remplacé la neige. Ils se rendirent alors sur les lieux pour mesurer les dégâts. Sur les dix noyers, huit présentaient en leur centre une blessure béante par où s'écoulerait bientôt leur vie. Si Philomène avait traversé ces trois semaines sans désespérer, la vision de ces arbres frappés à mort l'ébranla. Adrien les avait tellement choyés, ces noyers! Même les plus jeunes, ceux qu'il avait plantés il y avait vingt-cinq ans, n'avaient pas résisté à la morsure du froid. Elle eut l'impression d'une défaite posthume, vacilla. François se rendit compte de son chagrin, la soutint par le bras. Ils rentrèrent lentement par les chemins couverts de boue et de neige, s'assirent au cantou, face à face. Elle soupira:

— Encore heureux que l'on ait du foin dans le grenier et que les brebis soient à l'abri. Elles, au moins, elles ne craignent pas le froid.

— Et toi, maman?

— Moi, tu sais, ce qui me fait de la peine, ce sont ces noyers. Mais ne t'en fais pas, j'en replanterai autant au printemps. Je ne les verrai peut-être pas donner, mais mes petits-enfants, eux, ils les verront.

François crut qu'elle plaisantait, mais non, une lueur ardente brillait dans ses yeux.

— Dans vingt ans, ajouta-t-elle, quand on parlera de l'hiver de 56, on dira : c'est l'année où la mémé a planté les noyers. Et moi, là-haut, je l'entendrai.

Dès que la neige fondit, tous les enfants vinrent les uns après les autres, même Louise (par le train, un samedi matin), s'enquérir de la façon dont Philomène avait passé ces journées polaires. Chacun essaya de lui démontrer qu'elle ne devait pas rester seule, mais elle fit comme si elle n'entendait pas. Elle n'avait jamais imaginé sa vie autre part qu'à Quayrac et elle ne comprenait pas pourquoi ses propres enfants s'évertuaient à l'en faire partir. Ce fut Marie qui, au début mars, insista le plus pour la prendre avec elle, au moins pendant l'hiver. Revenant de la bergerie sous les giboulées qui fouettaient le grand chêne, elles se réfugièrent avec un frisson de plaisir près du feu qui chantait.

— Te rends-tu compte, dit Marie, si tu étais malade, ici, toute seule, je m'en voudrais toute ma vie.

— Il y a le téléphone à deux pas. Geneviève peut appeler le docteur aussi vite que toi.

— Et si tu avais un malaise, la nuit, si tu ne pouvais pas te lever ?

Philomène, servant le café brûlant, haussa les épaules.

— Pourquoi veux-tu que j'aie un malaise ? Je me repose, je me chauffe et je dors.

Mais en regardant sa fille, elle comprit qu'elle ne serait pas quitte si facilement. Et elle devina même que ses enfants avaient dû parler ensemble et déléguer Marie.

— Si encore on te proposait une maison de retraite, reprit celle-ci, je comprendrais que tu refuses de partir, mais chez moi, tout de même !

Philomène, qui faisait fondre son sucre avec sa cuillère, s'arrêta tout à coup.

— Ici, c'est chez moi, petite, et si je devais m'en aller, je ne le supporterais pas.

— Écoute, maman...

— Tu te souviens de ces menthes sauvages que j'ai arrachées dans la combe et que j'ai replantées sous les fenêtres, pour leur parfum ? Elles sont mortes aussitôt. J'ai essayé plusieurs fois, aucune n'a survécu. Eh bien, moi, je suis comme elles, si on me change de terre, on me tuera, je le sais. C'est donc ce que tu souhaites ?

— Enfin, maman, souviens-toi comme la vie était dure ! Il fallait économiser sur tout, ramasser les cailloux, travailler jour et nuit, se battre contre le vent, le froid, le marchand de blé, la canicule de l'été ! Et maintenant que tu pourrais vivre tranquillement, tu t'y refuses.

Philomène sourit, mais ne répondit pas tout de suite. Elle but quelques gorgées de café, dit d'une voix très douce :

— C'est que vois-tu, petite, je ne me souviens que des moments de bonheur, c'est ainsi, j'ai oublié tout le reste.

Il y avait une telle sincérité dans ses propos que Marie en resta un moment troublée.

— Écoute, maman, dit-elle, dans dix ans, peut-être moins, il n'y aura plus personne ici, tu le sais bien : tout le monde veut s'en aller et tout le monde s'en ira, c'est comme ça. Les gens ne veulent plus vivre comme avant la guerre. Tiens, regarde François, lui aussi est parti.

— Si tout le monde s'en va, moi je resterai.

— Et pour quoi faire ?

— Pour vivre comme je l'ai toujours fait, avec mes brebis, mes terres, mes bois.

Elle hésita un peu, ajouta :

— Et mes morts.

Marie hocha la tête, demanda :

— Tu l'aimes donc tellement, cette terre à cailloux ?

— Je l'aime autant qu'elle m'a aimée. J'aime même ses méchancetés, tu vois, ce n'est pas peu dire.

Elle rêva un instant, ajouta avec un air de ravissement :

— Je suis heureuse comme ça, tu sais. Vraiment heureuse.

— Même en sachant qu'un jour, bientôt,

peut-être plus vite que tu ne le penses, il n'y aura plus personne, ici ?

— Heureuse quand même, oui. Tu sais, ma fille, je n'ai pas d'amertume. C'est la vie : le monde tourne, et heureusement. Je sais qu'il ne faut pas s'opposer au progrès, parce que, au-delà de la mort de nos villages, il permettra de guérir des enfants. Mais ça ne m'empêchera pas de me démener pour que cette terre continue de vivre, avec ou sans moi. Tu ne veux pas me rendre malheureuse, n'est-ce pas ?

Marie secoua la tête.

— Non, tu le sais bien.

— Alors, laisse-moi vivre ici en paix. Tu sais, je remercie chaque matin le bon Dieu pour le nouveau jour qu'il m'accorde.

Elle ajouta, un peu honteuse :

— J'en profite, tu sais, et c'est tellement bon !

Incapable de trouver d'autres arguments, Marie souriait.

— Une seule chose pourrait me faire plaisir maintenant, et j'y pense souvent.

— Tu veux bien me le dire ?

Philomène hocha la tête, finit son café, posa la tasse sur la table et dit avec une sorte de retenue :

— Tout ce que nous avons vécu, Marie, depuis le début, je voudrais tellement que quelqu'un en fasse un livre un jour.

Elle eut un geste de la main comme pour prévenir une parole de Marie, mais celle-ci n'y songeait pas.

— Ce n'est pas par orgueil, tu sais ; moi, je n'ai pas d'orgueil, et ce n'est pas pour moi. Mais tu comprends, mon père, ma mère, Abel et Adrien, tout ce qu'ils ont fait, eux...

— Et toi, maman, toi aussi, tu sais.

— Oh ! moi... Non, ce n'est pas moi qui compte, mais quand je pense à Abel qu'on nous a tué parce qu'il aimait la paix, quand je pense à Adrien, à ce jour où il est reparti pour nous gagner la terre avec son sang, qui serait capable de faire ça aujourd'hui ? Qui ?

Marie ne répondit rien.

— Je voudrais qu'un jour on connaisse la vie qu'ils ont menée. Et ce jour-là, je sais qu'on les aimera comme je les ai aimés, qu'on les reconnaîtra pour des hommes qui ont rendu le monde meilleur et plus facile à vivre aux enfants de demain. Et ça, ma fille, il faudrait qu'on le sache un jour.

— On le saura, je te le promets.

Philomène hocha la tête, reprit :

— Mais le plus beau, sais-tu, ce serait que quelqu'un de chez nous l'écrive, ce livre. Dis, crois-tu qu'un de mes petits-enfants en serait capable, alors que leur grand-père ne savait même pas lire ?

— Michel, Juliette ou Victor, par exemple ? demanda Marie.

— Oui, un de mes sept petits-enfants. Il faudra leur dire, n'est-ce pas ?

— Je leur dirai, maman.

— Tu me le promets ?

— Je te le promets.

— Et tu me promets de ne plus me demander de quitter ma maison ?

Marie soupira :

— Au moins tant que tu pourras te soigner toute seule.

— Alors, embrasse-moi, dit Philomène en souriant.

Le mois de mars s'acheva dans les pluies, mais sans gelée. Ce ne furent que brumes au-dessus du moutonnement des collines dont les chênes virèrent au gris rosé. Dans les moiteurs de l'air palpitèrent bientôt des vies encore invisibles, mais déjà écloses : il suffisait d'une embellie, d'un rayon de soleil pour que s'épanouît le printemps. Or ce printemps-là, Geneviève ne le verrait pas. Le père Alibert l'avait trouvée morte, un matin, en allant téléphoner. Pour Philomène, qui était accoutumée à la présence de son amie depuis l'adolescence, l'épreuve fut douloureuse. Elle la revit ce jour de 1916 où elle jetait des cailloux au maire qui arrivait à l'auberge vêtu de l'écharpe tricolore, l'enveloppe maudite à la main. Puis elle se rappela le 11 novembre 1918 où Geneviève, perdue dans l'allégresse générale, dissimulait ses larmes en pensant à son mari disparu. Bouleversée, atteinte au plus profond d'elle, Philomène veilla son amie toute la nuit. Le lendemain, ce fut au bras de Marie qu'elle l'accompagna au cimetière d'où elle repartit la dernière, se refusant à quitter celle avec qui elle avait longtemps partagé le pire et le meilleur.

A son retour, après le départ de Marie, elle entra dans la grande salle de l'auberge où se trouvait le maire. Elle s'assit, épuisée par la fatigue et l'émotion, tandis que Simbille marchait de long en large dans la pièce déserte.

— Assieds-toi donc, Gaston, lui dit-elle, ça ne sert à rien de tourner en rond comme ça.

Il hésita un peu, haussa les épaules, mais tira une chaise.

— A quoi bon? Le mieux c'est de fermer et d'attendre ses héritiers.

— C'est ça! Et pour l'épicerie, on s'adressera où?

— Je ne sais pas. On s'organisera. On verra, quoi.

— On ne verra rien du tout, dit Philomène, moi je tiendrai la boutique jusqu'à la venue des héritiers.

Simbille, perplexe, s'interrogeait sur la conduite à tenir.

— Il paraît qu'elle a un cousin à Nice, fit-il.

— Un drôle de cousin, qui ne se dérange même pas pour son enterrement!

— Vous savez, s'il ne l'a jamais vue !

Philomène soupira.

— Ce n'est pas tout, Gaston, il faut s'occuper de trouver un acheteur, et pas n'importe lequel : quelqu'un qui gardera le café et l'épicerie. Pas un Anglais, si tu vois ce que je veux dire.

— Mais comment voulez-vous que je fasse ? Je ne suis pas marchand de biens, moi !

— Tu n'as qu'à aller voir le notaire et le député. Si tu n'es pas marchand de biens, tu es maire. La vie de ce village dépend de toi.

— Vous en avez de bonnes, vous !

— Si tu n'y vas pas, moi j'irai.

Simbille, surpris par la détermination de Philomène, capitula :

— Bon, bon ! Je m'en occuperai, c'est d'accord.

— Tout de suite, Gaston, il faut que quand l'héritier viendra, tu puisses lui présenter les acheteurs.

Le maire haussa les épaules, soupira :

— C'est entendu, mais en attendant, il vaut peut-être mieux fermer la maison.

— Dis plutôt que tu n'as pas confiance en moi.

— Mais si, Philomène, mais c'est le notaire qui me l'a recommandé.

— Eh bien, je m'arrangerai avec lui, ne t'inquiète pas.

Il partit, soucieux, la laissant seule dans la

425

grande salle déserte. Elle erra un moment entre les tables, rêvant à cette époque pas si lointaine où la pièce résonnait de paroles et de rires, puis elle passa dans l'épicerie par une porte communicante. Là, sans l'ombre d'une hésitation, elle poussa les volets. C'est ce que Geneviève aurait souhaité, Philomène le savait, car elle aussi était préoccupée par la vie de son village et se désolait de la voir s'éteindre.

Ainsi, à partir de ce jour, Philomène prit l'habitude d'aller ouvrir la boutique chaque matin et elle servit les femmes du village habituées à acheter quelques produits de première nécessité à Geneviève. Ce commerce dura jusqu'à la fin du mois de mars, date de l'arrivée de l'héritier, un homme élégant portant costume et cravate, qui vint en compagnie du notaire. Après avoir manifesté quelque surprise à trouver Philomène dans la maison, ils demandèrent à voir le maire. Celui-ci, ayant entendu la voiture, accourait. Il expliqua que la situation exigeait que l'épicerie demeurât ouverte, d'ailleurs le conseiller général était au courant, et il avait dû téléphoner au notaire.

— En effet, dit celui-ci, mais j'avais compris qu'il s'agissait seulement de quelques jours.

Finalement, tout s'arrangea assez bien. L'héritier consentit à attendre l'offre d'éventuels clients pour le fonds de commerce. Le notaire promit de les trouver le plus vite possible. Quant à Philomène, elle était autorisée à poursuivre ses ventes, mais uniquement pour ce qu'il restait en stock, et sous la responsabilité du maire. Elle eut dès lors l'impression d'avoir entamé un combat qui n'était pas perdu d'avance, et il lui sembla que Geneviève, complice, veillait sur elle et la faisait profiter de ses conseils.

Le printemps alluma sur les collines son foisonnement de couleurs. Les coteaux poudrés de boutons-d'or répondirent au vert tendre des chênes, eux-mêmes crêtés par le bleu fragile du ciel. Des fanfares d'oiseaux égayèrent les petits matins barbouillés de rosée et dans l'air brusquement adouci flottèrent des caresses de brises au parfum de feuilles. Déjà les agneaux étaient nés, ce qui avait posé des problèmes à Philomène occupée à l'épicerie. Mais là n'était pas son principal souci. Elle s'inquiétait bien davantage des événements d'Algérie dont ne cessait de parler la radio. Guy Mollet, Mendès France, Robert Lacoste, autant de personnages devenus familiers, expliquaient pourquoi il fallait quadriller l'Algérie et rappeler les classes récemment libérées. Il s'agissait de ramener le calme, de prévenir les attentats et de défendre efficacement les Français qui vivaient là-bas. Songeant aux dangers courus par Nicole et Charles, Philomène approuvait ces résolutions, non sans les redouter. Elle sentait en effet que ce combat était comparable à celui d'Indochine et que l'issue en serait sans doute identique. Beaucoup de jeunes gens, comme Guillaume, y laisseraient la vie par la faute du gouvernement. Tout cela lui paraissait d'autant plus fou qu'elle comprenait aussi parfaitement le point de vue des indigènes vivant sur une terre qui leur appartenait de droit. A force de réfléchir, de se soucier du sort de Charles et de Nicole, elle ne savait plus quel parti prendre. Mais elle s'associa à la peine des Alibert et des Bouyssou lorsque deux de leurs fils furent rappelés et vinrent faire leurs adieux à ceux du village.

Ces départs pour la guerre jetèrent la consternation malgré l'arrivée des beaux jours. Heureusement, le maire annonça à tous une bonne nouvelle avant la fin du mois de mai : le notaire avait trouvé des acquéreurs pour le café-épicerie de Geneviève. Il s'agissait d'un jeune couple qui avait trois enfants en bas âge. Philomène, réconfortée, passa les jours qui suivirent à nettoyer le parquet et les tables du café, à ranger les rayons de l'épicerie, enfin à arrêter la comptabilité. Quand les nouveaux propriétaires arrivèrent, trois semaines plus tard, elle se proposa pour les aider à emménager, ce qu'ils acceptèrent sans façon. Ils s'appelaient Marcel et Odette Besse et quittaient la terre pour le commerce. Cette découverte ébranla un peu Philomène, mais Marcel la rassura en lui disant qu'il envisageait de louer quelques parcelles. Les enfants, eux, dès le premier soir, accompa-

428

gnèrent Philomène garder les brebis, et elle ne douta point d'avoir trouvé des camarades pour ses petits-enfants.

Elle songeait en effet aux vacances qui approchaient, et plus que de raison. Si Louise avait prévu de venir en août avec Philippe, ni Marie ni François n'avaient parlé de lui confier leurs enfants. Or ce silence l'inquiétait. Aussi exigea-t-elle une explication à la fin juin, lorsque François vint aider Alibert à rentrer le foin. Mais l'aveu qu'il lui fit la blessa : pour ne pas la fatiguer, Marie et lui étaient convenus d'envoyer Pierre et les jumeaux en colonie de vacances; on lui amènerait donc seulement Catherine, si elle le voulait bien. L'indignation coupa d'abord la parole à Philomène, puis elle se révolta :

— En colonie de vacances! Chez des étrangers! Quand il y a ici une grande maison qui les attend. Mais vous avez juré de me rendre malade pour de bon!

— Écoute, plaida François, tu ne veux pas revenir à l'hôpital, non?

— Qui parle d'hôpital?

— Il ne faut pas te fatiguer, le docteur nous l'a dit.

— Parce que vous le voyez en secret, et vous vous en cachez!

— Mais non, voyons.

Elle exigea de téléphoner à Marie, et il ne put l'en empêcher. Celle-ci vint le soir même, mais très tard, fatiguée par une longue journée de tra-

vail. Elle affronta d'abord les reproches auxquels elle s'attendait sans céder d'un pouce, ce
qui augmenta l'indignation de Philomène.

— Ton père aurait honte de vous, s'emporta-
t-elle. Envoyer des enfants en colonie quand il y
a tant de place ici ! Te rends-tu compte de ce que
penseront les gens ? Que je ne suis même plus
capable de garder mes petits-enfants. Je te le dis
comme je l'ai dit à François : par moments, je
crois que vous n'avez plus confiance en moi, et
cette idée me fera mourir avant l'heure.

Quand Marie eut mesuré à quel point Philomène était touchée, elle se résolut à une concession : Michel viendrait trois semaines en juillet
et, si François le voulait bien, Pierre passerait
aussi trois semaines à la ferme, mais au mois
d'août. Philomène dissimula à grand-peine un
sourire. Avec Catherine et les trois petits de la
famille Besse, ce seraient cinq enfants qui
l'accompagneraient pendant de longs jours sur
les chemins ensoleillés des collines.

20.

Ce fut un bel été, tout en rires clairs, en jeux espiègles, en douces soirées et en récits du temps passé. Puis il y en eut un autre, aussi heureux pour Philomène qui vécut hors du monde, oublia l'Algérie, le canal de Suez, ne se soucia pas davantage de la Tunisie de Bourguiba que de la désignation de Pflimlin comme président du Conseil. Ces mois passés dans sa maison et sur ses terres, ces mois gagnés sur la vieillesse et sur la maladie avaient été des mois dont elle avait pleinement profité. Elle avait pu garder ses brebis, s'occuper des jeunes noyers, de ses canards et de ses truffes sans la moindre difficulté. Son cœur la laissait en paix et elle avait appris à plaisanter de ses faiblesses. « Soixante-huit ans, et un cœur de jeune fille », disait-elle à Marie avec un sourire entendu quand celle-ci lui reprochait de ne pas se ménager suffisamment.

Les événements qui se précipitaient en Algérie finirent cependant par la soustraire à l'insouciance de sa vie. Le 1ᵉʳ juin, l'Assemblée vota à une large majorité une loi qui autorisait le général de Gaulle à établir une nouvelle constitution. De l'avis quasi unanime, lui seul était capable de régler le problème algérien. Philomène, très inquiète pour Nicole et Charles, en acceptait l'augure mais n'en tremblait pas moins. Elle n'avait pas tort. Le 20 juin, arriva la lettre qu'elle redoutait tant. Expédiée par Nicole, elle annonçait la disparition de Charles et de sa femme, assassinés une nuit par leurs ouvriers agricoles. Nicole, elle, se trouvait ce soir-là absente de la propriété, étant allée rendre visite à une amie dans la ville voisine.

Pour Philomène, le choc fut aussi brutal que douloureux. A quarante-sept ans, Charles n'avait pas d'enfant. Il ne resterait donc aucune descendance à Étienne, ce frère aîné parti à la fin du siècle dernier vers une terre plus accueillante. Dès lors, songeant aussi à Guillaume, elle se persuada que le malheur guettait tous ceux qui abandonnaient leur famille pour partir à l'étranger. Elle écrivit une longue lettre à Nicole dans laquelle elle la conjurait de regagner la France. Puis elle se réfugia dans l'attente d'une réponse et de l'arrivée en vacances des enfants et de Louise.

Celle-ci, venue seule en attendant Philippe retenu à Montpellier, la trouva tellement bouleversée qu'elle lui fit une proposition :

432

— Tu devrais venir avec nous, en septembre, on t'emmènerait voir la mer.

— Tu n'y penses pas, répondit-elle, à mon âge, est-ce bien raisonnable ?

— Il n'y a pas d'âge pour la voir, maman.

— Je ne supporterai pas le voyage.

— Nous nous arrêterons souvent. Et puis comme ça, tu verras où nous habitons.

— Mais non, voyons, ce n'est pas possible, qui s'occuperait des bêtes ?

— On demandera à monsieur Besse, il semble si gentil avec toi.

— Mais non, fillette, n'en parlons plus.

L'été s'affirma. Il y eut des journées noyées par les orages, d'autres accablées de lumière. Lorsque Pierre et Martine n'occupaient pas assez Philomène pour lui faire oublier l'Algérie, Louise revenait à la charge pour la décider au voyage.

— Ça te fera du bien, disait-elle, l'air marin c'est bon pour la santé.

— Mais je ne suis pas malade.

— Tu me ferais tellement plaisir, reprenait Louise.

Philomène soupirait, ne répondait pas et pourtant l'idée commençait à la séduire. Était-ce possible qu'elle mourût sans avoir vu la mer ? Il lui semblait qu'il y avait là un sortilège à dissiper et peut-être une vie à colorier. Lorsque Étienne parlait de la mer, elle l'imaginait, enfant, comme une étendue de cailloux bleus

433

resplendissant au soleil. Depuis, elle avait beau savoir qu'il s'agissait d'eau, elle ne parvenait pas davantage à se la représenter. L'univers de pierres qu'elle avait toujours tutoyé s'était comme incrusté dans ses prunelles. Elle finit par se dire qu'il était peut-être temps de vivre ses rêves.

Bien que sa décision fût prise, elle n'en parla point, se contentant de jouir du présent, c'est-à-dire de la présence de Pierre et de Martine. Cette enfant, âgée de trois ans, était tout le portrait de Sylvette, sa mère, et témoignait déjà de la même vivacité d'esprit. Pierre, lui, à neuf ans, parlait peu et courait sans cesse les bois, chassant les grives et les merles. Et puis, comme chaque été, le village s'animait car les enfants des villes revenaient au village et préparaient la fête votive du dernier dimanche de juillet.

Philomène l'attendait avec impatience à cause du manège de chevaux de bois et des baraques foraines chaque année plus nombreuses. Elles arriveraient la semaine précédant le fameux dimanche, laisseraient seulement la place pour le parquet et pour l'estrade où monterait l'orchestre. Le matin, il y aurait un concours de boules, un mât de cocagne et des aubades. A midi, toute la famille mangerait dans la grande maison. Ensuite, commencerait le bal et tourneraient les manèges. Philomène s'assoirait sur une chaise au pied des chevaux de bois et surveillerait ses petits-enfants. Elle n'aurait pas

434

assez d'yeux pour tout voir, assez d'oreilles pour écouter les rengaines qui lui parleraient de son passé, d'autres fêtes lointaines. Elle demeurerait là jusqu'au soir, un sourire posé sur ses lèvres mi-closes, heureuse de ce bonheur des adultes et des enfants, de la paix, du soleil, d'un rien, sans doute, d'un baiser entrevu, d'une jupe qui virevolte, de cette façon innocente d'être au monde et d'en user. Par moments, ses petits enfants viendraient l'embrasser, et elle leur glisserait une piécette dans la main en leur recommandant de n'en rien dire à leurs parents.

Le soir, après dîner, elle demanderait à François de la faire valser.

— Maman, dirait Marie, est-ce bien raisonnable ?

Elle ne répondrait pas, monterait sur le parquet, François l'y rejoindrait, elle se mettrait à tourner, à tourner, à frôler la jeunesse jusqu'à ce que la fête lui fasse mal, jusqu'à ce que ses yeux s'embrument. Alors, ivre de bruit, de musique et de rires, elle irait se promener seule dans la nuit, persuadée que son village avait ressuscité.

Ce fut le premier mois d'août de sa vie où elle compta les jours. Une semaine avant le grand départ, elle commença à préparer sa valise, questionnant Louise sur ce qu'il convenait d'emporter, sur le trajet, sur les régions qu'elle traverserait.

— Mais ce n'est pas le bout du monde, maman ! disait sa fille.

435

Cependant, plus l'heure approchait et plus elle était tentée de renoncer à ce voyage. Besse saurait-il s'occuper des brebis ? Pourrait-elle revenir vite si le besoin s'en faisait sentir ? Louise rassurait, expliquait, mais elle se demandait si seulement sa mère l'entendait.

Enfin, le grand jour arriva : un beau matin de début septembre avec un ciel d'un bleu très clair ourlé à l'horizon d'une frange plus sombre. Une légère brise faisait frémir les cheveux blancs de Philomène, tandis que debout près de la portière, elle ne se décidait pas à entrer dans la Dauphine, embrassant du regard la cour, la bergerie, la grange et, plus loin, les bois qu'elle quittait. Elle s'y résolut enfin, après un soupir de Louise, et la voiture sortit bientôt du village.

Tout alla bien jusqu'à Gramat, tant qu'elle vit se dérouler, de chaque côté de la route, les bois bordés de murs de lauzes. Mais à Figeac, déjà, elle sentit une sorte de mélancolie couler en elle. Puis il y eut Capdenac, Decazeville, Rodez, Millau où ils mangèrent dans un restaurant situé sur la place circulaire où tournaient des voitures dans une ronde sans fin.

Après Millau, la route monta vers l'immense plateau du causse de Larzac, si semblable à celui du Quercy. Philomène aperçut des brebis, des bergers, de grandes étendues où affleuraient des rochers gris, et son impression de distance par rapport à sa maison s'estompa un peu. Tout au bout du plateau, la route en lacets bascula vers une immense vallée baignant dans une buée bleue. Une fois en bas, après bien des frayeurs en bordure du précipice, Philomène sommeilla et bientôt, comme nul ne parlait dans la voiture, elle s'endormit.

Quand elle rouvrit les yeux, ils roulaient sur un grand boulevard bordé de frondaisons et de pins parasols entre lesquels on apercevait des maisons aux murs blancs.

— Nous y sommes, dit Louise.

Philomène observa les immeubles, les magasins, les habitants de cette ville qui lui parut immense, beaucoup plus que Reims, Soissons ou Toulouse. Elle ressentit en même temps une sorte d'oppression qu'elle mit sur le compte du manque d'espace et d'horizon. Louise se retourna, demanda :

— Ça ne va pas ?

— J'étouffe un peu, dit Philomène.

Louise ouvrit son carreau, la rassura : on allait arriver. La voiture contourna la ville par le sud, emprunta des boulevards où la verdure avait disparu, puis des petites rues escortées de maisons basses et de tamaris. Elle s'arrêta devant l'une d'entre elles, crépie en jaune, au bout d'une impasse.

— Nous irons à la mer ce soir, dit Louise un peu plus tard, lorsqu'ils furent installés dans un salon aux fauteuils d'osier. Il fait trop chaud maintenant. Profites-en pour te reposer, maman.

Philomène accepta de s'allonger, mais ne put

dormir. Elle se releva au bout d'une demi-heure, aida sa fille à préparer le repas du soir, et son impatience ne fit que croître jusqu'au départ.

Ils mangèrent de bonne heure et quittèrent la ville à sept heures et demie, droit vers le sud. Dans les lointains, l'incendie du soleil s'allumait. Au-dessus de lui, quelques nuages bas brûlaient déjà. Il y eut deux ou trois lignes droites où des voitures les croisèrent à vive allure, puis, au terme d'une longue courbe, de grands oiseaux roses prirent leur envol en emportant un peu d'écume blanche au bout de leurs pattes.

— Je la vois, dit Philomène.

— Non, dit Louise, ce sont des étangs où vivent les flamants roses. Encore cinq minutes et nous y sommes.

Un peu plus loin, ils entrèrent dans un petit bourg étiré le long de la route, se garèrent sur une place entourée de platanes. Il fallut marcher un peu puis, soudain, passé les dernières maisons, l'horizon s'ouvrit.

— Regarde ! dit Louise.

La mer, d'un bleu très pâle, scintillait par endroits, crêtée d'argent. De grands oiseaux blancs la survolaient, silencieux, et par instants fondaient sur elle et semblaient s'y noyer. Au bout de l'horizon, des draperies mauves s'effilochaient en rejoignant le ciel.

— Est-ce beau ! souffla Philomène.

Louise la prit par la main. Elles traversèrent

une route, atteignirent le sable chaud où Philomène s'arrêta, comme paralysée.

— Viens, dit Louise, n'aie pas peur.

Elles s'avancèrent jusqu'à l'endroit où l'eau soupirait en léchant le sable.

— Regarde comme elle est grande, dit Louise.

Philomène ne répondit pas. Comment eût-elle imaginé tant d'eau à la fois, si mouvante et si bleue? Elle se revit enfant, se la représentant comme une immensité de cailloux. Mais jamais cette immensité entrevue n'avait atteint une telle dimension, une telle beauté. Elle entendit Adrien demander : « Crois-tu que la mer c'est comme ça? » Elle sourit, murmura :

— Elle est beaucoup plus belle encore.

Elle demeura longtemps immobile face à l'étendue bleue qui frémissait comme une plaine sous le vent. Louise la laissa un moment pour rejoindre Philippe qui était assis sur le sable, un peu en retrait. Émue, elle examina avec un sourire attendri la silhouette noire et fragile que la brise marine semblait pouvoir emporter. Philomène ne se résignait pas à s'éloigner du rivage. Elle fermait les yeux, les rouvrait. Mais à chaque fois qu'elle les fermait, le causse figé dans son éternité crayeuse surgissait, puis elle apercevait la molle ondulation de l'eau et elle entrevoyait deux mondes, dont le plus beau, peut-être, lui avait toujours été inaccessible. Ne le restait-il pas aujourd'hui, même si elle le côtoyait ? Il était là, offert à elle, et il demeurait pourtant insaisissable. Elle se baissa. L'eau mouilla le bas de sa robe. Elle en cueillit dans ses mains, la porta vers ses lèvres, grimaça, la laissa couler entre ses doigts. Elle se releva, eut une sorte de vertige, et pendant un instant la mer se confondit avec le ciel. Passant une main humide sur son visage, Philomène se mit à marcher le long de la plage après un regard d'invite à Louise.

— Alors, tu es contente ? demanda celle-ci en s'approchant.

Philomène hocha la tête, ne répondit pas tout de suite, prit le bras de sa fille.

— Je pense à Étienne et à Guillaume, dit-elle. Il me semble que je me sens plus proche d'eux, et cela me fait du bien.

Elle hésita, ajouta après un soupir :

— Je les comprends mieux.

Elle se retrouva l'espace de quelques secondes les jours des permissions d'Étienne, quand il parlait de vagues, de bateaux, de tempêtes, elle revit la lueur ardente de ses prunelles sombres et se sentit définitivement réconciliée avec lui.

— Je voudrais tant qu'il sache que je le comprends aujourd'hui, répéta-t-elle.

Louise sourit. Elles avancèrent un moment sur la plage. La nuit tombait, toute en soie verte, poudrée d'étoiles. Des langueurs tièdes passaient dans l'air qui, pourtant, fraîchissait. Les

440

mouettes caressaient l'ombre qui semblait monter de la mer, et non couler du ciel.

— Je me dis que ton père la voit, maintenant. Tu ne crois pas ?

Louise hocha la tête, murmura :

— Il faut rentrer, tu dois être fatiguée. Mais n'aie pas peur, on reviendra.

— Je ne suis pas fatiguée, non, mais c'est comme si j'avais bu.

Elle chancela, et Louise s'inquiéta.

— Rentrons, maman, dit-elle.

Mais Philomène s'arrêta, se tourna vers l'horizon où, entre la mer et le ciel assombris, palpitait encore une lèvre pourpre.

— Tu vois, fillette, dit-elle, s'ils se sont retrouvés, mes hommes, je suis persuadée que c'est là-bas.

Elle revint sur la plage chaque soir et chaque matin pendant une semaine, et chaque fois ce fut le même enchantement. Elle regagna son village par le train, s'arrêtant une journée à Toulouse pour voir Mélanie, May et Aurélien. A l'approche de Souillac, quand elle aperçut les premiers bois de chênes et les murs de lauzes, il y eut en elle comme une houle profonde qui partit de son cœur vers ses jambes et ses bras. Elle suffoqua un peu, mesurant à quel point elle aimait ces lieux, se surprenant à regretter d'être partie. Elle comprit que toute la beauté du monde ne romprait jamais les racines qui l'attachaient à ses pierres et à ses bois, et elle en fut comme délivrée d'un charme. M. Faure, qui la ramenait, la quitta à la tombée de la nuit. Elle courut vers la bergerie où elle s'enferma avec les chèvres et ses brebis et, assise sur un escabeau, elle leur raconta dans le détail tout ce qu'elle avait vu.

Nicole, la femme d'Étienne, arriva sans prévenir, trois jours après son retour. Philomène, qui rentrait ce soir-là très tard avec son troupeau, aperçut une silhouette près d'une traction garée dans la cour, mais ne la reconnut pas tout de suite. Elle gardait le souvenir d'une jeune femme brune, à la peau mate, aux yeux pleins de vie, et elle retrouvait une femme avec des cheveux blancs, comme elle, et aux yeux fatigués. Le temps de fermer la porte de la bergerie et déjà elles s'asseyaient dans la salle à manger pour parler. Après la mort de Charles, Nicole n'avait pu se résoudre à rester en Algérie. D'ailleurs, elle était persuadée que les Français devraient un jour quitter ce pays, de gré ou de force. Elle avait tiré peu d'argent de sa propriété, mais cela lui suffisait pour vivre décemment en Corse où elle avait encore de la famille. Le récit des atrocités d'Algérie emplit Philomène d'horreur. Se pouvait-il que la guerre continuât ainsi, d'un pays à l'autre, et sans trêve jamais?

— Tu as bien fait, dit Philomène, mais tu

pourrais peut-être t'installer par ici. La terre et les maisons ne coûtent pas cher, tu sais.

— Je suis revenue mourir où je suis née, dit Nicole, je suis sûre que tu comprends ça, toi.

Philomène hocha la tête : bien sûr qu'elle comprenait. Elle insista cependant pour que Nicole restât au village pendant quelques jours, et celle-ci finit par accepter. Au cours de cette semaine-là elles ne se quittèrent pas une seconde, s'entretinrent de tous les membres de la famille, et surtout de Charles et de son père. Philomène découvrit au récit de Nicole un Étienne attentionné, calme, et qui parlait souvent d'elle. Pourtant, la dernière fois qu'ils s'étaient vus, c'était en 1910, ou en 1912, aucune des deux femmes ne s'en souvenait exactement.

— Il voulait toujours revenir, dit Nicole, il en parlait sans cesse, mais toujours le travail le retenait. Après, il a cru que tu lui en voudrais. Mais avant de mourir, c'est à toi qu'il pensait, et je l'ai vu pleurer.

Cette confidence émut beaucoup Philomène qui s'était toujours imaginé Étienne incapable d'émotion. Dès lors, l'image de son frère aîné s'adoucit et elle en fut heureuse.

— Qui sait si nous nous reverrons ? demanda Nicole à Philomène au terme de ces jours où elles s'étaient senties comme deux sœurs.

— Essaye de revenir. J'aime tellement quand tu me parles de lui.

Nicole partie, Philomène se retrouva seule dans l'automne déclinant, un peu inquiète à l'approche de l'hiver dont les premières gelées semaient sur les combes et les coteaux leurs cristaux blancs. Tout indiquait d'ailleurs qu'il serait précoce, le vent ayant tourné au nord bien avant l'heure. Un soir, alors qu'elle finissait de manger en écoutant la radio, on frappa aux carreaux.

— Entrez! dit-elle en se demandant quel pouvait bien être ce visiteur tardif.

Ils étaient deux : Simbille et un inconnu d'une soixantaine d'années, aux tempes grises, grand et mince, au front dégarni.

— Je vous amène un ami de Combarelle : monsieur Leygonie, dit le maire ; il était dans la Résistance. Il voulait vous voir.

Philomène serra la main de l'homme, l'invita à s'asseoir, ainsi que Simbille.

— Merci, dit celui-ci, mais j'ai une brebis malade, il faut que je rentre.

Il partit, et Philomène versa un peu d'eau-de-vie dans le verre de l'inconnu qui déclara :

— Monsieur Simbille m'a appris la mort de votre mari. Je le connaissais un peu, lui aussi. C'est bien triste de voir partir les meilleurs d'entre nous.

Philomène approuva, tout en se demandant ce que lui voulait l'inconnu.

— Mais je ne vais pas abuser de votre temps car il est tard, reprit celui-ci.

444

Il s'éclaircit la voix, puis :

— C'est une démarche assez difficile pour moi, mais dont vous comprendrez certainement l'utilité. Voilà : nous recherchons des témoignages sur les membres de la Gestapo de Toulouse. Car vous avez bien été emprisonnée à Toulouse, n'est-ce pas ?

Philomène se sentit très mal, tout à coup. Elle revit en un instant les murs maculés de sang et de crasse de sa cellule, ressentit violemment des sensations qu'elle croyait avoir oubliées.

— Je sais que c'est douloureux, n'est-ce pas, mais il y a encore des bourreaux qui se cachent et c'est notre devoir de...

— Je n'ai jamais été à Toulouse, dit vivement Philomène, je n'ai pas quitté le village de toute la guerre.

L'homme sursauta, marqua un temps.

— Pourtant monsieur le maire m'a dit que vous...

— Il s'est trompé, dit Philomène sans hésiter, je n'étais pas la seule femme ici à travailler pour la Résistance.

Il y eut un long silence. L'homme parut réfléchir, soupira, puis il but une gorgée d'eau-de-vie et murmura :

— Je comprends... C'est parfaitement votre droit.

Et il demanda :

— Avez-vous eu la médaille à laquelle vous avez droit ?

Elle leva lentement les yeux sur lui, souffla :

— Quelle médaille ?

La lueur ardente de son regard le surprit. Il eut l'impression d'être pris en faute face à cette femme seule, bien droite sur sa chaise, et qui ne cillait pas.

— Nous n'avons jamais beaucoup aimé les médailles chez nous, monsieur. Mon mari n'en a jamais voulu. Quant à moi je ne suis pas certaine de savoir les porter.

Elle ajouta, tandis qu'il la dévisageait pensivement :

— Il n'y a aucun mérite à défendre la terre où l'on vit... Enfin, il me semble. Le reste, vous savez... Tout ce que je veux aujourd'hui, c'est oublier. La seule récompense que vous puissiez me donner, c'est de ne plus me parler de Toulouse.

Le visiteur sourit, toussota, puis, brusquement, se leva.

— Ne vous inquiétez pas, personne ne viendra plus vous importuner.

Il s'approcha d'elle, demanda :

— Vous vous appelez Philomène, n'est-ce pas ?

Elle hocha la tête.

— Permettez-moi de vous embrasser, Philomène, fit-il avec une émotion non feinte.

Elle haussa les épaules, sourit, se laissa embrasser. Alors il recula vers la porte et dit, d'une voix qui tremblait un peu, avant de sortir :

— Vous savez, Philomène, il y a des femmes qui sont belles toute leur vie.

A partir de ce soir-là, une grande paix coula sur elle. Grâce à cette visite, elle avait réussi à écarter de ses souvenirs les seuls jours qu'elle regrettait vraiment d'avoir vécus. Elle profita pleinement du regain de l'automne, sortit ses brebis dans les après-midi flamboyants, rêva en écoutant les sonnailles dans sa combe favorite, touchée par une sérénité rarement éprouvée. La profondeur de l'air et le ciel orangé des soirées l'invitaient aux promenades qu'elle effectuait seule, sa pèlerine sur les épaules, se désolant seulement de ne pas avoir la force d'aller jusqu'à la métairie de son enfance. Et puis l'hiver arriva avant la fin du mois d'octobre. La température chuta alors de douze degrés en vingt-quatre heures, et le gel prit le causse dans ses mailles d'argent. Marie, venue pour la Toussaint au cimetière et trouvant Philomène occupée à couper son bois (François n'avait pu encore trouver le temps d'achever ce travail), se fâcha. Lorsqu'elles se furent réfugiées dans la salle à manger, près de la cheminée, elle lui reprocha de ne pas se ménager, soupira :

— Si seulement tu voulais venir avec nous, tu serais si bien.

Philomène eut une moue de dépit.

— Tu m'avais promis de ne plus m'en parler.

— Mais si tu te sentais mal la nuit, si tu ne pouvais pas te lever ! Et ton bois ! Et cette grande maison à chauffer, cette chambre glaciale, y penses-tu?

— Tu sais très bien que j'ai toujours vécu comme ça, répliqua Philomène.

Et elle ajouta, moqueuse :

— Toi aussi. Tu ne t'en portes pas plus mal, il me semble.

— Écoute, maman, je ne plaisante pas. On est début novembre et le froid va durer jusqu'en mars. Si ça se trouve, ni moi ni François nous ne pourrons monter tous les dimanches.

— Mais je ne suis pas seule ici, et je n'ai besoin de rien.

Marie supplia :

— Viens au moins jusqu'en mars, je te ramènerai au printemps.

— Et les brebis, y penses-tu?

— Vendons-les, ces brebis, et n'en parlons plus!

Philomène frémit. Une onde désagréable courut le long de sa colonne vertébrale.

— Est-il possible que tu veuilles me rendre malheureuse, petite? murmura-t-elle.

Marie baissa la tête, concéda après un moment de silence :

— C'est entendu, tu resteras ici, et je téléphonerai à François pour le bois. Mais tu sais, s'il t'arrive quelque chose, je me le reprocherai toute ma vie.

— Il ne faut pas, dit Philomène en l'embrassant, puisque c'est moi qui te le demande.

448

— Je ne devrais pas t'écouter.

— Souris-moi quand même, va. Et promets-moi de venir au moins comme d'habitude le jour de Noël.

Marie promit mais repartit soucieuse.

Dans les jours qui suivirent, le froid accentua sa prise et le vent apporta des bourrasques de neige qui ne tint pas sur le sol. Puis le temps se gâta pour de bon et Philomène resta confinée près du feu. Un soir de début décembre, pourtant, ses voisins vinrent la chercher avec un air mystérieux.

— Venez voir, dirent-ils, impatients.

Intriguée, Philomène se vêtit et les suivit. Ils la firent entrer dans leur cuisine, heureux comme des gosses, et lui demandèrent de fermer les yeux. L'ayant aidée à s'asseoir, ils lui dirent qu'elle pouvait maintenant regarder. Là, face à elle, sur un buffet bas, se trouvait un poste dont elle devina tout de suite la nature.

— Une télévision ! s'exclama-t-elle.

— On nous l'a livrée cet après-midi, se réjouit Marcel, vous allez pouvoir en profiter vous aussi.

Les enfants, fascinés, ne bougeaient pas. Le cafetier tourna un bouton, leva un doigt :

— Quelques secondes d'attente, dit-il.

Le silence se fit. On entendit bientôt une voix d'homme puis lentement, mystérieusement, son image se dessina sur l'écran. Subjuguée, Philomène regardait ce personnage qu'elle ne connaissait pas et qui semblait pourtant s'adresser à elle.

— Vous vous rendez compte! fit le cafetier.

— Chut! dit sa femme, écoutez!

L'homme parlait de l'Algérie, de l'U.N.R., du référendum, et Philomène avait l'impression qu'il se trouvait dans la pièce. Besse s'était assis près de sa femme, osait à peine respirer. De longues minutes passèrent. Francis Lemarque chanta « Le petit cordonnier », fut remplacé par une femme blonde qui annonça le programme de la soirée. A cet instant, la porte de l'auberge s'ouvrit, poussée par Simbille et sa femme. A peine se furent-ils extasiés qu'Alibert et sa femme arrivèrent eux aussi. Il fallut aller chercher des chaises dans le café. Quand tout le monde fut installé, il y eut de la musique, puis la scène d'un théâtre apparut et un petit homme chauve présenta « Trente-six chandelles ». Philomène, émerveillée, vit défiler les chanteurs qu'elle entendait à la radio, des clowns, des personnages de cirque, tous aussi surprenants les uns que les autres, et elle glissa avec un plaisir infini dans ce monde de l'image et de la gaieté.

Elle repartit très tard chez elle, ne dormit pas de la nuit, se demandant si elle pourrait assister de nouveau au spectacle de Jean Nohain. Elle n'eut pas à attendre longtemps. Besse, devinant le profit qu'il pouvait retirer de son acquisition, plaça le poste dans la grande salle du café. Dès lors, tous les villageois vinrent y passer leurs soirées et l'on retrouva le temps heureux des veillées de l'ancien temps. Dans la bonne chaleur du poêle à bois, en savourant un petit verre de liqueur, on fit connaissance avec les événements du monde entier relatés au cours du journal télévisé, avec les films de Gabin et de Michèle Morgan, avec Charles Trenet, Tino Rossi, Gloria Lasso, tous ceux et toutes celles dont la voix était devenue familière grâce à la radio. Lorsque Philomène rentrait chez elle où le feu se consumait dans l'âtre, sa maison lui paraissait bien sombre. Elle ne s'attardait pas dans la salle à manger, se couchait très vite. Alors, bien au chaud sous son édredon de plumes, elle fermait les yeux, rêvait aux artistes avec qui elle avait passé la soirée, heureuse de savoir qu'ils allaient lui tenir compagnie jusqu'à l'arrivée d'un nouveau printemps.

21.

L'hiver passa, un autre encore, tous deux sans
excessives froidures. Il avait fallu apprendre à
compter en nouveaux francs, mais, au village,
on n'avait pas renoncé à l'ancien système, loin
s'en fallait. A la télévision, on n'entendait plus
parler que de Marché commun, de dévaluation
réussie, d'autodétermination pour l'Algérie. Les
experts agricoles disaient que pendant les six
dernières années un million trois cent mille paysans avaient quitté la terre. On avait par ailleurs
appris qu'un projet de loi qui allait révolution-
ner l'agriculture était à l'étude. En janvier, le 29
exactement, Philomène avait vu pour la première fois le général de Gaulle en uniforme sur
l'écran et, en se remémorant les années de la
Résistance, elle en avait été bouleversée.
Comme beaucoup, à Quayrac, elle n'avait pas
été hostile à son retour. Les chutes successives
des gouvernements, les difficultés des milieux
défavorisés et surtout les événements d'Algérie

l'inclinaient à penser qu'il était peut-être l'homme de la situation. Toutefois, celle-ci n'évoluait pas favorablement dans les campagnes d'où les jeunes partaient toujours aussi nombreux. Même si elle le pressentait improbable, Philomène s'accrochait encore à l'espoir d'un nouvel essor du village et redoublait d'efforts pour le rendre possible.

Or, le pire arriva début mars, quand Marcel Besse lui annonça un soir qu'il était obligé de fermer boutique. Il avait bien semblé à Philomène, durant les derniers mois, que les Besse « voyaient un peu grand » en achetant voiture neuve, télévision, machine à laver, frigidaire, alors que dans le même temps les clients ne devenaient pas plus nombreux, au contraire. Mais de là à imaginer une telle catastrophe ! Ils eurent beau, avec le maire, chercher toutes les solutions, tenter d'ultimes démarches auprès des banques, rien n'y fit. Marcel menaçait même de se tuer et Odette ne cessait de pleurer. Mademoiselle Loubière, l'institutrice, s'inquiétait de voir partir trois enfants. Qui savait si on ne fermerait pas bientôt l'école ? A ces mots, Simbille, réélu en mars 1959, s'emportait, jurait que, lui vivant, jamais il ne se produirait une chose pareille. D'ailleurs, il irait voir le conseiller général et le député dès que l'agnelage serait terminé.

— Tu ferais mieux d'y aller tout de suite, dit Philomène, et va voir le notaire tant que tu y es.

— Prenez aussi contact avec l'inspecteur d'Académie, dit l'institutrice, cela pourra nous être utile.

Simbille, écrasé par ses responsabilités, semblait devenir fou et dépérissait à vue d'œil. Philomène, elle, passait ses matinées chez les Besse, les suppliant de ne pas vendre à n'importe qui. Mais ceux-ci disposaient de peu de temps s'ils voulaient éviter la saisie. Accablés, complètement dépassés, ils cédèrent au premier client proposé par le notaire : un marchand de biens de Souillac qui cherchait une résidence secondaire. Tout était dit. Marcel trouva une place de chauffeur à Figeac, paya ses dettes, évita de justesse la saisie et partit, emmenant les trois enfants que Philomène avait vus grandir comme les siens. Le dernier jour, elle se refusa à rentrer une dernière fois dans la grande salle de l'auberge où elle avait été si heureuse, d'abord avec Geneviève, ensuite avec la famille Besse. Ils vinrent chez elle, malheureux, ne trouvant pas les mots pour exprimer leur chagrin. Les enfants pleuraient, l'embrassaient. On était en avril, déjà le causse s'éveillait aux premières chaleurs, les abeilles bourdonnaient dans la tiédeur de l'air et le printemps qui s'annonçait eût été doux à vivre.

— Alors, ça y est, fit-elle, c'est le départ ?

— Eh oui, ma pauvre, c'est comme ça, que voulez-vous ?

Odette sortit son mouchoir et se mit à sangloter.

— Arrête donc, dit Marcel, pas devant les enfants.

— Ne pleurez pas, dit Philomène. Est-ce que je pleure, moi ?

— Oh, quand même, bredouilla celle-ci, on était bien ici.

— Oui, soupira Marcel. Peut-être même un peu trop.

Le silence tomba, lourd d'émotion. Philomène caressait de sa main les cheveux des enfants blottis contre elle.

— Il faut y aller, dit Marcel, les yeux brillants. Tout cela ne sert à rien.

Et, s'approchant de Philomène :

— Je vous fais la bise, tiens. J'espère que ça me portera bonheur.

Elle embrassa Marcel anéanti, puis Odette, puis les enfants, mais ne les accompagna pas sur la place. Immobile au milieu de la cour, elle attendit que le bruit de la voiture s'estompe avant de se rendre dans la bergerie et de s'asseoir sur son tabouret, pensive, un agneau dans ses bras.

A partir de ce jour, elle se sentit oppressée et comme indisposée par les premières chaleurs. Simbille et Alibert lui faisaient ses courses à Martel ou à Gramat, et bientôt un épicier de Souillac vint en tournée, ce qui résolut le problème de l'alimentation, au moins pour quelque

456

temps. Le peu de viande qu'elle mangeait, c'était celle de la moitié de cochon qu'elle élevait et partageait avec François. Mais elle avait aussi des œufs et des volailles : cela lui suffisait largement. Pour le pain, le boulanger passait deux fois par semaine. De plus, selon Simbille, un charcutier viendrait bientôt, sans doute le samedi. Pourtant, malgré ces nouvelles rassurantes, chaque fois que Philomène se rendait sur la place, et même si elle essayait de se raisonner, le spectacle de l'auberge close lui serrait le cœur.

Heureusement, ses longues marches sur le causse avec ses brebis lui changeaient les idées. Le mois de mai fit reverdir le coteau et nimba les combes de rosée. L'air se réchauffa en moins d'une semaine. Un soir, surprise par un orage précoce, Philomène dut courir après des brebis égarées, rentra chez elle à la nuit, épuisée. Ce fut en mangeant qu'elle ressentit la douleur tant redoutée dans la poitrine.

— Mon Dieu ! dit-elle en gémissant.

Elle se laissa glisser sur le parquet, se recroquevilla, se mit à haleter doucement, les mains croisées sur son cœur. La douleur resta vive pendant de longues minutes, puis s'atténua, mais une pointe de feu subsista. Elle se releva lentement, but un verre d'eau fraîche, et s'en fut se coucher. La douleur revint dans la nuit, persista plus d'une heure. Philomène n'avait pas peur. Pas vraiment. Une seule idée l'obsédait : si cela devait être son dernier été, au moins espérait-elle le passer dans la compagnie de ses petits-enfants. Et pour cela, il fallait se taire, cacher sa maladie à François et Marie, se reposer le plus possible avant le mois de juillet. Après, plus tard, une fois seule, elle aurait tout le temps de se soigner en pensant à de nouvelles vacances.

Les beaux jours furent vite là, de même que Catherine et Martine dont c'était le tour de venir à Quayrac. Louise et Philippe, eux, viendraient seulement au mois d'août, ainsi que May et Aurélien. Dès juin, les sauterelles et les grillons envahirent les coteaux qui blondissaient sous le soleil. L'odeur des foins stagna pendant plus de quinze jours sur le plateau, puis s'envola sur les nuages. Début juillet le causse flamba, après quoi les orages rafraîchirent un peu l'atmosphère. L'air resta doux en début de matinée et en fin d'après-midi, aux heures où Philomène partait avec les brebis, suivies par ses deux petits bouts de femme, dont l'une surtout, Catherine, ne cessait de parler. En leur compagnie, Philomène songeait à chaque minute à Louise, enceinte, qui lui donnerait bientôt un autre petit-enfant, et espérait secrètement qu'il ne serait pas le dernier.

Marie, qui venait souvent au village pour surveiller la santé de sa mère, lui apprit le 10 juillet la bonne nouvelle : Louise avait donné le jour à un garçon prénommé Laurent. Tout s'était bien passé. Elle l'amènerait avec elle au mois d'août, si sa santé le permettait. A cette perspective, Philomène reprit confiance, oublia le départ de la famille Besse, le déclin du village, sa maladie, pour ne plus penser qu'à profiter des jours qu'elle vivait. Elle se ménageait tout de même, sachant qu'à la moindre alerte, Marie lui enlèverait les enfants. Mais ce ne fut, hélas, pas suffisant. Elle avait trop présumé de ses forces et le temps orageux de la fin du mois de juillet eut raison de sa résistance. Un soir où de grands éclairs zébraient le ciel, au moment où de grosses gouttes commençaient à s'écraser sur les toits, son cœur flancha alors qu'elle se trouvait dans la bergerie. Elle eut tout juste le temps de dire à Catherine d'aller chercher du secours, avant de tomber sur la paille et de perdre conscience, la poitrine prise dans un étau.

Quand elle reprit ses esprits, beaucoup plus tard, elle était allongée dans une voiture et Marie souriait au-dessus d'elle. Elle n'eut pas la force de parler, mais Marie comprit son regard.

— On va à Saint-Céré, ne t'inquiète pas. Tout ira bien. Après tu rentreras à la maison, je te le promets.

Elle ferma les yeux, deux larmes de fatigue glissèrent sur ses joues. Elle se laissa emporter par une énorme vague qui la souleva, puis l'ensevelit avant de l'abandonner sur une plage de douleur.

— Le docteur t'a fait une piqûre. Il nous suit, ça ne sera rien.

Le regard de sa fille effraya Philomène, car elle y lut la peur et le chagrin. Elle lui prit la main, puis elle sombra de nouveau dans de noires profondeurs, et pour de longues heures.

Elle revint vraiment à la vie le lendemain vers midi, reconnut François, Marie et aperçut un docteur en blouse blanche qu'elle n'avait jamais vu. Elle entendit « tirée d'affaire », « se reposer », et Marie l'embrassa.

— Louise va venir, dit-elle, surtout ne t'agite pas, tu vas guérir, c'est sûr.

Ces mots lui firent du bien, lui redonnèrent courage. Elle flotta pendant deux jours encore dans un état de grande faiblesse, mais elle recommença à se battre dès qu'elle vit Louise avec son bébé dans ses bras. Ah ! le serrer elle aussi, lui parler, l'embrasser ! C'était à cela qu'il fallait songer, et seulement à cela.

Dès qu'on le lui permit, elle se força à manger pour reprendre des forces. Elle demanda aussi à voir l'enfant chaque après-midi, ce que Louise et Marie n'auraient su lui refuser. Laurent avait les yeux de son père, mais la forme de son visage rappelait celui de Louise. Quelques cheveux bruns se hérissaient sur sa tête et lui donnaient un air étonné et joyeux. Ces visites permirent à Philomène de passer la première semaine sans trop languir du village et de ses brebis, d'autant plus qu'elle était dans une chambre à deux lits, en compagnie d'une jeune femme qui venait elle aussi de la campagne. Cependant, une fois qu'elle eut regagné la salle commune, le temps lui parut long et elle pressa Marie de la faire sortir le plus vite possible.

— Pas avant que nous ayons parlé de l'avenir, dit celle-ci. Après je ferai tout ce que tu voudras, du moins avec l'autorisation des médecins.

— Je suis guérie, dit Philomène, et il me faut du soleil.

— Écoute, maman, il ne faut pas se cacher la vérité : c'était une crise cardiaque, tu sais.

— Bien sûr que je le sais ; et justement, je suis pressée de vivre.

— Pas à Quayrac, maman, ce n'est plus possible. Mais tu seras bien chez moi, tu verras.

Philomène ferma les yeux, les garda clos de longues secondes.

— S'il te plaît, fillette, dit-elle enfin, ramène-moi là-haut avant l'hiver. Dès qu'il fera mauvais temps, tu viendras me chercher et je te suivrai, je te le promets.

Marie soupira, fut ébranlée une nouvelle fois par le désarroi de sa mère, concéda :

— Nous en parlerons avec Louise et François.

Mais Philomène voulait arracher une promesse immédiate.

— Laisse-moi profiter du peu de temps qu'il me reste, fillette, tu ne peux pas me refuser ce plaisir tout de même.

— Nous verrons, ne te fatigue pas, essaie de dormir.

Philomène revint chaque jour à la charge, s'adressant soit à Marie, soit à Louise, soit à François, et elle finit par obtenir leur consentement mais à une condition : elle devrait vendre les brebis avant la venue de l'hiver. Sa concession lui coûta tellement qu'elle ne dormit pas de la nuit. Le lendemain, la trouvant de nouveau fatiguée, le médecin menaça de la garder plus longtemps. Alors, pour ne pas sombrer davantage, elle s'attacha à la seule idée de retrouver le plus vite possible son troupeau, ses combes et ses bois, et elle y parvint si bien qu'on la libéra une semaine plus tard.

Elle rentra chez elle un samedi d'août, au début d'un après-midi tiède et doux. Les orages de la nuit avaient délivré le causse de la canicule. L'air sentait la feuille des chênes. Descendant de la voiture, elle embrassa son domaine du regard, murmura :

— Enfin !

Elle essuya furtivement la buée de ses yeux, puis, prenant le bras de Louise, elle se dirigea vers la bergerie où elle parla longuement aux brebis, leur expliquant qu'elle allait devoir se séparer d'elles, mais qu'elles avaient encore quelques semaines à passer ensemble. Les bêtes s'approchèrent d'elle, se frottèrent à ses jambes tandis qu'elle les consolait avec des mots connus d'elle seule.

— Viens, maman, dit Louise, ne t'en fais pas : demain, on les sortira.

Elles revinrent à pas lents vers la maison. Philomène leva la tête vers les collines, observa longuement les bois dont le vert se teintait de plaques rousses et, songeant aux deux mois qu'elle avait devant elle, elle puisa tout au fond de son courage la force de sourire à sa fille.

Elle apprit par la radio qu'une loi d'orientation agricole avait été promulguée au début du mois et elle en parla avec les visiteurs venus prendre de ses nouvelles, tous ceux qui vivaient encore de la terre à Quayrac. Selon le Premier ministre, il s'agissait « d'orienter l'agriculture pour une génération et même davantage ». En fait, le fils Alibert expliqua qu'il fallait surtout intensifier la production agricole pour l'exportation, ce qui impliquait le remplacement de l'homme par la machine. Pour Philippe, le mari de Louise, qui était très au courant de ces problèmes, l'imprécision de la loi et l'ambiguïté des formules cachaient en réalité le fait que malgré les progrès réalisés, les niveaux de rendement avaient été jugés insuffisants par les experts. Le gouvernement allait donc pratiquer une politique sélective des prêts du Crédit agricole, provoquer une concentration des terres par l'intermédiaire de la S.A.F.E.R., et jeter les bases d'un enseignement capable de former les techniciens qui accompagneraient cette révolution agricole.

— Foutus ! On est foutus ! disait le maire.

Les autres, accablés, se taisaient, conscients que l'exiguïté des parcelles du causse et la mauvaise qualité de la terre excluaient ses habitants de la réforme en cours. Philomène, pour sa part, ne participait pas aux conversations car elle n'avait qu'un seul projet en tête : jouir des journées de l'aube au crépuscule. Et d'ailleurs, il y avait belle lurette qu'elle avait senti naître le mouvement irréversible concrétisé aujourd'hui par une loi. Elle n'était pas amère, ni furieuse, mais simplement malheureuse pour ceux qui restaient. Ayant obtenu de ses enfants que ses brebis ne fussent vendues qu'après son départ, elle passait ses matinées et ses après-midi dans la combe qu'elle aimait tant, à l'ombre légère de la borie près de laquelle elle avait rêvé si souvent.

Le mois d'août s'achevait et l'été déclinait en déployant ses ors et ses rougeurs dans le ciel et les bois. Des nuages étiraient mollement leur paresse sur les collines qui frémissaient aux premières brises d'ouest. Du fond de l'air montaient des odeurs de mousse sèche et de poussière d'herbes qu'exaspéraient les soirs tombants. C'était la grande paix, le lent déclin de la terre qui s'ouvrait aux prémices de l'automne. Philomène le devinait. Elle n'avait pas assez de vue, d'ouïe, d'odorat pour saisir une à une les sensations qui l'assaillaient. Elle désirait trop les ancrer à jamais dans sa mémoire et, les savourant trop longtemps, il lui semblait en laisser perdre les meilleures.

Elle s'occupait aussi beaucoup de Laurent que Louise lui confiait volontiers, et qui gazouillait en la dévisageant de ses yeux pleins de vie. Mais elle ne s'éloignait guère de Louise, de ses brebis, de ses chèvres, s'évertuant à rassembler autour d'elle le petit monde d'un bonheur désormais mesuré.

Bientôt, pourtant, le temps changea, devint plus frais. Elle sortit tout de même, ignorant les reproches de Louise. Elle redouta un hiver précoce, mais les embellies de la deuxième quinzaine de septembre prolongèrent heureusement les gardes du troupeau jusqu'au départ de Louise. Une fois seule, Philomène eut alors comme un renoncement qui dura deux ou trois jours. Le soleil persistant lui donna cependant la force de résister à Marie qui la suppliait de la suivre :

— Tu n'as plus de voisins, maman, ce n'est pas raisonnable.

— Je ne partirai pas avant l'hiver, répliquait-elle, tu me l'as promis.

Elle ajoutait, les yeux brillants :

— Tu ne vois donc pas que je suis en train de

guérir définitivement? C'est donc de cela que tu
veux me priver?

— Mais non, tu le sais bien.

— Alors!

Marie soupirait, mais cédait. Philomène se
promenait dans les nuits sirupeuses de
l'automne qui avaient la douceur des herbes
attendries par la rosée. Elle ne dormait pas.
Comment eût-elle renoncé au moindre instant de
vie? Elle partait pour les collines sur les chemins éclairés par la lune où ses pieds connaissaient toutes les pierres, elle s'asseyait en bordure des bois de chênes, écoutait la brise jouer
dans les branches, se fondait dans la nuit.
D'autres fois, elle s'allongeait au fond des
combes au risque de prendre froid, se renversait
vers les étoiles.

— Je vais me rendre malade, murmurait-elle.

Mais elle ne bougeait pas et restait longtemps
à contempler le ciel, à rêver au passé, à ces nuits
où elle se promenait avec Adrien au temps de sa
lointaine jeunesse.

Chaque matin, elle se rendait au cimetière
pour lui parler, ainsi qu'à ses chers disparus.

— Je vais vous rejoindre bientôt, leur disait-
elle. Regardez comme je suis devenue : on dirait
une menthe fanée.

Puis elle rentrait chez elle, se réchauffait un
peu, repartait avec ses brebis en emportant son
déjeuner dans un panier et allait se réfugier dans
la tiédeur des vallons.

Tout cela dura encore jusqu'à la fin octobre, puis le temps se gâta vraiment. Un dimanche où il pleuvait très fort, Marie et François vinrent au village pour la convaincre de partir, et elle dut s'y résigner.

— Puisqu'il le faut, soupira-t-elle, mais ce sera dimanche prochain, juste le temps de faire mes bagages.

— Enfin, maman, ce n'est quand même pas le bout du monde, lui dit Marie. C'est chez moi que tu vas, pas dans un hospice ou chez des étrangers.

— Je sais, ma fille, je sais, dit-elle.

François repartit, mais Marie resta jusqu'au soir : elle avait emmené Catherine et les jumeaux avec elle.

— Y a-t-il quelque chose qui te ferait plaisir ? demanda-t-elle.

Philomène réfléchit un instant.

— Je voudrais tant revoir la métairie et la maison des chênes, dit-elle. Il y a si longtemps que je n'y suis pas allée.

Marie soupira :

— Maman, j'ai peur que ça te fasse du mal.

— J'en ai tellement envie, dit Philomène.

Marie finit par accepter, laissa les jumeaux s'amuser à la ferme, fit monter Catherine à l'arrière de la voiture et Philomène à l'avant. Il leur fallut peu de temps pour arriver jusqu'à la maison des chênes aux volets clos et à la toiture crevée en deux endroits. Marie arrêta la voiture mais retint Philomène qui voulait descendre :

— A quoi ça sert ?

Philomène n'aurait su le dire. Elle comprenait maintenant qu'elle avait présumé de ses forces, car les visages d'Adrien, d'Abel et de sa mère semblaient remonter le temps pour venir vers elle. Elle ferma les yeux, lutta contre l'émotion, craignant que Marie ne veuille pas continuer.

— Va, souffla-t-elle au bout d'un moment.

La voiture repartit entre les murs de lauzes, traversa une garenne, monta un raidillon, longea un bois, redescendit vers une combe où se trouvait blottie la petite métairie, déserte elle aussi. La voiture se gara sur l'aire qui servait autrefois aux battages au fléau. Philomène ouvrit la portière :

— Maman ! dit Marie.

Mais Philomène était déjà descendue. Très droite, ses cheveux frissonnant dans le vent, elle s'avança vers la porte qui jouait sur ses gonds, tenta vainement de la pousser. Marie la rejoignit, voulut lui prendre le bras, mais Philomène refusa. Elle recula de quelques pas, et face à ces murs qui avaient abrité le bonheur fou de son enfance, quelque chose de terriblement fort, de tiède et de sacré, creva au fond d'elle-même. Elle gémit, serra les dents, chancela.

— Tu vois, dit Marie, tu n'aurais pas dû.

— C'est si bon, souffla Philomène. Oh, c'est tellement bon !

468

— Mais tu as failli tomber.

Philomène tourna vers sa fille un visage bouleversé.

— Pendant quelques secondes, j'ai eu l'impression d'avoir encore huit ans.

Puis, regardant Catherine :

— Suis-je bête, dit-elle, voilà maintenant que je te fais pleurer.

Mais elle ne se résolut pas pour autant à partir, au contraire : laissant Marie et Catherine devant la porte, elle contourna la maison, fit quelques pas sur le chemin qui montait vers le plateau où Abel, un jour, lui avait offert des galoches, revint vers l'aire poussiéreuse et, de nouveau, s'approcha de la porte. Elle essaya encore d'entrer, n'y parvint pas davantage. Alors, elle glissa un regard à l'intérieur, à travers les trous creusés par les intempéries. Elle crut discerner le visage pensif de son père et d'Étienne, la robe noire de sa mère debout près de la table, Mélanie et Abel assis à côté d'elle.

— Viens, dit Marie. Allons, viens vite !

Elle se laissa entraîner après un dernier coup d'œil vers la métairie, puis, quand la voiture eut démarré, tout s'effaça de son univers familier, et elle murmura, prenant sa tête dans ses mains :

— Je les ai vus, je les ai vus.

Au fur et à mesure qu'elle fouillait ses armoires pour faire ses bagages, elle retrouvait ses vieux vêtements qui évoquaient tous une époque de sa vie, la faisaient se souvenir d'un événement, d'un visage, d'un mot, d'un sourire. Elle n'avait rien oublié. Elle le constatait avec une sorte de ravissement qui adoucissait sa peine, songeant qu'elle pourrait emporter avec elle l'essentiel de sa vie. Au-dehors, il gelait déjà, mais le soleil buvait la gelée blanche avant midi. Alors l'air qui luisait paraissait fondre comme neige. C'était le moment qu'elle choisissait pour sortir avec les brebis, mais elle ne restait pas longtemps sur les collines : dès que la brise fraîchissait, elle rentrait lentement.

Les derniers jours passèrent trop vite à son gré. Elle le regretta d'autant plus, que faute d'énergie elle ne put en profiter pleinement. Le vent du nord se leva le vendredi, apportant des bourrasques de grêle. Le samedi, elle voulut partir malgré la pluie, se mouilla et prit froid. Le dimanche matin, à l'occasion d'une embellie, elle fit une dernière promenade, son troupeau derrière elle. Marie arriva à midi passé, s'exclama devant tant de bagages rassemblés dans la salle à manger :

— Ma pauvre maman, on ne va pas pouvoir emmener tout ça !

— Je voudrais bien, pourtant.

— On reviendra chercher ce qu'il faut ; Martel n'est pas le bout du monde, tout de même.

— Crois-tu ?

— Mais bien sûr, allons !

470

Au cours du repas qu'elles prirent face à face, Marie passa son temps à rassurer Philomène. Ensuite, elles s'occupèrent à trier les affaires indispensables dans les malles d'osier. Quand elles eurent terminé, après bien des discussions, il restait seulement une malle à emporter, deux valises et deux sacs. Comme Philomène paraissait malheureuse, Marie proposa :

— Allons faire un tour, il ne pleut pas.

Philomène lui en fut reconnaissante et s'empressa de s'habiller. En passant devant la bergerie, Marie murmura :

— Le marchand viendra chercher les brebis demain.

A ces mots, elle sentit frissonner Philomène qui, pourtant, ne prononça pas une parole. Elles continuèrent lentement, prenant le chemin qui menait à Maslafon, et Philomène regarda de tous côtés, un peu tremblante, s'attardant devant les chênes, les genévriers, les pierres des murs comme devant des êtres chers. Mais elle avait du mal à respirer et la pluie menaçait. Marie refusa d'aller plus loin. Elles rentrèrent sans se presser, cherchant vainement dans l'air soudain plus froid le moindre parfum.

Une fois dans la maison, Philomène s'assit près du feu, tandis que Marie s'occupait à charger la voiture.

— Ne veux-tu pas laisser celle-là ? demanda-t-elle en montrant une valise en carton.

— Ce sont des affaires du temps de la guerre et des lettres. Je voudrais bien les emporter.

Marie soupira.

— Bon, on la prendra au dernier moment.

Elle rejoignit sa mère au coin du feu et l'après-midi s'acheva, silencieux, sans que Marie trouvât le courage de brusquer Philomène. Les yeux de celle-ci avaient pris une expression enfantine, un sourire bizarre errait sur ses lèvres. Il fallait pourtant partir, car la nuit tombait tôt et là-bas, à Martel, André et les enfants allaient s'inquiéter. Marie se leva, tenta d'écraser les braises avec le pique-feu, mais elles continuèrent à rougeoyer. Elle s'approcha de l'évier et, un peu gênée, revint avec une casserole d'eau. Philomène esquissa un geste de la main, mais celle-ci retomba sans que sa fille la vît. Marie jeta l'eau sur les braises, qui grésillèrent. Philomène, qui avait fermé les yeux, les rouvrit pour apercevoir les cendres qui fumaient.

— Allez, viens maman, dit Marie.

Philomène se leva lentement, se dirigea vers le buffet où elle prit un paquet enveloppé dans du papier journal.

— J'avais peur de l'oublier, dit-elle comme pour s'excuser.

Marie l'interrogea des yeux.

— C'est ma robe de promise, ma robe blanche, tu comprends ?

Marie sourit, saisit la poignée de la valise

472

d'une main, ouvrit la porte et sortit, non sans jeter un regard vers le foyer éteint. Philomène eut une hésitation, mais elle suivit sa fille et se retrouva sur le seuil sans l'avoir voulu, dans le soir tombant. Marie referma la porte, donna deux tours de clé.

— Viens vite, maman, dit-elle.

Philomène hocha la tête, et, serrant sa robe contre elle, s'engagea sur les pas de sa fille. A peine eut-elle fait cinq mètres que le monde se mit à tourner comme quand elle valsait avec Adrien dans l'auberge du bonheur, il y avait si longtemps. Elle eut un geste vain pour trouver un appui, mais la valse folle et joyeuse de sa jeunesse l'emporta. Foudroyée, elle s'affaissa doucement, le regard déjà tourné vers celles et ceux qui souriaient en murmurant son nom.

Octobre 1984-mai 1985.

Les événements de ce livre qui concernent la période de la guerre sont évidemment romancés. Cependant certains faits et certains personnages sont entrés dans l'histoire de la Résistance lotoise. Je tiens leur connaissance essentiellement de mon père, André Signol, ancien membre de l'Armée secrète « Vény », réseau « Buckmaster ». Les principaux de ces faits sont relatés dans Ombres et Espérances en Quercy *(Éditions Privat, Toulouse).*

C.S.

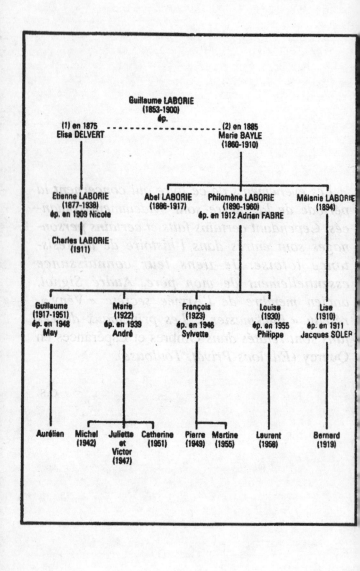

Guillaume LABORIE
(1853-1900)
ép.

(1) en 1875 ------------------------ (2) en 1885
Elisa DELVERT   Marie BAYLE
                                     (1860-1910)

Etienne LABORIE   Abel LABORIE   Philomène LABORIE   Mélanie LABORIE
(1877-1938)   (1886-1917)   (1890-1960)   (1894)
ép. en 1909 Nicole   ép. en 1912 Adrien FABRE

Charles LABORIE
(1911)

Guillaume   Marie   François   Louise   Lise
(1917-1951)   (1922)   (1923)   (1930)   (1910)
ép. en 1948   ép. en 1939   ép. en 1946   ép. en 1955   ép. en 1911
May   André   Sylvette   Philippe   Jacques SOLER

Aurélien   Michel   Juliette   Catherine   Pierre   Martine   Laurent   Bernard
            (1942)   et   (1951)   (1949)   (1955)   (1958)   (1919)
                      Victor
                      (1947)

TABLE DES MATIÈRES

Le pays bleu

Les cailloux bleus
Christian Signol

Ils s'appellent Étienne, Abel, Philomène et
Mélanie. Ils ont vingt-trois, quatorze, dix et six ans
quand naît le XXe siècle. Voici l'histoire d'une
famille, d'un village, d'une terre et d'une époque où
chaque Français d'aujourd'hui peut reconnaître les
siens. Ici, tout est vrai et juste : les actes, les paroles,
les pensées, les sentiments. Ici, se respirent l'air du
Causse, glacé et brûlant, et le parfum des pierres et
des genévriers.

(Pocket n° 2654)

Il y a toujours un Pocket à découvrir

Achevé d'imprimer sur les presses de

BUSSIÈRE

GROUPE CPI

à Saint-Amand-Montrond (Cher)
en janvier 2007

POCKET - 12, avenue d'Italie - 75627 Paris Cedex 13

— N° d'imp. : 62404. —
Dépôt légal : avril 1987.
Suite du premier tirage : janvier 2007.

Imprimé en France